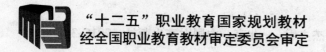

"十二五"职业教育国家规划教材
经全国职业教育教材审定委员会审定

物流信息技术与管理

主　编　侯彦明　张洪杰

副主编　邵清东

中国财富出版社

图书在版编目（CIP）数据

物流信息技术与管理/侯彦明，张洪杰主编．—北京：中国财富出版社，2015.3
（"十二五"职业教育国家规划教材）
ISBN 978 - 7 - 5047 - 5520 - 9

Ⅰ．①物…　Ⅱ．①侯…②张…　Ⅲ．①物流—信息技术—高等职业教育—教材
②物流—信息管理—高等职业教育—教材　Ⅳ．①F253.9

中国版本图书馆 CIP 数据核字（2014）第 309915 号

| 策划编辑 | 惠　嫺 | | 责任印制 | 何崇杭 |
| 责任编辑 | 孙会香　惠　嫺 | | 责任校对 | 梁　凡 |

出版发行	中国财富出版社（原中国物资出版社）		
社　　址	北京市丰台区南四环西路 188 号 5 区 20 楼	邮政编码	100070
电　　话	010 - 52227568（发行部）	010 - 52227588 转 307（总编室）
	010 - 68589540（读者服务部）	010 - 52227588 转 305（质检部）
网　　址	http://www.cfpress.com.cn		
经　　销	新华书店		
印　　刷	中国农业出版社印刷厂		
书　　号	ISBN 978 - 7 - 5047 - 5520 - 9/F · 2295		
开　　本	787mm × 1092mm　1/16	版　次	2015 年 3 月第 1 版
印　　张	21.5	印　次	2015 年 3 月第 1 次印刷
字　　数	431 千字	定　价	43.00 元

前　言

　　本教材是国家示范院校建设项目的物流管理专业课程改革的重点建设课程之一。本编写组访问了大量行业和企业专家，调研了第三方物流企业、生产制造型企业、电子商务企业和批发零售企业的物流信息技术和信息管理应用情况，并分析目前高职院校教学实际情况，编写了适合于当前高职物流管理专业教学需要的教材。本教材自 2008 年开始开发建设，经过六年的实践，已经拥有丰富的数字化资源。

　　本教材的主要内容：根据相关专家的意见，分析物流管理专业课程设置和课程内容情况，兼顾理论与企业最新应用，实践部分以北京络捷斯特科技发展有限公司的物流信息系统为蓝本进行设计。本教材总计两篇。第一篇物流信息技术共七章：物流信息技术概论、物流管理信息系统、电子商务与物流、数据采集与识别技术、物流系统自动化技术、GIS 技术、GPS 技术；第二篇物流信息管理共 3 个项目：仓储作业、运输作业、配送作业。

　　本教材的主要特点：

　　(1) 本教材的编写符合当今物流发展的需求，融合了物流领域先进的物流技术。

　　(2) 本教材配套多媒体一体化教材。包括文字、声音、视频、动画、图片等多种表现形式。多媒体一体化教材是利用编者与企业联合开发的课程开发平台和学习平台制作而成。在互联网可以时时阅读、时时更新，并可以下载到计算机或者手机实现脱网阅读。

　　(3) 校企合作。在充分了解听取用人单位对各类岗位所需要的管理和操作能力要求的基础上，邀请了行业和企业一线专业人士对教材内容和架构进行审议，保证教学内容的设计贴近社会、贴近生活、贴近学生，围绕职业能力的设计知识点，强调知识服务于能力，不求理论的系统性，只求内容的实

用性、针对性和先进性。

（4）直观性。本书配备了大量的图表，包括流程图、实物图和工作样表，让学生在学习中，对书中所描述的业务流程、抽象的概念有直观的认识，激发学生的学习兴趣、拓宽视野，同时也便于教师课堂教学所用，节约了教师大量的课前准备时间。

（5）本教材主要按照当今物流领域应用的先进技术以及物流信息系统软件为依托进行编写，并配套北京络捷斯特科技发展有限公司的物流信息系统，把物流信息技术与物流信息系统相融合，实现了物流信息技术效用最大化。

本教材由黑龙江农业工程职业学院侯彦明教授任主编，负责第一章和项目一；黑龙江农业工程职业学院张洪杰任第二主编，负责第一章、第四章；北京络捷斯特科技发展有限公司总经理邵清东任副主编，负责项目一、项目二；北京络捷斯特科技发展有限公司汝知骏任参编，负责项目二、项目三；东营职业学院张艳华任参编，负责第二章、第三章；北京物资学院惠婳任参编，负责第六章、第七章；宁夏职业技术学院陈志新任参编，负责第五章；全书由侯彦明、张洪杰统稿。

本教材在编写过程中，参阅了许多专家学者的大量文献资料，得到了全国物流行业指导委员会和企业专家的帮助以及北京络捷斯特科技发展有限公司对本书第二篇中实训系统的大力支持，在此向他们表示衷心的感谢。教材使用者如果需要多媒体一体化教材和试题库可以发电子邮件索取下载地址，邮箱：houyanming66@163.com。

由于编者水平有限，书中难免存在不足之处，恳请读者和同行批评指正。

编　者
2014 年 11 月

目　录

第一篇　物流信息技术

第二篇　物流信息管理

第一篇 物流信息技术

第一篇 多层计算机

第一章 物流信息技术概论

你知道我们的生活用品供应如此之快吗——沃尔玛的信息化建设道路

1950 年山姆·沃尔顿在本顿维尔小镇上建立第一家沃尔玛商店。经过 63 年的发展，那家设立在农村的小超市沃尔玛已经发展为在世界拥有 8500 多家连锁店的巨大商业帝国，并连续几年蝉联福布斯 500 强排行榜之首。

我们不禁要问，是什么让沃尔玛如此成功？

【案例导入】

沃尔玛信息化建设道路

沃尔玛的 63 年建设道路，从农村的小超市到 2013 年全球共有 8500 余家商店，业务遍及 16 个国家，全球员工超过 190 万人。公司总部与全球各家分店和各个供应商通过共同的电脑系统进行联系。它们有相同的补货系统、相同的条码系统、相同的库存管理系统、相同的会员管理系统等，这样的系统能通过一家商店了解全世界商店的资料。

早在 20 世纪 70 年代，沃尔玛就对尖端科技和物流系统进行了巧妙的搭配，使用计算机进行管理。20 世纪 80 年代初，公司又花费 4 亿美元购进了商业卫星，与休斯公司合作发射了专用卫星用于全球店铺的信息传送与运输车辆定位及联络，实现了全球联网，采用统一的 UPC 代码进行货品管理。20 世纪 90 年代，采用了全球领先的卫星定位系统（GPS），全球所有店铺的销售、订货、库存信息可以随时调出查阅。沃尔玛公司建立了专门的计算机管理系统、卫星定位系统和电视调度系统三大管理系统，拥有世界一流的先进技术。其总部虽然只有一座普通的平房，但与其相连的计算机控制中心却是一座外貌形同体育馆的庞然大物。

沃尔玛公司通过加快物流信息化建设，提高物流服务速度，通过控制公司物流，提高了配送效率，降低了运营成本，以速度和质量赢得了用户的满意和忠诚。

【案例思索】

1. 沃尔玛采用了哪些物流技术，提高了公司运作效率和效益？

2. 物流包括哪些信息技术？

3. 沃尔玛是如何对物流信息进行管理的？

【本章思考】

你认为信息化对企业发展意味着什么？

【身边的案例】

信息化建设是企业面对信息经济发展的必然选择。面对信息化浪潮，不同的企业理解认知不同，相应的选择也不同，进而也迎来了不同的应用效果。对企业来讲，信息化建设不是应用一两个软件那么简单，它是企业的一项战略举措。我们企业迟早要走向信息化管理，在信息建设的道路上，我国的海尔集团和国外的沃尔玛公司为我们提供了很好的案例。

【知识结构】

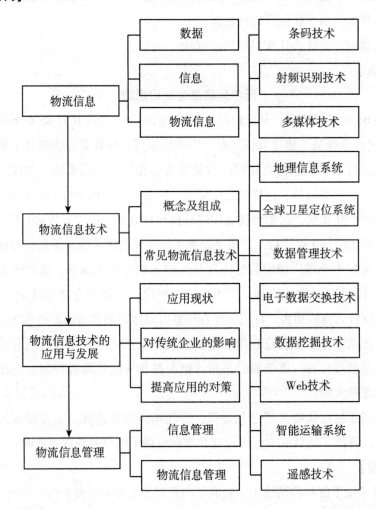

第一节 物流信息概述

一、数据

数据是人们用来反映客观事物而记下来的可以鉴别的符号，是客观事物的基本表达。随着计算机多媒体技术的发展，计算机处理的数据类型也越来越多，如声音、文字、视频等（如图 1－1－1 所示）。

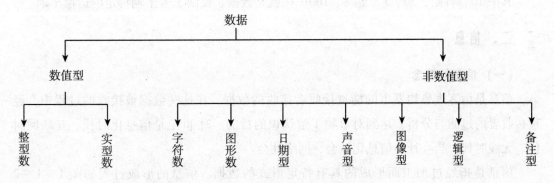

图 1－1－1 计算机可处理的数据类型

在计算机中，数据的三个基本特征是数据名、数据类型和数据长度。在物流企业中，为记载车辆的情况，在数据表中应有车辆的载重吨位、品牌和车辆的数量等。表 1－1－1 为用数据的三个基本特征表示出运输车辆的三个数据。

表 1－1－1 数据特征

数据名	数据类型	数据长度
载重吨位	整型数	2 字节
品牌	字符型	4 字节
数量	整型数	3 字节

在数据库中将数据体现为表 1－1－2。

表 1 - 1 - 2　　　　　　　　　　　　　　　车辆记载数据

记录 ＼ 数据名	载重吨位	品牌	数量
记录 1	10	奔驰	50
记录 2	5	宝马	100
……			

在表中表示的内容是：

记录 1：载重 10 吨的奔驰卡车 50 台。

记录 2：载重 5 吨的宝马卡车 100 台。

其中 10、奔驰、50、5、宝马、100……就是数据，反映了若干辆特定的运输车辆。

二、信 息

（一）信息的概念

信息是由客观事物发生的能被接收者接收的数据，在这些数据被接收的过程中，经过接收者的过滤与分析，达到对事物了解认识的目的。21 世纪是信息化时代、互联网时代、无线时代，当今社会信息化社会、网络社会。

信息是指经过加工而形成的具有特定形式的数据。信息的形成过程如图 1 - 1 - 2 所示。

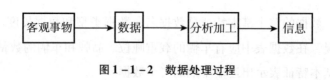

图 1 - 1 - 2　数据处理过程

综上所述，信息具有三个层次的含义：

首先，信息是对数据的认识，是以数据为基础。数据是指对各种事物的性质、特征、形状、变化的原始记录，通过各种载体呈献给读者，主要有纸质材料、照片、光盘等载体形式。

其次，信息是加工、处理后的数据，经过人们的分析，对事物的客观认识。

最后，信息具有特定的表现形式，是对数据加工处理后特定的形式，如图形、视频、表格等，它对接收者的行为产生影响。

在系统中，某种商品的价格、性能、规格、产地、包装、商品属性、生产日期、包装等数据是该商品的真实属性，都属于数据。物流作业人员利用这些数据，进行分析形成了有价值的作业信息。

（二）信息的特征

1. 真实性

真实性是信息的第一特性，根据信息的概念，我们可以知道信息是人们认识实物的特征及变化的客观描述和反映。不符合事实的信息是没有任何价值的，可导致信息接收者采取错误的行为，导致不良的后果。因此，真实性是信息的核心价值。

2. 价值性

信息的价值性是指人们通过利用信息，可以获得收益。因此，信息也是一种资源。例如，我国对高新技术产业制定了特殊的政策，作为一个投资高新技术产业的投资者，若能及时掌握国家政策，则有可能获得更高的效益。但是，信息的价值是隐含的，只有被人们认识和利用，才能获得更好的效益。

3. 时效性

由于事物在不断的发展变化，随着事物的发展变化，信息也不断发生变化。因此，信息的价值性只表现在一段时间内，在信息的有效性期间内，利用信息能产生效益，否则，就有可能失去商机。不同的信息，其时效的长短不同。信息如同一种产品，也具有生命周期。信息的生命周期即指信息从产生、搜集、加工、传输、使用到失效为止的全过程。

4. 针对性

信息是对数据加工的产物，加工过程具有一定的针对性和目的性，针对性越强，某种程度上价值性越大，产生的影响就越大。例如，对仓库的商品进行统计，就形成了库存信息，对销售具有指导意义，影响着销售的利润。

5. 可变性

信息的可变性包括三层含义：一是信息内容在加工方式方面可以不同，可以进行检索、综合、分解、重组等处理；二是信息的传播形式可以变换，可以通过数字、文字、图形、声音或视频等形式传输；三是信息的存储方式可以变换，有磁盘、光盘、移动硬盘等方式。

6. 不对称性

由于各种原因的限制，在市场交易的双方所掌握的信息是极不相等的，不同的企业

掌握信息的程度各有不同，这就形成了信息的不对称性。信息的这种特征为企业带来的商机，企业掌握信息越充分，对其决策更有利，企业还可以充分利用信息不对称性，即利用本企业的信息优势保持与其他企业的竞争差距，以获得更多的利润。

7. 滞后性

信息滞后于数据。信息的滞后时间包括信息的间隔时间和加工时间。信息的间隔时间是指获取同一信息的必要间隔时间。例如，要获得企业"每年的物流运输成本"这个信息，必须在每年结束时才能获取，因此"每年的物流运输成本"这个信息的间隔时间是"一年"。任何少于信息间隔时间加工的信息是没有意义的。信息的间隔时间是不能随意改变的。信息的加工时间是指为获取某信息经由数据加工所需要的加工时间。由于人们采用不同的手段和工具来加工数据以获得信息，因此其加工的时间不同。例如"每年的物流运输成本"这个信息，采用手工计算方式，如果需要一个人一个星期才能完成，那么"每年物流运输成本"的加工时间为一个人一个星期；但数据的加工时间可以通过采用先进的手段和方法来缩短，例如"采用微机加工每年物流运输成本"这个信息可能只需数秒钟。使用信息技术的一个基本目标就是要缩短信息的加工时间，降低它的滞后性。

8. 传输性

信息的传输性指信息可以从一个地方传输到其他若干个地方，利用信息技术，信息以比特流的形式存储，可以更快、更便利地在世界范围内传输。

9. 共享性

自然界中的资源和人类社会中的资源，例如，各种矿产、水资源、人力、资金等，在同一时间是不可共享的。然而信息则不同，它具有共享性，不具有独占性，在同一时间可以为多人所掌握。但这是一种诸方受益、受损不确定的共享，各方面因共享同一信息而获得的价值并不等于少数方独占该信息所获得的价值。

10. 可扩散性

由于信息的传输性，信息可以通过各种介质向外扩散。信息的扩散具有正负两种效应。正效应是利于知识的传播，节省人力、资金等资源的消耗，如同我们从前人那里获取知识；负效应造成信息的贬值，不利于信息的保密。对于某个企业或个人来说，当它或他所掌握的信息失密后，可能意味着这种信息给他带来的价值减少。因此，要注重信息的保密性，减少信息扩散的负效应。在企业内部，要充分利用信息的共享性，在信息的有效时间内，在内部快速扩散，对外部则应该抑制信息扩散的负效应。

（三）信息在企业管理中的作用

1. 信息是企业中不可缺少的资源

人、财、物、技术、设备和信息是企业的六大资源。企业通过信息对其他五大资源进行控制，达到管理的目的。所以信息是最重要的资源。

2. 信息是企业计划决策的依据

计划决策就是确定企业经营活动和发展的目标。要使目标制定得符合实际、正确可行，就需要大量的可靠的信息为依据。

3. 信息是对生产和经营过程进行有效控制的工具

生产和经营活动中的商流、物流与信息流是紧密相关的，企业管理者利用信息流控制物品、资金流动的时间、方向、大小和速率，即利用信息流控制商流和物流的运作。信息流的双向作用使管理决策者能得到终端客户的反馈信息，及时响应客户的需求。畅通、准确、及时的信息从根本上保证了商流和物流的高质量和高效率。

4. 信息是保证企业各方面有序活动的组织手段

企业是一个系统，每个职能部门是一个子系统，子系统下又设分系统和岗位。这些系统、子系统和岗位要靠信息将它们有机地联系起来，并组织、协调好它们之间的管理和业务活动。

（四）信息的分类

信息可以从不同角度进行分类，如表 1 – 1 – 3 所示。

表 1 – 1 – 3 　　　　　　　　　　信息分类

信息分类角度	信息类型
按照应用领域	社会信息、科技信息和管理信息等
按照管理的层次	战略信息、战术信息和作业信息等
按照加工顺序	一次信息、二次信息和三次信息等
按照反映形式	数字信息、文字信息、图像信息等

【边学边想】

信息的传播途径有哪些?

三、物流信息

（一）物流信息的概念

物流信息（Logistics Information）是指在物流活动各环节，如采购、运输、仓储、配送等过程中所产生或使用的各种信息，是反映物流活动内容的知识、资料、图像、数据、文件的总称。

物流信息包括的内容和对应的功能可从狭义、广义两方面来考察。

从狭义上看，物流信息是指与物流活动（如运输、仓储等）相关的信息。在物流活动过程中，货物的仓储、搬运、装卸、流通加工、运输，都需要详尽和准确的信息，物流信息对各项活动起到了保障作用。

从广义上看，物流信息不仅与物流活动有关，而且包含其他与流通活动有关的信息，如商品计划预测信息、动态分析信息、商品交换信息等。它相当于整个供应链，是物流领域的神经网络，遍布物流系统的各个层次、各个方面，具体如图1－1－3所示。

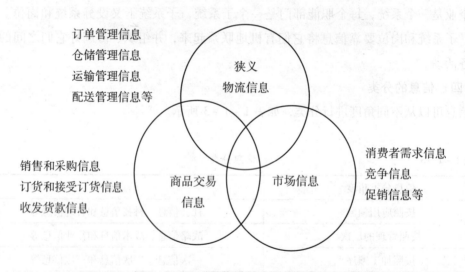

图1－1－3　广义物流信息包含的内容

总之，物流信息不仅具有支持保障物流活动的功能，而且具有连接整合整个供应链和使整个供应链活动效率化的功能，它在现代企业经营战略中占有越来越重要的地位。建立物流信息系统，提供迅速、准确、及时、全面的物流信息，是现代企业获得竞争优势的必要条件。

（二）物流信息的特点

与其他信息相比，物流信息的特殊性表现在：

1. 信息量大、分布广

多品种、小批量、多批次和个性化服务等现代物流活动，使库存、运输、分拣、包装、加工、配送等物流信息大量产生，且分布在制造厂、仓库、物流中心、配送中心、运输路线、商店、中间商、用户等处。为了使物流信息适应企业开放性、社会性的发展要求，必须对大量的物流信息进行有效管理。

2. 动态性强、实时性高、时效性强

由于各种作业活动频繁发生，市场状况及用户需求的变化多端，物流信息会在瞬间发生变化，因而信息的价值衰减速度很快。为能适应企业物流高效运行的及时要求，就要求系统对信息的及时性管理有较高的处理能力。

3. 信息种类多、来源多样化

物流信息不仅包括企业内部的各种管理和作业信息（如生产信息与库存信息等），而且包括企业间的物流信息和与物流活动有关的现代物流技术基础设施、法律、规定、条例多方面的信息。这就使物流信息的分类、研究及筛选等工作的难度增加。

4. 信息标准化程度高

物流企业与其他企业和部门间需进行大量的信息交流，为了实现不同系统间信息的高效交换与共享，必须采纳国际或国家对信息的标准化要求，并采用统一的物品编码。

（三）物流信息的功能

1. 流程控制功能

物流信息的流程控制作用就是记录、控制物流活动的基本内容。例如，收到订单，就记录了第一笔交易的信息，意味着流程的开始。随后按记录的信息安排存货，指导材料管理人员选择作业程序，指挥搬运、装货及按订单交货，都在物流信息的控制下完成。物流信息流程的主要特征是：程序化、规范化，作用上强调效率。

2. 管理控制功能

物流服务的水平和质量以及现有个体和资源的管理，要有信息系统进行相关的控制。通过移动通信、计算机信息网、EDI、GPS等技术，能够实现物流信息处理网络化（如货物实时跟踪、车辆实时跟踪），以提高管理力度。又如，通过每磅的运输和仓储成本、存货周转、供应比率等信息，可以进行成本衡量、资产衡量、顾客服务衡量等。畅通的信息通道是物流运行控制、服务质量控制和成本控制的基本前提。

3. 协调功能

协调主要是沟通货主、用户、物流服务提供者之间的联系，满足各类货主、用户、中介服务者的需要，满足不同物流环节协同运作的需要。在物流运作中，加强信息的集成与流通，有利于工作的时效性，提高工作的质量与效率，减小劳动强度系数。例如，零售商与物流企业之间共享商品销售信息，物流企业可以据此预测库存情况并及时补货，使库存保持在最佳水平。

4. 支持决策和战略功能

物流网络规划决策、运营线路设计与选择、仓库作业计划、库存管理、利用外部资源补充内部瓶颈资源、物流系统运行中的短期决策等管理工作需要大量经过处理的信息的支持，如评估信息、成本—收益信息等。

（四）物流信息的分类

与信息一样，物流信息也可以分为不同类别，如表 1 – 1 – 4 所示。

表 1 – 1 – 4 　　　　　　　　　　　　物流信息分类

分类标准	具体种类	含义	表现形式
物流信息的沟通方式	口头信息	通过面对面的交谈获得信息	语言沟通
	书面信息	依据企业经营资料收集的信息	报表、文字说明、技术资料
物流信息的来源	外部信息	来自物流系统以外的信息	生产部门、销售部门及国内外市场等信息
	内部信息	来自物流系统内部的各种信息	购进信息、配送信息、储存信息等
物流信息的稳定性	静态信息	物流活动中基本保持稳定不变的信息	客户、设备、储位等名称信息
	动态信息	在物流活动中随时发生变化的信息	货物在运输途中的状态、日配送量等
物流信息的作用	计划信息	指尚未实现但已当做目标确认的一类信息	文字说明等
	控制信息	在物流活动中发生的信息	库存量、运输量、运输工具状况等
	作业信息		
	统计信息	指物流活动结束后，对整个物流活动具有总结性、归纳性的信息	历史性信息，具有很强的资料性

续 表

分类标准	具体种类	含义	表现形式
管理层次	操作管理信息	产生于物流作业层,反映和控制企业的日常生产和经营工作	订货处理、计划管理、运输管理、库存管理、设备管理等信息
	知识管理信息	是指管理部门相关人员对企业自身的知识进行搜集、分类、存储和查询,并进行知识分析得到的信息	专家决策知识、物流企业相关业务、工人的技术和经验形成的知识信息等
	战术管理信息	是部门负责人做关系局部和中期决策所涉及的信息	一般包括合同管理、客户关系管理、质量管理、计划管理、市场商情等管理信息
	战略管理信息	是企业高层决策者制定企业年经营目标、企业战略决策所需要的信息	综合表管理、供应链管理、企业战略管理、市场动态、国家有关政策法规等

(五) 物流信息的作用

物流活动和物流管理需要大量准确、及时的信息的传递。任何信息的遗漏或失真都将直接影响前后环节物流活动和整个物流系统的效率和效益。因此,物流信息是物流活动的中枢神经,传递的速度和准确度直接决定着企业的经济效益。

(1) 物流信息是物流活动相互作用及联系的桥梁和纽带。物流系统涉及商流、物流和信息流,是商品流动、所有权转移和信息传递的过程。因此,物流信息的传递连接着物流活动的各个环节,并指导各环节的活动,起着桥梁和纽带作用,如图1-1-4所示。

(2) 有利于企业对物流活动各环节进行有效的计划、组织和控制。企业管理者可以应用现代信息技术,采集、挖掘、分析各环节的有关物流信息,选取有价值的信息指导下一环节的活动,或反馈优化上一环节,从而协调和控制整个物流活动。

(3) 有利于提高企业管理和决策水平。通过加强物流活动各环节间的联系和企业内外的沟通,保持物流和资金流的畅通,实现双赢或多赢,同时也能够有效地缩短订货周期,降低库存水平,提高运输效率,快速响应客户,提高顾客的满意度和企业竞争力。

【边学边想】

不能传输的物流信息对物流企业的管理是否有用?

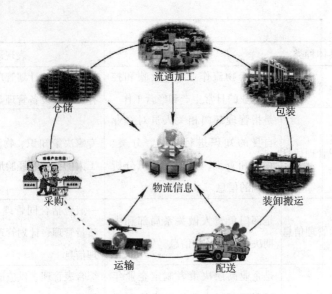

图1-1-4　物流信息的桥梁纽带作用

第二节　物流信息技术

物流是一门综合性学科，它运用了经济科学、技术科学、管理科学、会计学、运输、仓储等技术，集合了供应、仓储、运输、营销等市场流通全过程。随着社会的发展，科技的进步，现代信息技术已经融入现代文明的方方面面，给人们的生产、生活带来了翻天覆地的变化，构成了新经济时代企业信息化的物质技术基础。信息技术的开发和利用都是构成其企业竞争力的重要组成部分和改造传统企业的重要途径与手段。现代信息技术是一股不可抗拒的力量，在促进企业经营管理的变革方面起着越来越大的作用。因此，人们称其为新经济风暴的起源、新经济浪潮的动力和新经济时代的标志。

一、物流信息技术的概念

物流信息技术（Logistics Information Technology）是指物流各环节中应用的信息技术，包括计算机技术、网络技术、信息分类编码、自动识别技术、电子数据交换、全球定位系统、地理信息系统等技术等。在这些技术的支撑下，形成了以移动通信、资源管理、监控调度管理、自动化仓储管理、业务管理、客户服务管理等多宗业务集成的一体化现代物流信息系统。物流信息技术是物流现代化的重要标志，也是物流技术发展最快的领域之一。

据统计，物流信息技术的应用，可为传统的运输企业带来以下实效：降低空载率15%～20%；提高对在途车辆的监控能力，有效保障货物安全；网上货运信息发布及网上下单可增加商业机会20%～30%；无时空限制的客户查询功能，有效满足客户对货物在运情况的跟踪监控，可提高业务量40%；对各种资源的合理综合利用，可减少运营成本15%～30%。

对传统仓储企业带来的实效表现在：配载能力可提高20%～30%；库存和发货准确率可超过99%；数据输入误差减少，库存和短缺损耗减少；可降低劳动力成本50%，提高生产力30%～40%，提高仓库空间利用率20%。

因此，物流信息技术在现代企业的经营战略中占有越来越重要的地位。建立物流信息系统，充分利用各种现代信息技术，提供迅速、及时、准确、全面的物流信息是现代企业获得竞争优势的必要条件。

二、物流信息技术的组成

根据物流的功能及特点，现代物流信息技术主要包括自动识别技术（如条码技术、射频技术、智能标签技术等）、物流信息接口技术（如电子数据交换技术等）、自动跟踪与定位技术（如全球定位系统、地理信息系统等）、数据管理技术（如数据库技术、数据仓库技术等）和计算机网络技术等现代高端信息科技。

在这些高端技术的支撑下，形成了由移动通信、资源管理、监控调度管理、自动化仓储管理、运输配送管理、客户服务管理、财务管理等多种业务集成的现代物流一体化信息管理体系。例如，某第三方物流企业的"物流一体化信息管理平台"，如图1-1-5所示，是以仓储、运输和配送（配送以保障生产零库存为主）信息系统为基础，以物流信息技术为支撑，实现了生产企业、供应商、第三方物流企业及终端客户在采购、生产、运输、仓储、配送、销售、结算、服务等现代物流过程各环节和管理的全面连接，保证了商流、物流、信息流、资金流的顺畅流动。

现代信息技术是物流信息平台建设的基础，也是物流平台的组成部分。当越来越多的现代物流信息技术进入物流领域后，必然使得物流企业架构起更完善的物流管理体系，达到进货、加工、仓储、配车、配送等活动的高效运行，进一步推动物流业的高效率化，从而使其真正成为现代物流企业。

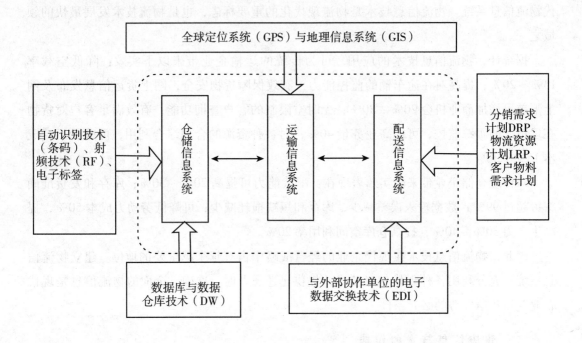

图1-1-5 物流信息系统组成

三、常见的现代物流信息技术

根据物流的功能以及特点，物流信息技术主要包括条码及射频识别技术、计算机网络技术、多媒体技术、地理信息技术、全球卫星定位技术、自动化仓库管理技术、智能标签技术、技术、电子数据交换技术、数据库技术、数据仓库技术、数据挖掘技术、Web技术等。在技术的支撑下，形成了以移动通信、资源管理、监控调度管理、自动化仓储管理、业务管理、客户服务管理、财务管理等多种业务集成的一体化现代物流信息系统。

（一）条码技术

条码（Bar Code）技术是20世纪在计算机应用中产生和发展起来的一种自动识别技术，是集条码理论、光电技术、计算机技术、通信技术、条码印制技术于一体的综合性技术。条码技术具有制作简单、信息收集速度快、准确率高、信息量大、成本低和条码设备方便易用等优点，在从生产到销售的流通转移过程中，起到了准确识别物品信息和快速跟踪物品移动的重要作用，是整个物流信息管理工作的基础。日常生活中条码应用如图1-1-6、图1-1-7、图1-1-8所示。

图 1-1-6 一维条码示意

图 1-1-7 二维条码示意

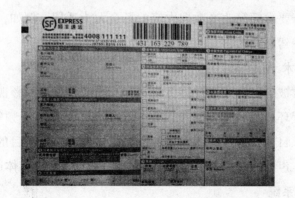

图 1-1-8 物流条码应用示意

（二）射频识别技术

射频识别（Radio Frequency Identification，RFID）技术，也称无线射频识别技术，它

利用射频方式进行非接触双向通信，应用便利，无机械磨损，寿命长；无须可见光源，穿透性好，零污染和耐久性强；对环境要求低，可以在恶劣环境下工作；读取距离远，无须与目标接触就可以得到数据；支持写入数据，无须重新制作新的标签，可重复使用；使用了防冲撞技术，能够识别高速运动的物体，可同时识别多个射频卡。如图 1 - 1 - 9 所示。

图 1 - 1 - 9　射频识别应用示意

射频识别技术使用的领域包括物料跟踪、运载工具和货架识别等要求非接触数据采集交换的场合，对于要求频繁改变数据内容的场合尤为适用。例如，我国香港地区的车辆自动识别系统——驾易通。

（三）多媒体技术

多媒体技术通常被解释为通过计算机将文字、图像、声音和影视集成为一个具有人机交互功能和可编程环境的技术，其中图像包括图形、动画、视频等，声音包括语音、音乐、音响效果等。目前，多媒体技术在各个领域发挥着引人注目的作用。多媒体技术主要涉及图像处理、声音处理、超文本处理、多媒体数据库、多媒体通信等。

（四）地理信息系统

地理信息系统（Geographic Information System，GIS）是人类在生产实践活动中，为描述和处理相关地理信息而逐渐产生的软件系统。它以计算机为工具，对具有地理特征的空间数据进行处理，能以一个空间信息为主线，将其他各种与其有关的空间位置信息结合起来。它的诞生改变了传统的数据处理方式，使信息处理由数值领域步入空间领域。

GIS 用途十分广泛，如交通、能源、农林、水利、测绘、地矿、环境、航空、国土资源综合利用等。GIS 应用示意如图 1 - 1 - 10 所示。

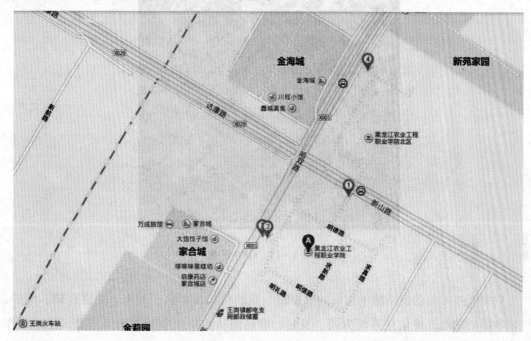

图 1 - 1 - 10 GIS 示意

（五）全球卫星定位系统

全球卫星定位系统（Global Positioning System，GPS）的原始内涵是将参考的定位坐标系搬到天际上去，可在任何时候、任何地方提供全球范围内三维位置、三维速度和时间信息服务。使用 GPS，可以利用卫星对物流及车辆运行情况进行实时监控，可以实现物流调度的即时接单和即时排单以及车辆动态实时调度管理。如图 1 - 1 - 11 所示。

（六）电子数据交换技术

电子数据交换（Electronic Data Interchange，EDI）技术是按照协议的标准结构格式，将标准的经济信息通过电子数据通信网络，在商业伙伴的电子计算机系统之间进行交换和自动处理。EDI 的基础是信息，这些信息可以由人工输入计算机，但更好的方法是通过扫描条码获取数据，因为这样速度快、准确性高。物流技术中的条码包含了物流过程所需多种信息与 EDI 技术相结合，确保物流信息的及时可得性。

（七）数据管理技术

数据管理技术主要包括数据库技术和数据仓库技术两种。

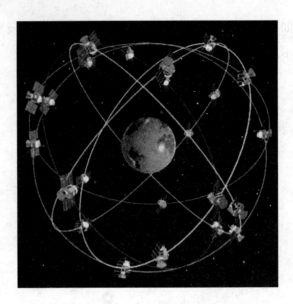

图 1 - 1 - 11　GPS 示意

　　数据库技术将信息系统中大量的数据按一定的结构模型组织起来，提供存储、维护、检索数据的功能，使信息系统方便、及时、准确地从数据库中获得所需信息，并以此作为行为和决策的依据。

　　数据仓库（DW）是决策支持系统（DSS）和联机分析应用数据源的结构化数据环境。数据仓库研究和解决从数据库中获取信息的问题。数据仓库技术是一个面向主题、集成化、稳定的、包含历史数据的数据集合，它用于支持经营管理中的决策制定过程。与数据库比较，数据仓库中的信息是经过系统加工、汇总和整理的全局信息，而不是简单的原始信息；系统记录的是企业从过去某一时点到目前各个阶段的实时动态信息，而不仅是关于企业当时或某一时点的静态信息。因此，数据仓库的根本任务是将信息加以整理归纳，并及时提供给相应的管理决策人员，支持决策过程，对企业的发展历程和未来趋势做出定量分析和预测。

（八）数据挖掘技术

　　信息技术的迅速发展，使数据资源日益丰富。但是，"数据丰富而知识贫乏"的问题至今还很严重。数据挖掘（DW）也随之产生。DW 是一个从大型"数据库浩瀚的数据中抽取隐含的、从前未知的、潜在有用的信息或关系的过程"。

（九）Web 技术

　　Web 技术是网络社会中具有突破性变革的技术，是 Internet 上最受欢迎、最流行的技术。它采用超文本、超媒体的方式进行信息的存储与传递，能把各种信息资源有机地结合起来，是具有图文并茂的信息集成能力及超文本链接能力信息的检索服务程序。Web 页面的描述由标识语言（HTML）发展为可扩展的标识语言（XML），使得 Internet 可以方便地定义行业数据的语意。

（十）智能运输系统

智能运输系统（Intelligent Transportation System，ITS）是将先进的信息技术、数据通信传输技术、电子传感技术、电子控制技术以及计算机处理技术等有效地集成运用于整个地面运输管理体系，而建立起的一种在大范围、全方位发挥作用的，实时、准确、综合运输和管理系统，是上述各项技术的集成。这一系统可使营运车辆的运行管理更加合理化，车辆的安全性和营运效率得到提高，使公路系统的所有用户都能获益于一个更安全可靠的公路环境。

（十一）遥感技术

遥感技术（Remote Sensing，RS）是从远距离感知目标反射或自身辐射的电磁波、可见光、红外线，对目标进行探测和识别的技术。现代遥感技术主要包括信息的获取、传输、存储和处理等环节。包含这些环节的全套系统称为遥感系统，其核心组成部分是获取信息的遥感器。遥感技术（RS）与地理信息系统（GIS）和全球定位系统（GPS）统称为 3S 技术。3S 技术是空间技术、传感器技术、卫星定位与导航技术和计算机技术、通信技术相结合，多学科高度集成的对空间信息进行采集、处理、管理、分析、表达、传播和应用的现代信息技术。

【边学边想】

物流企业快速反应是靠什么来实现的呢？

第三节 物流信息技术的应用与发展

一、我国物流企业信息技术应用现状

从国际经验来看，物流领域是现代信息技术应用比较普遍和成熟的领域，物流企业正在转变为信息密集型企业群体。目前，我国物流领域中现代信息技术应用和普及的程度还不高，发展也十分不平衡，主要表现在以下几个方面。

（一）信息技术在物流方面的应用水平偏低

随着信息技术的发展，各类经济主体将信息技术应用于经济活动的各个环节，以实现资源的优化配置和自身竞争能力的提高，这已成为一个不可逆转的趋势。我国多数工商企业在应用现代信息技术、实现管理信息化方面的工作已开始起步，但总体水平不高，程度参差不齐。在专业的物流服务企业中，信息技术的应用水平也非常落后，也存在着计算机保有量不足、计算机应用范围狭窄的问题。另外，根据中国仓储协会调查，2003年我国的物流服务企业中，有60%的企业拥有物流信息系统，还有一部分物流服务企业仍不具备运用现代信息技术处理物流信息的能力。同时，在拥有信息系统的物流服务企业中，其信息系统的业务功能还不完善，物流信息资源的整合能力尚未形成，缺乏必要的远程通信能力和决策功能。物流领域信息化应用程度较低已成为制约我国物流产业发展和竞争能力提高的巨大障碍。

（二）条码技术应用不够成熟

条码技术应用开展较早，但普及程度仍然不能满足物流发展的要求条码作为商品标识方面的应用，在我国企业中开展较早，普及水平相对较高。目前约60%制造企业的产品采用了条码标识，相对而言大中型企业的普及程度更高。值得注意的是，我国38.8%的零售企业并没有完全实现条码化。这不仅对零售企业利用POS系统实现销售效率的提高有较大影响，而且制约了整个物流流程的信息采集与反馈、物流企业与工商企业之间的信息共享和相互合作以及物流作业自动化的开展。

（三）网络技术应用仍然停留在初级水平

局域网（LAN）、增值网（VAN）以及互联网是目前国际上物流领域中应用比较普遍的网络技术。特别是随着互联网技术商业化应用范围的扩大和普及，网络技术已逐步取代了EDI技术，但由于我国企业信息化水平较低，网络技术的应用，特别是在物流方面的应用还处在探索过程之中。

（四）各种系统集成软件技术优化配置物流作业的企业还非常少

信息技术在物流领域广泛应用的另一个主要标志是针对物流活动的需要开发的、使用大量信息技术支持的管理软件。这些管理软件不仅使企业实现了物流功能、业务流程的集成，而且可以将供应厂商、协作企业、用户及竞争对手的资源纳入到企业的管理系统之中，有利于实现各种物流资源的合理配置。目前应用十分广泛的物流系统集成软件，有制造资源计划（MRPII）、企业资源计划（ERP）、供应商管理库存系统（VMI）、供应链管理（SCM）等。据调查显示，ERP、SCM及VMI等集成系统软件在我国企业中实施的尚不足1/10。其中制造企业应用情况略好于流通企业，流通企业中实施ERP的比例目前仅占3%左右。

（五）物流观念落后，自办物流现象突出

由于对物流作为"第三利润源泉"的错误认识受"大而全"、"小而全"的观念影

响，很多生产或商业企业既怕失去对采购和销售的控制权，又怕额外利润被别的企业赚去，都自建物流系统，不愿向外寻求物流服务。

（六）企业规模偏小，管理水平较低

长期以来，由于受到计划经济的影响，我国物流企业形成多元化的物流格局，除了新兴的外资和民营企业外，大多数第三方物流企业是计划经济时期商业、物资、粮食、运输等部门储运企业转型而来。条块分割严重，企业缺乏整合，集约化经营优势不明显，规模效益难以实现。我国物流业还处在起步阶段，高等教育和职业教育尚未跟上，人才缺乏，素质不高；物流设施设备落后、老化，机械化程度不高，不符合客户特定要求。

（七）物流渠道不畅，服务功能不全

一方面，经营网络不合理，有点无网，第三方物流企业之间、企业与客户之间缺乏合作，货源不足，传统仓储业、运输业能力过剩，造成浪费；另一方面，信息技术落后，因特网、条码、EDI 等信息技术未能广泛应用，物流企业和客户不能充分共享信息资源，没有结成相互依赖的伙伴关系。大多数物流企业只能提供单项或分段的物流服务，物流功能主要停留在储存、运输和城市配送上，相关的包装、加工、配货等增值服务不多，不能形成完整的物流供应链。据中国仓储协会 2001 年年初的调查，在采用第三方物流的需求企业中，有 23% 的生产企业和 7% 的商业企业对第三方的物流服务不满意。

二、物流信息技术对传统物流企业管理的影响

信息技术应用水平的落后，给我国物流产业的发展带来了较大的影响。

（一）物流市场规模的扩大，使物流产业发展面临较大的市场约束

根据国际研究机构的估计，美国第三方物流市场规模相当于全社会物流成本支出的 25%，欧洲为 30%，亚洲的总体水平低于 5%，而中国则在 2% 左右。按照 2000 年中国全社会物流成本占 GDP 的 20% 的水平估计，中国当年第三方物流市场的规模约为 358 亿元，尚不及 2000 年美国第三方物流市场的 1/10。目前，我国物流产业发展尚处在起步发展阶段，产业总体规模还比较小，而造成物流产业规模较小的一个直接原因就是，大量的物流活动仍然停留在工商企业内部。信息技术和信息管理在物流管理中的应用也比较少，物流活动还没有成为企业管理者关注的重点，分散的、低水平的物流管理活动比较多见。

（二）物流企业服务手段单一，以信息技术为基础的增值服务发展缓慢

近年来，我国市场上出现了许多第三方物流企业，甚至也有一些所谓的第四方、第五方物流企业。但从这些企业经营、服务内容来看，仍然是传统的储运服务，为工商企

业提供的物流服务仍然是以运输和仓储为主，与发达国家第三方物流企业的服务内容与手段相比，我国的物流企业不仅服务内容和手段过于简单，而且在物流信息服务、订单管理、库存管理、物流成本控制、物流方案设计以及供应链管理等以信息技术为基础的物流增值服务方面，还没有或根本没有能力全面展开，因此可以认为，我国多数物流企业还不是真正意义上的物流企业。

（三）严重制约了物流自动化水平的提高

物流作业自动化是提高物流效率的一个重要途径和手段，也是物流产业发展的一个重要趋势。国际经验表明，物流作业自动化的实现，并不仅仅是各种物流机械装备的应用，而是与大量信息技术的应用联系在一起的。我国物流作业的自动化水平是比较低的，在搬运、点货、包装、分拣、订单及数据处理等诸多物流作业环节上，手工操作方式仍然占据着主导地位。信息技术应用水平低对物流自动化水平提高的影响表现在三个方面：一是影响物流信息的采集、处理及通信的自动化；二是影响商品实物运动等操作环节的自动化，如分拣、搬运、装卸、存储等；三是影响物流管理和决策的自动化乃至智能化，如库存管理、自动生成订单、优化配送线路等。

（四）上下游企业之间物流活动难以协调，削弱了企业对市场的快速反应能力和竞争力

由于我国多数企业没有应用ERP、SCM等流程优化技术和EDI、互联网等信息共享技术，使得上下游企业之间的物流活动难以得到有效的协调，其结果，一是上下游企业之间以供应链为基础的物流流程优化和物流功能的整合无法开展；二是上下游企业之间物流活动中的重复操作、准确性差、可靠性低等问题无法得到根治，从而影响每一个企业的物流运作效率，增加物流方面的资源占用和成本开支；三是上下游企业之间没有快速、及时和透明的信息传递和共享机制，其应对市场需求变化的快速反应能力就难以形成，不仅影响企业的市场竞争力，而且直接影响到上下游企业乃至供应链的整体竞争力。

（五）物流市场竞争水平较低，充分竞争的市场格局还没有形成

信息技术在物流领域中应用程度普遍落后的现实，也是物流市场竞争水平较低、充分竞争的市场格局难以形成的主要原因之一。

第一，围绕物流设施和价格的竞争异常激烈。在信息技术没有广泛应用的情况下，物流企业能够提供的服务比较单一，特别是集中在运输和仓储等传统物流活动方面，物流企业的竞争优势只能通过其物流设施能力的提高和价格水平的下降来体现，这就使得围绕传统储运服务的物流价格竞争异常激烈。这种低层次的价格竞争反过来又会影响工商企业对物流服务企业的信赖，从而影响物流市场规模的扩大和物流企业的长

期发展。

第二，竞争范围仍停留在针对各物流环节的水平上。发达国家物流企业依托信息技术的支持，物流服务和经营范围已经转向供应链全过程的物流管理和运作，为供应链上下游企业提供全面的物流解决方案和一体化的物流服务，因此，物流企业的竞争重点已转向了供应链物流流程的优化和总体服务水平的提高。而我国绝大多数物流企业目前尚不具备为供应链上下游企业提供全面物流解决方案和一揽子服务的能力，竞争仍然停留在围绕工商企业在不同物流环节的服务需求这个初级水平上。

第三，竞争主体多样且比较混乱。以供应链为基础的物流网络和企业联盟尚未形成，过度竞争不可避免，这也是当前制约中国物流产业快速发展的一个瓶颈。

三、提高我国物流企业信息技术应用水平的对策

在电子商务时代，在改进物流服务理念、大力培养物流人才、打破地方保护的基础上，通过先进的信息化管理手段，将传统物流业务流程中包含的各个彼此分离的环节集成起来，加强相互之间的连接和管理，使整个业务流程合理化、透明化，才能真正实现由传统物流向现代物流的发展和转变。为此，应从以下几个方面着手。

（一）加快建设适合我国特点的现代物流信息处理通用平台

对我国现代物流业的信息化建设而言，关键不是硬件问题，也不是软件问题，而是物流企业在彻底转变传统管理和经营理念的基础上，以用户为中心，以市场为主导，搞好顶层设计，充分利用现有的信息基础设施，加快建设适合我国特点的现代物流信息处理通用平台实现现代物流的电子商务化。通过这个平台整合行业旧有资源，利用公共平台在运输、仓储、装卸、加工、整理、配送、车辆调度、路径选择等方面，广泛地应用信息技术，深入开发各种相关的信息资源，并在流通领域及其相关领域切实做到信息资源共享，充分发挥物流行业的整体优势，从根本上改善物流行业的现状。

（二）应从系统化的角度构建我国物流信息系统

随着物流业的业务范围不断扩大，社会物流与企业物流进一步有机结合。随着经济全球化的进展，国际物流、内贸物流、大区物流、城际物流越来越呈现系统化的趋势。物流必须与信息流结合，才能体现现代物流的及时性。对于信息化的建设，应包括三个层次，即物流企业内信息系统的建立、物流业者相互间的信息网络的建立、基于EDI的与货主企业间的信息网络的建立。而信息技术的应用本身也包括信息处理技术、通信技术与通信设施、标准化技术三个方面。为此，管理界提出"整合的供应链管理"的概念，强调从整个供应链的观点去看问题，增强信息在整个供应链上流动的强度和可见度，进

而从整体上提高物流的效率。

（三）信息系统建设过程中时刻以客户为中心

在进行信息化的全过程中，应注意客户在整个信息系统中的作用和态度。客户分为内部客户与外部客户。对于内部客户，需要通过有效的沟通与机制的激励来引导；外部客户，尤其是大型企业，它们专注于企业的核心能力，并不断地进行着经营战略调整和组织结构再造，在将物流业务外包给物流业者的过程中，对物流的及时性要求越来越高，特别是随着信息技术的大力引入和信息系统的建立，这就要求物流业者的信息技术应用水平也要不断创新，与不断进步的客户同步成长。

（四）物流信息化与流程再造相结合

物流的信息化首先是一个流程再造的过程，物流的成功必然伴随着业务和管理流程的再造不能局限在一个纯技术范围来研究。许多传统产业的信息化都遇到这种情况，简单的应用、个别环节和功能的信息化已经得到较大的改善，但是进一步的信息化、现代化，需要解决产业的整个系统优化、流程改造、经营管理理念等问题，信息系统需要集成。

第四节　物流信息管理

一、信息管理

（一）信息管理的定义

信息管理（数据管理）是人类为了有效地开发和利用信息资源，以现代信息技术、计算机和网络技术为手段，对信息资源进行计划、组织、领导和控制的社会活动。信息管理就是管理企业信息资源，包括：制定信息政策，定义信息需求，进行数据规划，编制数据字典，维护数据质量标准，统一规划、组织、控制信息处理活动（收集、加工、传输、存储、检索、提供）的一整套特别的组织功能。信息管理的对象是信息资源和信息活动。

所谓信息资源是指信息生产者、信息、信息技术的有机体。信息管理的根本目的是控制信息流向，实现信息的效用与价值。但是，信息并不都是资源，要使其成为资源并实现其效用和价值，就必须借助人的智力和信息技术等手段。因此，人是控制信息资源、协调信息活动的主体，是主体要素，而信息的收集、存储、传递、处理和利用等信息活动过程都离不开信息技术的支持。信息生产者、信息、信息技术三个要素形成一个有机整体——信息资源，是构成任何一个信息系统的基本要素，是信息管理的研究对象之一。

所谓信息活动是指人类社会围绕信息资源的形成、传递和利用而开展的管理活动与服务活动。信息资源的形成阶段以信息的产生、记录、收集、传递、存储、处理等活动为特征，目的是形成可以利用的信息资源。信息资源的开发利用阶段以信息资源的传递、检索、分析、选择、吸收、评价、利用等活动为特征，目的是实现信息资源的价值，达到信息管理的目的。

（二）现代信息管理的特征

现代信息管理具有以下几个特征：

（1）强调信息管理不能单靠技术因素，必须重视人文因素。

（2）突出在企业中发挥信息资源的作用。

（3）在管理组织上设立重要的岗位首席信息主管（Chief Information Officer，CIO）和独立的部门。

（4）把信息管理提升到战略高度，把信息视为战略资源。

（5）利用计算机通信网络技术，建立有效的信息系统。

（三）信息管理的分类

信息管理分类如表1-1-5所示。

表1-1-5　　　　　　　　　　信息管理分类

分类标准	具体类别
按管理层次分类	宏观信息管理、中观信息管理、微观信息管理
按管理内容分类	信息生产管理、信息组织管理、信息系统管理、信息产业管理、信息市场管理等
按应用范围分类	工业企业信息管理、商业企业信息管理、政府信息管理、公共事业信息管理等
按管理手段分类	手工信息管理、信息技术管理、信息资源管理等
按信息内容分类	经济信息管理、科技信息管理、教育信息管理、军事信息管理等

（四）信息管理的职能

1. 信息管理的计划职能

信息管理的计划职能，是围绕信息的生命周期和信息活动的整个管理过程，通过调

查研究，预测未来，根据战略规划所确定的总体目标，分解出子目标和阶段任务，并规定实现这些目标的途径和方法，制定出各种信息管理计划，从而把已定的总体目标转化为全体组织成员在一定时期内的行动指南，指引组织未来的行动。信息管理计划包括信息资源计划和信息系统建设计划。信息系统是信息管理的重要方法和手段。

2. 信息管理的组织职能

随着经济全球化、网络化、知识化的发展与网络通信技术、计算机信息处理技术的发展，这些对人类活动的组织产生了深刻的影响，信息活动的组织也随之发展。计算机网络及信息处理技术被应用于组织中的各项工作，使组织能更好地收集情报，更快地做出决策，增强了组织的适应能力与竞争力，从而使组织信息资源管理的规模日益增大。信息管理组织的职能包括信息系统研发与管理、信息系统运行维护与管理、信息资源管理与服务和提高信息管理组织的有效性四个方面。提高信息管理组织的有效性，即通过对信息管理组织的改进与变革，使信息管理组织高效率地实现信息系统的研究开发与应用、信息系统运行和维护、向信息资源使用者提供信息、技术支持和培训等服务，使信息管理组织以较低的成本满足组织利益相关者的要求，实现信息管理组织目标，成为适应环境变化的、具有积极的组织文化的、组织内部及其成员之间相互协调的、能够通过组织学习不断自我完善的、与时俱进的组织。

3. 信息管理的领导职能

信息管理的领导职能指的是信息管理领导者对组织内所有成员的信息行为进行指导、引导和施加影响，使成员能够自觉自愿地为实现组织的信息管理目标而工作的过程。其主要作用，就是要使信息管理组织成员更有效、更协调地工作，发挥自己的潜力，从而实现信息管理组织的目标。信息管理的领导职能不是独立存在的，它贯穿信息管理的全过程，贯穿计划、组织和控制等职能之中。

4. 信息管理的控制职能

信息管理的控制职能是指为了确保组织的信息管理目标以及为此而制定的信息管理计划能够顺利实现，信息管理者根据事先确定的标准或因发展需要而重新确定的标准，对信息工作进行衡量，测量和评价，并在出现偏差时进行纠正，以防止偏差继续发展或今后再度发生；或者，根据组织内外环境的变化和组织发展的需要，在信息管理计划的执行过程中，对原计划进行修订或制定新的计划，并调整信息管理工作的部署。也就是说，控制工作一般分为两类：一类是纠正实际工作，减小实际工作结果与原有计划及标准的偏差，保证计划的顺利实施；另一类是纠正组织已经确定的目标及计划，使之适应组织内外环境的变化，从而纠正实际工作结果与目标和计划的偏差。

二、物流信息管理

(一) 物流信息管理的定义

物流信息管理是指运用计划、组织、指挥、协调、控制等基本职能对物流信息搜集、检索、研究、报道、交流和提供服务的过程，并有效地运用人力、物力和财力等基本要素以期达到物流管理的总体目标的活动。

物流信息管理作为一个动态的发展的概念，其内涵和外延不断随着物流实践的深化和物流管理的发展而不断发展。在物流信息管理的早期主要是采用人工方式进行管理，当计算机出现之后，伴随着信息技术的发展出现了基于信息技术的物流信息系统。物流信息系统是利用计算机技术和通信技术，对物流信息进行收集、整理、加工、存储、服务等工作的人—机系统。电子计算机和通信系统的利用，使物流信息系统达到了迅速地进行远距离信息交换并处理大量的信息，并且对商流、会计处理、经营管理也起着非常重要的作用。

(二) 物流信息管理的内容

物流信息管理就是对物流信息资源进行统一规划和组织，并对物流信息的收集、加工、存储、检索、传递和应用的全过程进行合理控制，从而使物流供应链各环节协调一致，实现信息共享和互动，减少信息冗余和错误，辅助决策支持，改善客户关系，最终实现信息流、资金流、商流、物流的高度统一，达到提高物流供应链竞争力的目的，其主要内容如下：

1. 信息政策制定

为了实现不同区域、不同国度、不同企业、不同部门间物流信息的相互识别和利用，实现物流供应链信息的通畅传递与共享，必须确定一系列共同遵守和认同的物流信息规则或规范，这就是物流信息政策的制定，如信息的格式与精度、信息传递的协议、信息共享的规则、信息安全的标准、信息存储的要求等，这是实现物流信息管理的基础。

2. 信息规划

即从企业或行业的战略高度出发，对信息资源的管理、开发、利用进行长远发展的计划，确定信息管理工作的目标与方向，制订出不同阶段的任务，指导数据库系统的建立和信息系统的开发，保证信息管理工作有条不紊地进行。

3. 信息收集

即应用各种手段、通过各种渠道进行物流信息的采集，以反映物流系统及其所处环境情况，为物流信息管理提供素材和原料。信息收集是整个物流信息管理中工作量最大、

最费时间、最占用人力的环节，操作时注意把握以下要点：首先，收集工作前要进行信息的需求分析。其次，收集工作要具有系统性和连续性。再次，要合理选择信息源。最后，信息收集过程的管理工作要有计划，使信息收集过程成为有组织、有目的的活动。

4. 信息处理

信息处理工作，就是根据使用者的信息需求，对收集到的信息进行筛选、分类、加工及储存等活动，加工出对使用者有用的信息。信息处理的内容如下：

（1）信息分类及汇总。

（2）信息编目（或编码）。

（3）信息储存。

（4）信息更新。

（5）数据挖掘。

5. 信息传递

信息传递是指信息从信息源发出，经过适当的媒介和信息通道输给接收者的过程。信息传递方式有许多种，一般可从不同的传递角度来划分信息传递方式。

6. 信息服务与应用

服务与应用是物流信息资料重要的特性，信息工作目的就是将信息提供给有关方面使用。物流信息的服务工作主要内容有以下几方面：

（1）信息发布和传播服务。

（2）信息交换服务。

（3）信息技术服务。

（4）信息咨询服务。

知识要点回顾

【主要概念】

数据　信息　信息管理　物流信息管理　信息系统

【动手动脑】

1. 在 Internet 登录某一专业物流公司的网站，了解其物流信息技术运用情况，并写出一篇不少于 3000 字的关于其信息技术运用情况的案例。

2. 走访某一家物流公司，写出不少于 3000 字的关于这家物流公司信息技术运用情况的案例。

第二章　物流管理信息系统

你知道物流信息管理系统的作用吗——中海的物流管理信息系统

中海北方物流有限公司是中海集团物流有限公司所属的八大区域物流公司之一。公司注册资金 5000 万元人民币，管理着东北地区 18 家子公司、分公司、办事处和 50 个配送网点。

我们不禁要问，中海的物流管理信息系统是如何处理物流活动中所遇到的问题？实施物流管理信息系统之后有什么作用？

【案例导入】

中海的物流管理信息系统

1. 中海北方物流有限公司业务流程

中海北方物流有限公司（简称中海）业务涵盖物流策划与咨询、企业整体物流管理、海运、空运、码头、集装箱场站、铁路班列运输、集卡运输、仓储配送等。业务流程如图 1 - 2 - 1 所示。

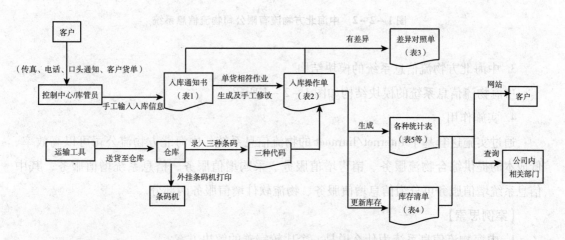

图 1 - 2 - 1　中海北方物流有限公司业务流程

2. 物流信息系统简介

中海北方物流公司的物流信息系统是以 Intranet/Extranet/Internet 为运行平台的，以客户为中心的、以提高物流效率为目的的，集物流作业管理、物流行政管理、物流决策管理于一体的大型综合物流管理信息系统，由电子商务系统、物流企业管理软件、物流作业管理系统和客户服务系统组成。

其整体构架如图 1-2-2 所示，而实际应用流程如图 1-2-3 所示。

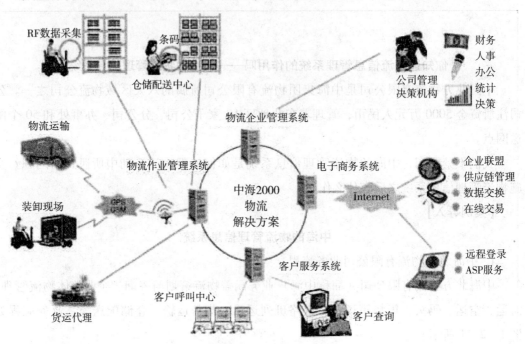

图 1-2-2 中海北方物流有限公司物流信息系统

3. 中海北方物流信息系统的模块结构

中海物流信息系统的模块结构如图 1-2-4 所示。

4. 实施作用

通过实施这套基于 Internet/Intranet 的物流信息系统，中海北方物流公司可以高效率、低成本的提供综合物流服务、销售增值服务、采购增值服务、信息系统增值服务，其中信息系统增值服务可分为信息增值服务、物流软件增值服务两部分。

【案例思索】

1. 中海物流信息系统为什么说是一个比较完善的解决方案？

2. 你认为这个系统还有哪些需要进一步提高？

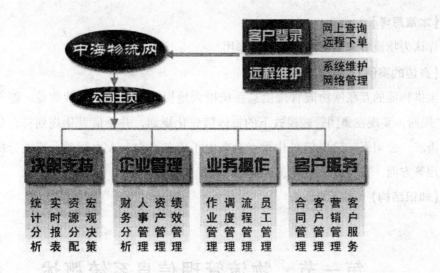

图1-2-3 物流管理信息系统实际应用流程

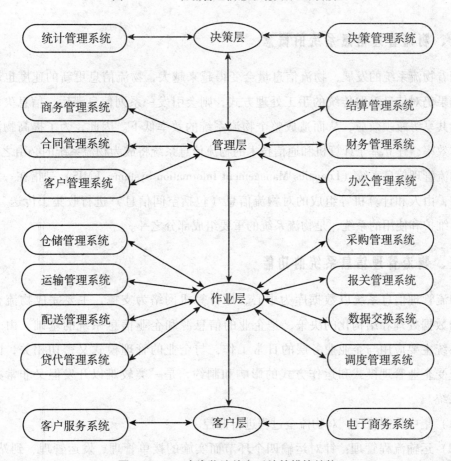

图1-2-4 中海物流信息系统的模块结构

【本章思考】

你认为物流管理信息系统有哪些作用?

【身边的案例】

宝供物流的互联网物流管理信息系统极大地提高了企业的运营效益。德邦物流将通过 IT 规划,实现在集团管控模式下的整体信息化规划,并使信息化规划符合集团战略发展的需求。公司下一阶段信息化重点会在电子商务平台、人力资源、智能分析、企业绩效管理等方面,并打造一个集成一体化的智能信息管理平台。

【知识结构】(见下页图)

第一节　物流管理信息系统概述

一、物流管理信息系统的概念

随着物流系统的发展,物流信息量会变得越来越大,物流信息更新的速度也越来越快,如果仍对信息采取传统的手工处理方式,则会引发一系列信息滞后、信息失真、信息不能共享等瓶颈效应,从而造成整个物流系统的效率低下。因此,为了提高物流系统的整体效率,建立基于计算机和通信技术的物流信息系统将成为物流系统的必由之路。

物流管理信息系统(Logistics Management Information System, LMIS)是指在一定时间空间内,由人和计算机等组成的对物流信息(包括空间信息)进行收集、传送、存储、加工、维护和使用的系统,是物流系统的重要组成部分之一。

二、物流管理信息系统的功能

物流管理信息系统以数据库为中心,以计算机网络为支撑,主要完成物流企业操作层的数据处理和结构化的决策,是企业的信息源和企业信息系统的基础。由于管理信息系统主要应用与企业业务层的日常工作,与企业的管理模式又密切相关,因此这类系统受企业管理模式和运作方式的影响和制约,是一类较难以开发但又非常必要的信息系统。

(1)集中控制管理:对物流全过程进行监控。

(2)运输流程管理:针对运输四个环节而实施的接单管理、发运管理、到站管理、签收管理和运输过程的单证管理。

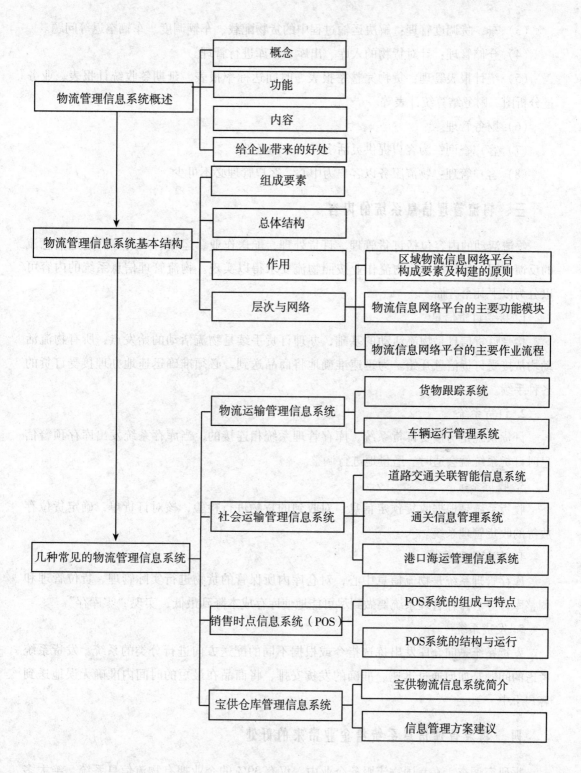

（3）车、货调度管理：解决运输过程中的货物配载、车辆调度、车辆空返等问题。

（4）仓储管理：针对货物的入库、出库、在库进行管理。

（5）统计报表管理：货物完整率报表、时间达标率报表、延期签收统计报表、业务量分析图、财务结算统计表等。

（6）财务管理。

（7）客户查询：为客户提供灵活多样的查询条件。

（8）客户管理：物流服务以客户为中心，客户管理必不可少。

三、物流管理信息系统的内容

物流活动的内容包括订货管理、订货处理、配送作业、运输、采购等。通过信息流的反馈作用，使其每一项物流作业按照物流要求得以实现。物流管理信息系统的内容可以分为以下几个方面。

1. 接受订货信息

接受订货信息是物流活动的基础，办理订货手续是物流活动的始发点，所有物流活动均从接受订货信息开始。为迅速准确地将商品送到，必须准确迅速地办理接受订货的各种手续。

2. 订货系统

订货系统是与接受订货系统、库存管理系统相连接的，当库存系统发出库存预警信息时订货系统就会适时、适量地进行调整。

3. 收货系统

收货系统是根据收货预定信息，对收到的货物进行检验，核对订货单，确定货位存放等的收货管理系统。

4. 库存管理系统

库存管理系统是物流信息中心，对仓库内所保管的货物进行实际管理、货位管理和调整库存等。库存管理系统要做到尽可能地使库存成本降到最低，实现"零库存"。

5. 发货系统

发货系统是向仓库发出拣选指令或根据不同的配送方向进行分类的系统。发货系统考虑的问题是如何通过迅速、准确的发货安排，将商品在最短的时间内准确无误地送到客户手中。

四、物流管理信息系统给企业带来的好处

据研究调查，在我国物流服务企业中，仅有39%的企业拥有物流信息系统，绝大多

数物流服务企业尚不具备运用现代信息技术处理物流信息的能力。主要是缺乏信息化管理的意识，没有超前的观念和技术创新的原动力，也没有全面地了解管理信息化给企业的发展带来的推动作用。

物流管理信息系统实现从物流决策、业务流程、客户服务的全程信息化，对物流进行科学管理。重视物流信息系统和物流管理的互动，既要根据自己的物流管理流程来选择适合的物流信息系统，也要通过物流信息系统来优化和再造自己的物流管理流程。选择合适的物流管理信息系统能给企业带来的好处有：

（1）提高企业物流综合竞争力。

（2）内部运作效率提高，能够从容处理各种复杂物流业务。

（3）通过与客户的实时信息共享，提高了客户服务质量。

（4）在对大量的客户业务数据进行统计分析的基础上，使得向客户提供增值服务成为可能，并挖掘出巨大的销售潜力。

（5）加强总部对分支机构的管理以及与股东单位、合作伙伴、支持资源的信息沟通、业务合作，向管理层、决策层提供实时的统计分析数据，提高了市场反应速度和决策效率。

【边学边想】

中海物流、德邦物流、宝供物流这三家物流公司引入管理信息系统给企业带来的好处有哪些？

第二节　物流管理信息系统基本结构

一、物流信息系统的组成要素

从系统的观点，构成物流企业信息系统的主要组成要素有硬件、软件、数据库和数据仓库、相关人员以及企业管理制度与规范等。

1. 硬件

硬件包括计算机、必要的通信设施等，例如计算机主机、外存、打印机、服务器、通信电缆、通信设施，它是物流信息系统的物理设备、硬件资源，是实现物流信息系统的基础，它构成系统运行的硬件平台。

2. 软件

在物流信息系统中，软件一般包括系统软件、实用软件和应用软件。

系统软件主要有操作系统（Operation System，OS）、网络操作系统等（Network Operation System，NOS），它控制、协调硬件资源，是物流信息系统必不可少的软件。

实用软件的种类很多，对于物流信息系统，主要有数据库管理系统（Database Management System，DBMS）、计算机语言、各种开发工具、国际互联网上的浏览器、群件等，主要用于开发应用软件、管理数据资源、实现通信等。

3. 数据库

数据库用来存放与应用相关的数据，是实现辅助企业管理和支持决策的数据基础，目前大量的数据存放在数据库中。

4. 相关人员

系统的开发涉及多方面的人员有专业人员，有领导，还有终端用户，例如企业高层的领导、信息主管、中层管理人员、业务主管、业务人员，系统分析员、系统设计员、程序设计员、系统维护人员等是从事企业物流信息资源管理的专业人员。

5. 物流企业管理思想和理念、管理制度与规范流程、岗位制度等

物流企业管理理念、管理制度等是物流信息系统成功开发和运行的管理基础和保障，是构造物流信息系统模型的主要参考依据，制约着系统硬件平台的结构、系统计算模式、应用软件的功能。

二、物流信息系统的总体结构

表1-2-1描述了物流信息系统的总体结构。不同的物流企业，当采取不同的管理理念，其物流信息系统的应用软件会不同。例如，以机械制造业为例，管理理念由库存控制、制造资源管理发展到企业资源管理，其业务层的企业信息系统应用软件随之发生了从 MRP、MRPH 到 ERP 的变化，从注重内部效率的提高到注重客户服务，其业务层的企业信息系统应用软件从以财务为中心发展到以客户为中心。

表1-2-1 物流信息系统的总体结构

应用软件
实用软件
系统软件
数 据 库
管理思想与理念、管理制度及规范
硬 件

三、物流信息系统的作用

物流管理信息系统（Logistics Management Information Systems，LMIS）是利用信息技术，通过信息流，将各种物流活动与某个一体化过程连接在一起的通道。物流系统中的相互衔接是通过信息予以沟通的，基本资源的调度也是通过信息共享来实现的，因此，组织物流活动必须以信息为基本。为了使物流活动正常而有规律地进行，必须保证物流信息畅通。物流信息的网络化就是要将物流信息通过现代信息技术使其在企业内、企业间乃至全球达到共享的一种方式。

物流信息已经从"点"发展到"面"，以网络方式将物流企业的各部门、各物流企业、物流企业与生产企业和商业企业等连在一起，实现了社会性的各部门、各企业之间低成本的数据高速共享；从平面应用发展到立体应用，企业物流更好地与信息流和资金流综合，统一加工消除了部门间的冗余，实现了信息的可追溯性。

【边学边想】

以宝供物流为例说明其信息系统的具体作用。

四、物流信息系统的层次与网络

（一）区域物流信息网络平台构成要素及构建的原则

1. 区域物流信息网络平台构成要素

区域物流信息网络平台是物流的载体，是一个包括诸多因素的复杂网络体系，其建设需要从以下三个方面进行统筹规划、协调发展。

首先是基础设施类。包括机场、铁路、道路与航路网络、管道网络、仓库、物流中心、配送中心、站场、停车场、港口与码头、信息网络设施等。

其次是设备类。包括物流中心、配送中心内部的各种运输工具、装卸搬运机械、自动化作业设备、流通加工设备、信息处理设备及其他各种设备。

最后是标准类。比如物流术语标准、托盘标准、包装标准、卡车标准、集装设备标准、货架标准、商品编码标准、商品质量标准、表格与单证标准、信息交换标准、仓库标准、作业标准等。

2. 区域物流信息网络平台构建的原则

（1）统一原则。强调参与现代物流的各部门、各环节之间从适应物流需要出发，统一设备规格、技术性能、信息标准。

（2）协调原则。强调组织物流的各部门及运输、储存、装卸、包装、流通加工、配

送、信息处理各环节的运输过程中，必须加强信息交流，在时间、空间上互相衔接。

（3）物流信息网络平台的兼容性原则。区域物流平台的构建，是结合区域经济优势及其发展特点进行的，区域间的市场经济的互补性决定了区域间物流信息网络平台应有较好的兼容性。

（4）整体效能原则。区域物流信息网络平台作为一个系统化、一体化的物流支持体系，其优劣应以整体效能为评价标准，应在保证整体效能最大化的前提下，追求各子系统的最大利益。这就要求在发展过程中，统筹兼顾，协调发展。因此，需要把握主要矛盾，解决好物流信息网络平台中各相关环节的"瓶颈"问题。

（5）硬件基础设施建设应有相对的前瞻性，即适度超前。铁路、公路、场站、码头、仓库等硬件基础设施属于固定物，其建设具有阶段性。在当前的建设中，都应依据规划超前建设。

（二）物流信息网络平台的主要功能模块

1. 物流网框架

用于提供一个具有延展性的平台，让使用者可以通过互联网，进入物流网进行作业。系统管理者亦可通过系统管理功能模块进行系统设定、基础数据维护等。

2. 物流网网页内容

为物流网会员提供多元化物流信息，包括物流的政策法规、最新信息发布、专家咨询及常见问题解答等。

3. 仓库管理

仓库管理功能包括货物入库、上架、补货、拣货、出货、盘点及账务处理。

4. 多仓管理

物流网应用平台上可同时管理多个仓库，包括入出库、调拨、调整、账务查询等功能；并可与运输管理集成，实现储运一体的目标。

5. 会员管理

为物流信息网络平台的会员提供注册、登录、基本资料维护及管理功能。

6. 产品目录管理

提供储运品的基本资料维护及管理，供仓库管理及运输管理使用。

7. 运输管理

为货主、承运人、物流业者提供货物运输的执行、监控、追踪功能，如运务需求提交、运费管理、装载处理及运输状态更新等。

8. 合约议定

货主可通过物流信息网络平台将需求发送给特定的物流业者，这些信息包括区段、数量、载具、服务水平等；被选定的物流业者，可以就自身的专长、能力或策略提出竞价，并可整合议定的结果，作为运输管理系统的费率数据。

9. 合约生成

为物流信息网络平台的会员提供各种合约模板，并可在网上完成合约制作与下载处理。

10. 要车计划

供货主在互联网上提交铁路、公路、水路和航空的要车计划申请。

（三）物流信息网络平台的主要作业流程

1. 物流网运营模式

物流网运营模式为三层架构：中央（物流中心）、区域中心、网点。物流中心采用集中管理方式，负责全范围内的物流管理；区域中心负责一个区域范围内的物流运作信息处理，区域内各网点信息的收集、更新，接收并执行物流中心的指令；网点为仓库系统，实际执行物流的仓库作业，完成库存管理、补货、收货、发货等功能。

2. 新客户加盟

新客户/货主可利用物流信息网络平台的会员管理功能进行注册申请，经物流信息网络平台管理部门审核确认后，就可成为新会员。物流信息网络平台的会员可利用产品目录管理功能，进行仓库商品的资料登录，此信息自动更新下层网点仓库系统，维持上下层资料的一致性。

3. 出入库/调整/调拨

客户/货主可通过多仓管理界面提交出库单、入库单、调整单、调拨单给下层仓库管理系统，所提交的出库单等经仓库作业人员审核确认后，由作业部门职工进行运输安排，提交给承运人。

4. 货物追踪/库存查询

客户/货主可以通过多仓管理系统对自己在仓库中的货物进行查询，包括数量、储位等；承运人可通过运输管理系统将货物递送信息登录到系统；客户可利用运输管理系统进行货物追踪，掌握货物运送的动态信息。

5. 运输合约议价

客户与物流信息网络平台的业务人员可利用合约议定功能，进行运输合约费率询价、报价。

6. 合约生成

中央管理部门可根据业务需要，制定运输、仓储等合约模板，为业务部门与客户提供在线填写、制作并生成合约。

7. 要车计划

货主可以通过互联网提交要车计划申请，经审核批准后的要车计划，将接入铁路运输管理信息系统（TMIS），物流网与 TMIS 整合，将进一步拓展和延伸物流网的功能。

8. 账务管理与查询

物流信息网络平台的财务部门与管理人员可在多仓管理系统中查询管理仓储与运输费用。

第三节　几种常见的物流管理信息系统

一、物流运输管理信息系统

下面着重介绍目前物流运输企业广泛采用的物流运输信息管理系统。

（一）货物跟踪系统

货物跟踪系统是指物流运输企业利用物流条码和 EDI 技术及时获取有关货物运输状态的信息（如货物品种、数量、货物在途情况、交货时间、发货地和到达地、货物的货主、送货责任车辆和人员等），提高物流运输服务的方法。具体地说就是物流运输企业的工作人员在向货主取货时、在物流中心重新集装运输时及在向顾客配送交货时，利用扫描仪自动读取货物包装或者货物发票上的物流条码等货物信息，通过公共通信线路、专用通信线路或卫星通信线路把货物的信息传送到总部的中心计算机进行汇总整理，这样所有被运送的货物信息都集中在中心计算机里。

货物跟踪系统提高了物流运输企业的服务水平，其具体作用表现在以下四个方面。

（1）当顾客需要对货物的状态进行查询时，只要输入货物的发票号码，马上就可以知道有关货物状态的信息。查询作业简便迅速，信息及时准确。

（2）通过货物信息可以确认是否货物将在规定的时间内送到顾客手中，能及时发现在规定的时间内把货物交付给顾客的情况，便于马上查明原因并及时改正，从而提高运送货物的准确性和及时性，提高顾客服务水平。

（3）作为获得竞争优势的手段，提高物流运输效率，提供差别化物流服务。

（4）通过货物跟踪系统所得到的有关货物运送状态的信息，丰富了供应链的信息分享源，有关货物运送状态信息的分享有利于顾客预先做好接货以及后续工作的准备。

（二）车辆运行管理系统

以下介绍两种车辆运行管理系统，一种是适用于城市范围赔偿损失应用 MCA 无线技术的车辆运行管理系统，另一种是适用于全国、全球范围的应用通信卫星和 GPS 技术的车辆运行管理系统。

1. 应用 MCA 无线技术的车辆运行管理系统

MCA（Multi Channel Access）无线系统由无线信号发射接收控制部门、运输企业的计划调度室和运输车辆组成。通过无线信号发射接收控制部门，运输企业的计划调度室与运输车辆能进行双向通话，无线信号管理部门通过科学的划分无线频率来实现无线频率的有效利用。由于 MCA 系统无线发射功率的限制，它只适用于小范围的通信联络。如城市内的车辆计划调度管理，在我国北京、上海等城市的大型出租运输企业都采用 MCA 系统。利用 MCA 技术的车辆运行管理系统不仅能提高物流运输企业效率，而且能提高顾客服务的满足度。

2. 应用通信卫星、GPS 技术和 GIS 技术的车辆运行管理系统

在全国范围甚至跨国范围进行车辆运行管理就需要采用通信卫星、全球卫星定位系统和地理信息系统。采用通信卫星、GPS 技术和 GIS 技术的车辆运行管理系统中，物流运输企业的计划调度中心和运行车辆通过通信卫星进行双向联络。

物流运输企业通过应用通信卫星、GPS 技术和 GIS 技术不仅可以对车辆运行状况进行控制，而且可以实现全企业车辆的最佳配置，提高物流运输业务效率和顾客服务满足程度。在地域辽阔的美国，由于采用通信卫星、GPS 技术和 GIS 技术的车辆运行系统能提高配车运送效率、缩短等待时间，因而越来越多的企业开始采用这一系统。

二、社会运输管理信息系统

社会物流基础设施包括道路、铁路、码头、机场、海关等硬件设施和提供这些硬件设施使用状况的信息系统以及提高这些硬件设施使用效率的管理系统等软件设施。下面从道路交通和通关信息的处理两个方面说明建立社会物流基础设施关联信息系统的重要性。

（一）道路交通关联智能信息系统

我们知道，多额度、小数量运送和及时运送的顾客物流需求使得货物运送的频度大大增加，配送的时间规定也越来越严格。在这种环境下，目前一些发达国家的大型道路

交通运输企业，都利用通信卫星、GPS 和数字式电子交通地图建立最佳车辆调配系统。该车辆调配系统根据车辆所在的位置、装载情况和运输货物的要求（运送目的地、到达时间、货物大小等）自动选择最佳的货物运送路线、并把最佳的货物运送路线表示在数字式电子交通地图上。该系统对提高车辆的装载效率、对车辆驾驶员的动态管理、对提高顾客物流服务水平起着重要作用。

目前，许多发达国家正在着手开发应用现代先进信息技术的下一代智能交通信息系统（Intelligent Transport System，ITS），该智能信息系统中关于道路交通的部分有如下作用：

（1）提供道路阻塞、交通事故、交通规则限制等交通关联信息和前方道路使用状况信息。

（2）通过对交通信号的控制和向驾驶员建议运行线路来实现道路交通流量的最优化。

（3）高速公路自动收费系统。

（4）提供道路、交通环境等方面的危险警告信息和提供运行过程中支援辅助信息。

（5）开发智能型汽车。这种汽车具有自动操作、自动监测报警、自动回避冲突等功能。

ITS 系统直接的功能是提高道路利用率、实现安全舒适的交通运输。ITS 系统间接的功能是由于道路交通环境的改善减少汽车的燃料消费和有毒气体的排放，有利于环境保护，并能避免因交通阻塞所带来的经济损失。

（二）通关信息管理系统

国际贸易的开展带来了国际物流活动。在国际物流活动中，通关活动是一个重要组成部分。提高通关速度能提高国际物流活动的效率。由于通关过程涉及品种分类、商品价格、关税税率等许多信息的交流，同时通关活动与货主、运输公司、物流服务企业、银行保险业、商品商检部门、关税仓库等有密切的联系，因此建立一个综合的通关信息管理系统（Customs Intelligent Database System，CIDS）很有必要。

综合通关信息管理系统是通过在线连接把运输企业（如海关企业、空运企业）、物流服务企业、货物装卸企业、保税仓库、通关代理企业、银行保险、关税收缴部门等连接在一起构成的网络。

通过综合通关信息管理系统，货主在系统网络终端能完成关税申报手续，同时也能询问和检查关税申报进度和货物保管情况，并交纳关税和支付运输装卸保管费用等。税务部门利用综合通关信息管理系统，受理报关，自动计算申报商品价格、适用税率、外汇汇率，确定纳税税款，通知纳税时间，同时进行报关审查。建立综合通关信息管理系统可以缩短通关的时间，提高通关效率。

（三）港口海运管理信息系统

1. 德国汉堡港

德国汉堡港海运信息管理系统建立于 1983 年，目前，主要进行海运行业使用的各种业务信息的传递并进行与海运有关的 200 多种格式的电子单证的处理加工。该系统的用户达 200 多家，其中，货运代理商 115 家，船运代理商 54 家，码头经营者 15 家，理货业者 7 家，其他用户（海关、铁路和港口当局等）16 家。该系统由 8 个子系统组成。分别是货运代理商使用的单证系统、理货业者使用的单证系统、海关通信系统、船舶信息系统、危险品信息系统、集装箱管理系统、船运集装箱多式联运系统、国际通信服务系统。

2. 新加坡港

新加坡于 1984 年开始建立港口信息管理系统，该系统名称为新加坡 PORTENT。目前，系统的用户有 1200 多家企业，并与 2 个亚洲港口和 6 个非亚洲港口建立了电子数据交换联系。新加坡港务局的未来规划是不断延伸和改进 PORTNET 的功能，使其更加完善，建立更多的计算机通信线路，联通港口的使用者、与航运有关的单位以及银行、保险、海关等部门，加快船舶和货物的流动周转速度。另外，新加坡港务局和新加坡贸易局联合开发了一个海运信息系统 MAINS（Maritime Information System），这个系统把航运公司、货运代理商、贸易商和监管机构的有关文书（如货单、发票、报关单、进出口许可证等）按电子交换的标准格式统一起来。

3. 我国海运信息管理系统的发展状况

我国航运界在应用以电子数据交换为核心的海运信息管理系统方面起步较早的企业是中国远洋运输集团公司。1989 年中远集团开始在中美航线上进行货运舱单 EDI 通信的试点工作，1992 年试点扩展到中国至西北欧航线，并于 1993 年开始向主要航线推广使用 Em 的国际标准 UN/EDFACT。

交通部 1995 年组织实施九五重点科技攻关项目国际集装箱 EDI 系统及示范工程，其目标是在"四点一线"（上海、天津、青岛、宁波四个口岸和中远集团）建成具有互联式和分局功能的以 EDI 为核心的海运信息管理系统，实现国际集装箱运输单证的电子数据交换，以后逐步延伸扩展，最终形成覆盖我国主要外贸口岸与集装箱多式联运网络相配套的电子信息传输和运行系统。

三、销售时点信息系统（POS）

（一）POS 系统的组成与特点

POS 系统（Point of Sale，POS）即销售时点信息系统，最早应用于零售业，以后逐

渐扩展至金融、旅馆等服务性行业，利用 POS 系统的范围也从企业内部扩展到整个供应链。

1. POS 系统的组成

POS 系统包含前台 POS 系统和后台 MIS 系统两大基本部分。

（1）前台 POS 系统。前台 POS 系统是指通过自动读取设备（主要是扫描器），在销售商品时直接读取商品销售信息（如商品名称、单价、销售数量、销售时间、销售店铺、购买顾客等）实现前台销售业务的自动化，对商品交易进行实时服务和管理，并通过通信网络和计算机系统传送至后台，通过后台计算机系统（MIS）的计算、分析与汇总等掌握商品销售的各项信息，为企业管理者分析经营成果、制定经营方针提供依据，以提高经营效率的系统。

（2）后台 MIS 系统。后台 MIS 系统又称管理信息系统。它负责整个商场进、销、调、存系统的管理以及财务管理、库存管理、考勤管理等。它可根据商品进货信息对厂商进行管理，又可根据前台 POS 提供的销售数据，控制进货数量，合理周转资金，还可分析统计各种销售报表，快速准确地计算成本与毛利，也可以对售货员、收款员业绩进行考核，是员工分配工资、奖金的客观依据。因此，商场现代化管理系统中前台 POS 与后台 MIS 是密切相关的，两者缺一不可。

2. POS 系统的特点

POS 系统能够对商品进行单品管理、员工管理和客户管理，并能适时自动取得销售时点信息和信息集中管理，它紧密地连接着供应链是供应链管理的基础，也可以说是物流信息管理的起点。其特点如下：

（1）分门别类管理。POS 系统的分门别类管理不仅针对商品，而且还可针对员工及顾客。

①单品管理。零售业的单品管理是指以店铺陈列展示销售的商品以单个商品为单位进行销售跟踪和管理的方法。由于 POS 信息即时准确地记录单个商品的销售信息，因此 POS 系统的应用使高效率的单品管理成为可能。

②员工管理。员工管理指通过 POS 终端机上的计时器的记录，依据每个员工的出勤状况，销售状况（以月、周、日甚至时间段为单位）进行考核管理。

③顾客管理。顾客管理是指在顾客购买商品结账时，通过收银机自动读取零售商发行的顾客 ID 卡或顾客信用卡来把握每个顾客的购买品种和购买额，从而对顾客进行分类管理。

（2）自动读取销售时点信息。在顾客购买商品结账时 POS 系统通过扫描读数仪自动

46

读取商品条码标签或 OCR 标签上的信息，在销售商品的同时获得实时的销售信息是 POS 系统的最大特征。

（3）集中管理信息。在各个 POS 终端获得的销售时点信息以在线联结方式汇总到企业总部，与其他部门发送的有关信息一起由总部的信息系统加以集中并进行分析加工，如把握畅销商品和滞销商品以及新商品的销售倾向，对商品销售量和销售价格、销售量和销售时间之间的相关关系进行分析，对商品上架陈列方式、促销方法、促销期间、竞争商品的影响进行相关分析，集中管理，等等。

（4）连接供应链的有力工具。供应链参与各方合作的主要领域之一是信息共享，而销售时点信息是企业经营中最重要的信息之一，通过它能及时把握顾客的需要信息，供应链的参与各方可以利用销售时点信息并结合其他的信息来制定企业的经营计划和市场营销计划。目前，领先的零售商正在与制造商共同开发一个完全的物流系统——联合预测和库存补充系统（Collaboration Forecasting and Replenishment，CFAR），该系统不仅分离 POS 信息而且一起联合进行市场预测，分享预测信息。

（二）POS 系统的结构与运行

1. POS 系统的结构

1）POS 系统硬件的结构

POS 系统的硬件结构主要依赖于计算机处理信息的体系结构。结合商业企业的特点，POS 硬件系统的基本结构可分为：单个收款机，收款机与微机相连构成 POS 系统，以及收款机、微机与网络构成 POS 系统。目前大多采用第三种类型的 POS 结构，它的硬件结构如下：

（1）前台收款机。前台收款机即 POS 机，可采用具有顾客显示屏和票据打印机、条码扫描仪的 POS、PRPOS、PCBASE 机型。共享网上商品库存信息，保证了对商品库存的实时处理，便于后台随时查询销售情况，进行商品的销售分析和管理。条码扫描仪可根据商品的特点选用手持式或台式以提高数据录入的速度和可靠性。

（2）网络。目前，我国大多数商场信息交流的现状一般内部信息的交换量很大，而对外的信息交换量则很小，因此，计算机网络系统应采用高速局域网为主、电信系统提供的广域网为辅的整体网络系统。考虑到系统的开放性及标准化的要求，选择 TCP/IP 协议较合适。操作系统选用开放式标准操作系统。

（3）硬件平台。大型商业企业的商品进、存、调、销的管理复杂，账目数据量大，且须频繁地进行管理和检索，选择较先进的客户机/服务器结构，可大大提高工作效率，保证数据的安全性、实时性及准确性。

2）POS 系统软件

（1）前台 POS 销售软件的功能。前台 POS 销售软件应具有的功能如下：

①日常销售。完成日常的售货收款工作，记录每笔交易的时间、数量、金额，进行销售输入操作。如果遇到条码不识读等现象，系统应允许采用价格或手工输入条码号进行查询。

②交班结算。进行收款员交班时的收款小结、大结等管理工作，计算并显示出本班交班时的现金及销售情况，统计并打印收款机全天的销售金额及各售货员的销售额。

③退货。退货功能是日常销售的逆操作。为了提高商场的商业信誉，更好地为顾客服务，在顾客发现商品出现问题时，允许顾客退货。此功能记录退货时的商品种类、数量、金额等，便于结算管理。

④支持各种付款方式。可支持现金、支票、信用卡等不同的付款方式，以方便不同顾客的要求。

⑤即时纠错。在销售过程出现的错误能够立即修改更正，保证销售数据和记录的准确性。

（2）后台 MIS 管理软件的功能。后台 MIS 管理软件应具有的功能如下：

①商品入库管理。对入库的商品进行输入登录，建立商品数据库，以实现对库存的查询、修改、报表及商品入库验收单的打印等功能。

②商品调价管理。由于有些商品的价格随季节和市场等情况而变动，本系统应能提供对这些商品所进行的调价管理功能。

③商品销售管理。根据商品的销售记录，实现商品的销售、查询、统计、报表等管理，并能对各收款机、收款员、售货员等进行分类统计管理。

④单据票证管理。实现商品的内部调拨、残损报告、变价调动、仓库验收盘点报表等各类单据票证的管理。

⑤报表打印管理。打印内容包括：时段销售信息表、营业员销售信息报表、部门销售统计表、退货信息表、进货单信息报表、商品结存信息报表等。实现商品销售过程中各类报表的分类管理功能。

⑥完善的分析功能。POS 系统的后台管理软件应能提供完善的分析功能，分析内容涵盖进、销、调、存过程中的所有主要指标，同时以图形和表格方式提供给管理者。

⑦数据维护管理。完成对商品资料、营业员资料等数据的编辑工作，如商品资料的编号、名称、进价、进货数量、核定售价等内容的增加、删除、修改。营业员资料的编号、姓名、部门、班组等内容的编辑。还有商品进货处理、商品批发处理、商品退货处

理。实现收款机、收款员的编码、口令管理，支持各类权限控制。具有对本系统所涉及的各类数据进行备份，交易断点的恢复功能。

⑧销售预测。包括畅销商品分析、滞销商品分析、某种商品销售预测及分析、某类商品销售预测及分析等。

2. POS 系统的运行

POS 系统的运行由以下五个步骤组成。

（1）销售商品都贴有表示该商品信息的条码或光学识别（OCR）标签。

（2）在顾客购买商品结账时，收银员使用扫描读数仪自动读取商品条码标签或 OCR 标签上的信息，通过店铺内的微型计算机确认商品的单价，计算顾客购买总金额等，同时返回给收银机，打印出顾客购买清单和付款总金额。

（3）各个店铺的销售时点信息通过 VAN 以在线联结方式即时传送给总部或物流中心。

（4）在总部，物流中心和店铺利用销售时点信息来进行库存调整、配送管理、商品订货等作业。通过对销售时点信息进行加工分析来掌握消费者购买动向，找出畅销商品和滞销商品，并以此为基础，进行商品品种配置、商品陈列、价格设置等方面的作业。

（5）在零售商与供应链的上游企业（批发商、生产厂家、物流业者等）结成协作伙伴关系（也称为战略关系）的条件下，零售商利用 VAN 在线联结的方式把销售时点信息即时传送给上游企业。这样上游企业可以利用销售现场的最及时准确的销售信息制定经营计划、进行决策。

四、宝供仓库管理信息系统

（一）宝供物流信息系统简介

宝供物流从 1997 年开始在国内物流行业中首家开发基于 INTERNET 的物流信息管理系统，十年来宝供物流信息化一直处于行业前列，取得大量成功案例，多次获得行业最高荣誉，例如 2004 年荣获中国物流与采购联合会颁发科技进步一等奖，连续多年荣获中国企业信息化 500 强，2007—2008 年被美国《信息周刊》杂志评为"中国商业科技 100 强"。

宝供物流已自主建成国内领先的第三方物流集成平台，能通过 EDI 对接模块与客户 ERP 系统实现无缝对接。平台除了支持运输配送管理、仓储库存管理等物流基本管理功能外，还能支持分销管理、成本控制、运输线路规划、立体仓储位管理、材料生产加工管理（VMI）等物流增值服务，如图 1-2-5 所示。

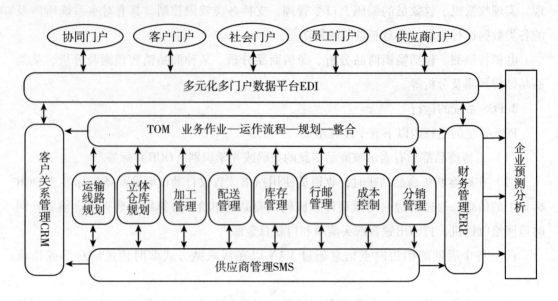

图1-2-5 第三方物流集成平台

宝供第三方物流信息平台是以订单为中心，通过组织架构、业务流程、IT 技术等三方面的变革，最终实现物流信息在一个高效的系统内闭环管理，通过订单将运输管理、仓库管理、订单管理和财务管理模块全面整合到一个集成的物流信息管理平台，即宝供第三方物流信息平台。安全实用的第三方物流信息平台，实现了对物流订单的记录、调度、备货、发运、在途跟踪、客户签收、回单、财务结算、KPI 考核、异常处理等各个环节的高效统一管理。

宝供物流在自主研发的第三方物流信息平台基础上，根据不同行业客户需求提供支持其产品特性和业务流程的系统定制服务。通过成立项目小组，自主规划、自主开发、自主实施，系统上线后根据业务需求不断完善并提供后续客户服务支持，使系统对业务达到贴身支持的境界，同时也形成了宝供化工、家电、食品、饮料、日化、汽车零配件等行业信息化解决方案。成功案例有：

（1）汽车零配件行业：电装、丰田汽车、福田汽车等；

（2）日化行业：联合利华、宝洁、安利等；

（3）日用消费品行业：飞利浦照明、金佰利等；

（4）食品饮料行业：卡夫食品、红牛维生素饮料、百威啤酒等；

（5）家电行业：三星电子、飞利浦电子、厦华电子等；

（6）医药和保健品行业：南方李锦记、养生堂等；

（7）化工行业：壳牌、中石油、ICI等。

宝供物流系统对不同行业客户的业务快速支持能力，以及通过系统平台与客户进行系统对接的能力在国内同行业中都是领先的。我们相信宝供信息系统能够满足客户的各方面信息管理需求，并提供各项信息增值服务，支持客户快速、准确响应需求，支持客户供应链战略的实现。

（二）信息管理方案建议

根据对各个客户业务特点和管理需求的理解，结合宝供物流信息系统的功能特点，我们建议采用以下信息系统管理方案：

（1）使用宝供信息平台（TOM）的EDI对接模块，实现双方系统对接。客户订单通过电子方式发送给宝供并自动导入宝供TOM系统，订单执行结果由TOM系统自动发送并导入客户SAP系统。

（2）使用宝供外购的WMS（Exceed 4000）管理VMI仓库，仓库关键作业环节使用条码扫描技术。

（3）根据VMI管理需要定制库存报表和库存预测、库存预警报表。

1. EDI对接

宝供物流信息集成平台的订单管理模块（OMS）负责处理所有订单信息，该模块对客户开放，提供EDI电子对接、订单录入、审批、查询、统计等功能。该模块具备壮健性、灵活性和可扩展性，能有效适应不同客户的订单数据对接需求。

数据对接模块提供多种的对接的手段，如：E－mail，FTP，Web，还实现了基于Web方式的SSL加密传输、信息队列（Message Queue）及SOAP接口（Web Service）调用方式。

OMS模块能支持多种不同的格式如文本CSV、Excel、XML、ebXML等格式。

成功案例：2005年宝供与某知名外国电子企业SAP系统双向对接，实现订单处理、运输跟踪和仓储管理、财务结算等环节的物流业务的全程控制，实现双向实时的业务数据交换。系统对接如图1－2－6所示。

2. WMS系统

要有效地VMI仓库业务，信息技术是基础，WMS系统是达成这个目标的一个关键因素。宝供计划使用Exceed 4000管理××的VMI仓库。

该WMS系统是由INFOR公司提供，是一套全球领先的WMS系统。该软件功能强大、技术先进，具有图形用户接口、友好的人机界面、强大的查询能力、多重数据视图和内置的安全管理等多个优点，在流程的灵活性和个性化设计上领先一步，具有专门的接口工具与其他物流管理系统方便地对接。宝供采购此系统用于宝供在全国各地建设的现代

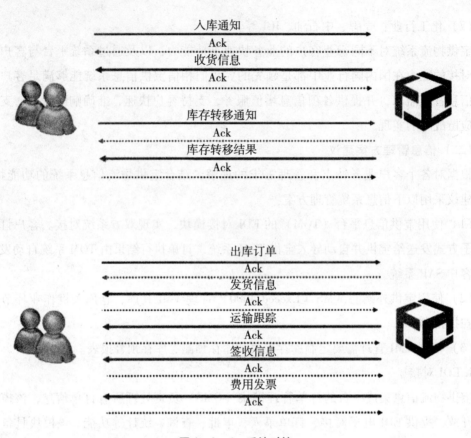

图 1 - 2 - 6　系统对接

化仓储基地的立体仓库，已经在苏州、合肥、广州、上海基地为联合利华、卡夫、飞利浦、三星电子等多家世界 500 强企业提供物流中心管理服务。

WMS 的核心功能包括：对单据和运作结果的快速传送；对库存进行管理，进行批号和状态跟踪，实现供应链过程的可见性，可控性；支持库内作业管理；快速生成各类统计报表。

WMS 融合了最新科技，采用先进的条码扫描和无线网络技术，用户操作通过无线系统来完成，最大限度地在工作场地就地、实时、快速、准确地输入、查询和更新系统数据。系统管理员可以管理指定堆放区域、上架/取货优先原则、补货原则等的设置，编排收货计划、取货计划、装运计划等的操作。由于有完整的数据接口，避免了不必要的数据重复输入和因此而造成的错误，工作效率大幅度提高。

WMS 管理物流中心示意如图 1 - 2 - 7 所示。

Exceed 4000 管理仓库内工作示意如图 1 - 2 - 8 所示。

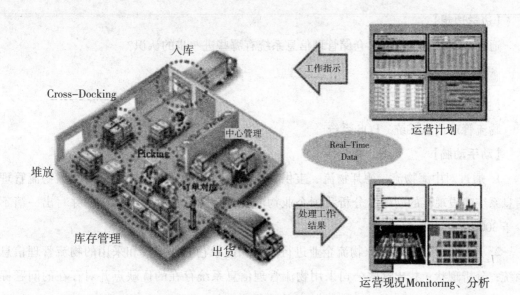

图 1－2－7 WMS 管理物流中心示意

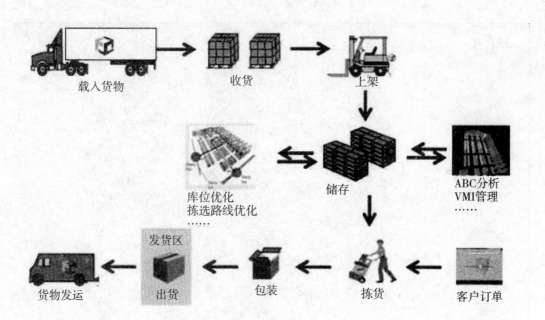

图 1－2－8 Exceed 4000 管理仓库内工作示意

53

【边学边想】

通过本案例的学习，对仓储管理信息系统有哪些进一步的认识？

知识要点回顾

【主要概念】

物流管理信息系统　POS 系统

【动手动脑】

1. 通过对中海物流、德邦物流、宝供物流三家物流公司的资料，分析我国物流管理信息系统建设现存的问题，分析我国企业物流管理信息建设现有的优势，并写出一篇不少于 3000 字的分析报告。

2. 选择当地的三到四家物流企业进行走访，记录它们的规模和采用的物流管理信息系统；分析现状，找出这些公司采用物流管理信息系统存在的优缺点并对存在的问题提出解决方案，写出一篇不少于 3000 字的调查报告。

第三章　电子商务与物流

你知道戴尔网上直销模式为何能那么成功吗——Dell 公司的沟通模式

当今全球最大的 IT 直销公司戴尔以其低成本、零库存、对市场变化的快速反应和关注客户关系管理等特点的直销模式，帮助其得到巨大的成功。下面对戴尔公司直销营销模式的优势进行详细分析，揭开戴尔直销的神秘面纱。

我们不禁要问，是什么让戴尔直销模式如此成功？

【案例导入】

Dell 公司的沟通模式

Dell 公司（http：//www. dell. com. cn）CEO 迈克尔·戴尔的经营思想是："绕过分销商等传统价值链中的中间环节，按单定制并将产品直接销售到客户手中"。Dell 公司以客户为中心并与之建立直接的联系、与供应商建立合作伙伴关系、大规模按单定制、实时生产和零库存，这些都已是相当熟悉的概念了。Dell 公司的成功更在于将新观念与网络创造性地结合。正是这种结合推动了 Dell 得以与其客户和供应商之间更高效地进行直接的沟通、更紧密地合作与分享信息。Dell 主页如图 1－3－1 所示。

传统价值链中生产厂商与供应商以及与最终客户之间的界限正在变得模糊，Dell 模式的核心就是与客户进行直接沟通。通过直接沟通，Dell 不仅避免了中间环节的加价和时滞，减少了产品的销售费用和库存的成本与风险，还使公司与客户之间建立了一种直接的联系，这种联系带来了有价值的信息，这些信息又进一步加强和巩固了 Dell 与客户以及与供应商之间的关系。Dell 与客户的沟通方式主要有电话沟通、网络沟通及面对面的沟通。

电话沟通：公司向客户提供 800 免费电话服务。直销人员通过电话针对不同技术层次的客户回答各种问题并引导客户选择配置。

网络沟通：客户只要到公司的 Web 站点就可以获取有关 Dell 的信息并可在线订购产品。Dell 同时还提供在线支持工具以帮助客户解决各类常见的技术问题。此外，Dell 还与全球 200 多家最大的客户建有特制的企业内部网站（Premier Pages）。在防火墙的安全保

图 1-3-1　Dell 主页

护下，这些大客户可以直接进入网站订购并获取相关技术信息。

　　Dell 为 5000 多个有 400 名以上员工的美国公司建立了首页，这些首页同客户的 Inter-net 连接，让获准的雇员在线配置个人计算机和付款，跟踪交付情况，每天约有 500 万美元的 Dell 个人计算机以这种方式订货。

　　作为使用新观念、新技术的先锋，Dell 将网上销售看作其直接销售模式的一种自然延伸。网上销售意味着客户在不与销售商见面的情况下，在线自主完成购物的全部过程——从收到产品信息、选择、比较乃至付款订购（除了提货）。尽管如此，Dell 仍很重视传统面对面的人员沟通方式。Dell 的逻辑是借助信息技术使技术人员摆脱简单的琐事，以便投入到复杂的咨询工作中。

　　面对面的人员沟通：Dell 的销售人员经常拜访客户，这样做可以使 Dell 更好地倾听客户的需求，了解他们的问题与困难，并增进与客户之间的信任和联系。对于大客户，Dell 则索性派出技术小组驻扎在客户内部，以便随时协助客户解决复杂的技术问题。例如，Dell 在波音公司（该公司已购买了 10 万台 Dell 个人计算机）派驻了 30 名技术人员，与波音公司人员一起亲密合作共同进行 PC 机及网络的规划和配置。

几年来，Dell 的销售额每年都以两位数、甚至三位数的速度迅速增长，令业界刮目相看。

那么，Dell 是靠什么来达到如此快速的发展的？从 Dell 公司 CEO 迈克尔·戴尔先生的多次讲话中可以归纳出三条最基本的法宝。

一是靠直销模式。在此模式中有两条基本的实施方法：通过与客户洽谈实施面对面销售，这主要针对大客户，如政府机构、大企业、银行等；通过 800 免费热线电话订销产品。

二是靠按订单加工生产。这种方法是用户订购什么样的产品，我就生产什么样的产品，绝对满足需求。

三是网上销售。近年 Internet 的飞速发展，使电子商务、网上商店成为一种时髦的交易方式。Dell 公司在 1996 年便不失时机地设立了网上商店，当时每天的销售额约为 100 万美元。现在每天的网上销售额达 600 万美元，Dell 网址每周约有 200 万人访问。

直销减少了中间环节的开销，节省了成本。目前，Dell 公司收入的 65% 来自 800 免费电话。按订单进行生产，减少了库存，加速了产品的上市时间；网上商店方便了客户浏览厂家的产品和服务，进一步扩展了直销渠道，降低了成本。

互联网时代的高效性和可交互性，彻底改变了传统的经营方式。对用户来讲，通过互联网络可以得到自己想要得到的东西；对企业来讲，无论是营销还是直接的销售行为，或者是服务，完全可以根据用户的需要来定制专项的服务或者产品。这种方式，在传统的工业时代是不可能实现的，因为成本太高。而在互联网时代能够实现，因为只要通过鼠标的点击，用户就可以定制自己需要的任何东西。

【案例思索】

1. 何为电子商务？如何理解"电子"与"商务"的关系？

2. 有了网络沟通是否还需要电话沟通和面对面的沟通？

3. 如果没有网络，Dell 能否实现直销？

【本章思考】

物流行业如何满足电子商务需求？

【身边的案例】

全球首富比尔·盖茨曾说："21 世纪要么电子商务，要么无商可务。"阿里巴巴创始人马云也曾说过："现在你不做电子商务，五年之后你必定会后悔。"二人的话虽然有些绝对，但也反映了未来的趋势。传统商城的销售正在被电子商务分流，电子商务未来会代替一部分传统商城的功能。就目前的形势来看，电子商务引导全球经济市场已是大势所趋。

【知识结构】

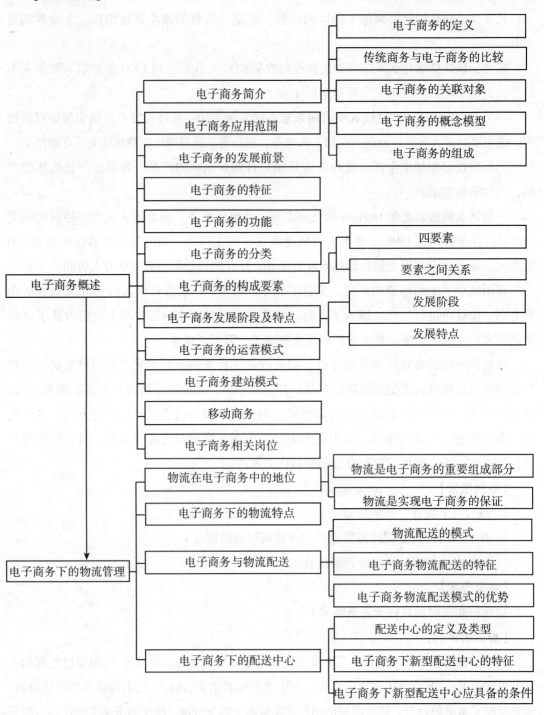

第一节　电子商务概述

电子商务是指在互联网（Internet）、企业内部网（Intranet）和增值网（VAN，Value Added Network）上以电子交易方式进行交易活动和相关服务活动，是传统商业活动各环节的电子化、网络化。电子商务是利用微电脑技术和网络通信技术进行的商务活动。各国政府、学者、企业界人士根据自己所处的地位和对电子商务参与的角度和程度的不同，给出了许多不同的定义。但是，电子商务不等同于商务电子化。

电子商务包括电子货币交换、供应链管理、电子交易市场、网络营销、在线事务处理、电子数据交换（EDI）、存货管理和自动数据收集系统。在此过程中，利用到的信息技术包括：互联网、外联网、电子邮件、数据库、电子目录和移动电话。

一、电子商务简介

（一）电子商务的定义

电子商务可以划分为广义和狭义的电子商务。广义的电子商务是指使用各种电子工具从事商务活动；狭义电子商务是指主要利用 Internet 从事商务或活动。无论是广义的还是狭义的电子商务的概念，电子商务都涵盖了两个方面：一是离不开互联网这个平台，没有了网络，就称不上为电子商务；二是通过互联网完成的是一种商务活动。

狭义上讲，电子商务（Electronic Commerce，EC）是指：通过使用互联网等电子工具（这些工具包括电报、电话、广播、电视、传真、计算机、计算机网络、移动通信等）在全球范围内进行的商务贸易活动；是以计算机网络为基础所进行的各种商务活动，包括商品和服务的提供者、广告商、消费者、中介商等有关各方行为的总和。人们一般理解的电子商务是指狭义上的电子商务。

广义上讲，电子商务一词源自于 Electronic Business，就是通过电子手段进行的商业事务活动。通过使用互联网等电子工具，使公司内部、供应商、客户和合作伙伴之间，利用电子业务共享信息，实现企业间业务流程的电子化，配合企业内部的电子化生产管理系统，提高企业的生产、库存、流通和资金等各个环节的效率。

（二）传统商务与电子商务的比较（如表1-3-1所示）

表1-3-1　　　　　　　　　　传统商务与电子商务的比较

项目	传统商务	电子商务
信息提供	根据销售商的不同而不同	透明、准确
流通渠道	企业—批发商—零售商—消费者	企业—消费者
交易对象	部分地区	全球
交易时间	规定的营业时间内	24小时
销售方法	通过各种关系买卖	完全自由购买
营销活动	销售商的单方营销	双向通信、PC、一对一
顾客方便度	受时间与地点的限制	顾客按自己的方式无拘无束的购物
销售地点	需要销售空间（店铺）	虚拟空间

【边学边想】

举例说明传统商务与电子商务有什么样的区别？

（三）电子商务的关联对象

电子商务的形成与交易离不开以下三方面的关系：

1. 交易平台

第三方电子商务平台（以下简称第三方交易平台）是指在电子商务活动中为交易双方或多方提供交易撮合及相关服务的信息网络系统总和。

2. 平台经营者

第三方交易平台经营者（以下简称平台经营者）是指在工商行政管理部门登记注册并领取营业执照，从事第三方交易平台运营并为交易双方提供服务的自然人、法人和其他组织。

3. 站内经营者

第三方交易平台站内经营者（以下简称站内经营者）是指在电子商务交易平台上从事交易及有关服务活动的自然人、法人和其他组织。

电子商务，有门户网站经营有比较完善的信息流、资金流、物流等。

（四）电子商务的概念模型

电子商务的概念模型是对现实世界中电子商务活动的一般抽象描述，它由电子商务实体、电子市场、交易事务和信息流、资金流、物资流等基本要素构成。

在电子商务概念模型中，电子商务实体，又称为电子商务交易主体，是指能够从事电子商务活动的客观对象，它可以是企业、银行、商店、政府机构、科研教育机构和个人等；电子市场是指电子商务交易主体从事商品和服务交换的场所，它由各种各样的商务活动参与者，利用各种通信装置，通过网络连接成一个统一的经济整体；交易事务是指电子商务交易主体之间所从事的具体的商务活动的内容，例如询价、报价、转账支付、广告宣传、商品运输等。

电子商务的任何一笔交易，包含着以下三种基本的"流"，即物资流、资金流和信息流。其中物资流主要是指商品和服务的配送和传输渠道，对于大多数商品和服务来说，物流可能仍然经由传统的经销渠道；然而对有些商品和服务来说，可以直接以网络传输的方式进行配送，如各种电子出版物、信息咨询服务、有价信息等。资金流主要是指资金的转移过程，包括付款、转账、兑换等过程。信息流既包括商品信息的提供、促销营销、技术支持、售后服务等内容，也包括诸如询价单、报价单、付款通知单、转账通知单等商业贸易单证，还包括交易方的支付能力，支付信誉、中介信誉等。对于每个电子商务交易主体来说，他所面对的是一个电子市场，他必须通过电子市场来选择交易的内容和对象。因此，电子商务的概念模型可以抽象地描述为每个电子商务交易主体和电子市场之间的交易事务关系，如图1－3－2所示。

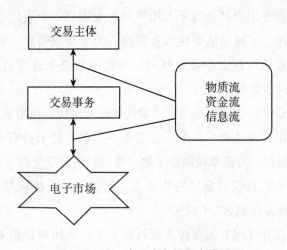

图1－3－2　电子商务的概念模型

（五）电子商务的组成

电子商务的基本组成要素有计算机网络、用户、认证中心、物流配送中心、网上银行等，如图1－3－3所示。

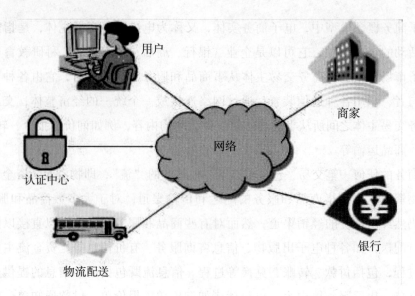

图 1 - 3 - 3　电子商务的基本组成

（1）计算机网络。计算机网络包括互联网、内联网、外联网。互联网是电子商务的基础，是全世界范围内进行商务、业务信息传送的载体；内联网是企业内部商务活动和经营管理的网络平台；外联网是企业与企业自己及企业与客户之间进行商务活动的纽带。

（2）用户。电子商务用户可分为个人用户和企业用户。个人用户使用浏览器、电视机顶盒、个人数字助理、可视电话等接入互联网。为了获取信息、购买商品，还需采用Java 技术及产品。企业用户建立企业内联网、外联网和企业管理信息系统，对人、财、物、供、销、存进行科学管理。

（3）认证中心（CA）。认证中心是法律承认的权威机构，负责发放和管理电子证书，使网上交易的各方能相互确认身份。电子证书是一个包含证书持有人、个人信息、公开密匙、证书序号、有效期、发证单位的电子签名等内容的数字文件。

（4）物流配送中心。接受商家的送货要求，组织运送无法从网上直接得到的商品，跟踪产品的流向，将商品送到客户的手中。

（5）网上银行。在互联网上实现传统银行的业务，为用户提供 24 小时的实时服务；与信用卡公司合作，发放电子钱包，提供网上支付手段，为电子商务交易中的用户和商家服务。

二、电子商务应用范围

电子商务涵盖的范围很广，一般可分为企业对企业（Business - to - Business，B2B），企业对消费者（Business‐to‐Consumer，B2C）、个人对消费者（Consumer‐to‐Consumer，C2C），ABC 分别是代理商/Agents、商家/Business、消费者/Consumer，企业对政府（Business‐to‐Government），线上对线下（Online To Offline），商业机构对家庭消费（Business To Family），供给方对需求方（Provide to Demand），门店在线（O2P 模式）等 8 种模式，其中主要的有企业对企业，企业对消费者 2 种模式。消费者对企业（Consumer‐to‐Business，C2B）也开始兴起，并被马云等认为是电子商务的未来。随着国内 Internet 使用人数的增加，利用 Internet 进行网络购物并以银行卡付款的消费方式已日渐流行，市场份额也在迅速增长，电子商务网站也层出不穷。电子商务最常见的安全机制有 SSL（安全套接层协议）及 SET（安全电子交易协议）两种。

电子商务是一个不断发展的概念。IBM 公司于 1996 年提出了 Electronic Commerce（E‐Commerce）的概念，到了 1997 年，该公司又提出了 Electronic Business（E‐Business）的概念。但中国在引进这些概念的时候都翻译成电子商务，很多人对这两者的概念产生了混淆。事实上这两个概念及内容是有区别的，E‐Commerce 应翻译成电子商业，有人将 E‐Commerce 称为狭义的电子商务，将 E‐Business 称为广义的电子商务。E‐Commerce 是指实现整个贸易过程中各阶段贸易活动的电子化，E‐Business 是利用网络实现所有商务活动业务流程的电子化。E‐Commerce 集中于电子交易，强调企业与外部的交易与合作，而 E‐Business 则把涵盖范围扩大了很多。广义上指使用各种电子工具从事商务或活动，狭义上指利用 Internet 从事商务的活动。

【边学边想】

举出几个典型的电子商务应用企业。

三、电子商务的发展前景

根据前瞻网《2013—2017 年中国电子商务行业市场前瞻与投资战略规划分析报告》数据显示："十二五"时期，我国电子商务行业发展迅猛，产业规模迅速扩大，电子商务信息、交易和技术等服务企业不断涌现。2010 年中国电子商务市场交易额已达 4.5 万亿元，同比增长 22%。2011 年我国电子商务交易总额再创新高，达到 5.88 万亿元，其中中小企业电子商务交易额达到 3.21 万亿元。2012 年第一季度，中国电子商务市场整体交易规模 1.76 万亿元，同比增长 25.8%，环比下降 4.2%。2012 年第二季度，我国电子商务市场整体交易规模 1.88 万亿元，同比增长 25.0%，环比增长 7.3%。

国家发展改革委 2013 年 5 月 28 日表示，13 个部门将出台系列政策措施，从可信交易、移动支付、网络电子发票、商贸流通和物流配送共 5 个方面支持电子商务发展。产业

洞察网发布的《中国电子商务行业调研》报告显示，2011 年中国内地电子商务持续快速增长，交易额突破 8 万亿元，同比增长 31.7%。

国家发展改革委 2013 年 5 月 28 日表示在可信交易方面，国家工商总局正在会同有关部门，推进电子商务交易主体、客体和交易过程中基础信息的规范管理和服务；质检总局也在着力研究建立电子商务交易产品基础信息的规范化管理制度，建立基于统一产品编码体系的质量公开制度；商务部着力推进信用监测体系的建设。

在移动支付方面，中国人民银行正在针对当前移动支付快速发展的需求，研究制定移动支付发展的具体政策，引导商业银行、各类支付机构实施移动支付的金融行业标准。

在网络电子发票方面，国家税务总局正在进一步研究推进网络电子发票试点，完善电子发票的管理制度和标准规范；财政部研究完善电子快捷档案的管理制度。

在商贸流通领域，商务部会同有关部门进一步完善交易、物流配送、网络拍卖领域的电子商务应用的政策、管理制度和标准规范。

在物流配送方面，国家邮政局正在重点研究建立重点地区快递准时通报机制，健全电子商务配送系列保障措施，同时创新电子商务快递服务机制。

【边学边想】

请你预测一下电子商务的未来？

四、电子商务的特征

从电子商务的含义及发展历程可以看出电子商务具有如下基本特征：

1. 普遍性

电子商务作为一种新型的交易方式，将生产企业、流通企业以及消费者和政府带入了一个网络经济、数字化生存的新天地。

2. 方便性

在电子商务环境中，人们不再受地域的限制，客户能以非常简捷的方式完成过去较为繁杂的商业活动。如通过网络银行能够全天候地存取账户资金、查询信息等，同时使企业对客户的服务质量得以大大提高。在电子商务商业活动中，有大量的人脉资源开发和沟通，从业时间灵活，完成公司要求，有钱有闲。

3. 整体性

电子商务能够规范事务处理的工作流程，将人工操作和电子信息处理集成为一个不可分割的整体，这样不仅能提高人力和物力的利用率，也可以提高系统运行的严密性。

4. 安全性

在电子商务中，安全性是一个至关重要的核心问题，它要求网络能提供一种端到端的安全解决方案，如加密机制、签名机制、安全管理、存取控制、防火墙、防病毒保护等，这与传统的商务活动有着很大的不同。

5. 协调性

商业活动本身是一种协调过程，它需要客户与公司内部、生产商、批发商、零售商间的协调。在电子商务环境中，它更要求银行、配送中心、通信部门、技术服务等多个部门的通力协作，电子商务的全过程往往是一气呵成的。

6. 集成性

电子商务以计算机网络为主线，对商务活动的各种功能进行了高度的集成，同时也对参加商务活动的商务主体各方进行了高度的集成，高度的集成性使电子商务进一步提高了效率。

五、电子商务的功能

电子商务可提供网上交易和管理等全过程的服务。因此，它具有广告宣传、咨询洽谈、网上定购、网上支付、电子账户、服务传递、意见征询、交易管理等各项功能。

1. 广告宣传

电子商务可凭借企业的 Web 服务器和客户的浏览，在 Internet 上发播各类商业信息。客户可借助网上的检索工具（Search）迅速地找到所需商品信息，而商家可利用网上主页（Home Page）和电子邮件（E-mail）在全球范围内做广告宣传。与以往的各类广告相比，网上的广告成本最为低廉，而给顾客的信息量却最为丰富。

2. 咨询洽谈

电子商务可借助非实时的电子邮件（E-mail）、新闻组（News Group）和实时的讨论组（chat）来了解市场和商品信息、洽谈交易事务，如有进一步的需求，还可用网上的白板会议（Whiteboard Conference）来交流即时的图形信息。网上的咨询和洽谈能超越人们面对面洽谈的限制、提供多种方便的异地交谈形式。

3. 网上订购

电子商务可借助 Web 中的邮件交互传送实现网上的订购。网上的订购通常都是在产品介绍的页面上提供十分友好的订购提示信息和订购交互格式框。当客户填完订购单后，通常系统会回复确认信息单来保证订购信息的收悉。订购信息也可采用加密的方式使客户和商家的商业信息不会泄露。

4. 网上支付

电子商务要成为一个完整的过程。网上支付是重要的环节。客户和商家之间可采用信用卡账号实施支付。在网上直接采用电子支付手段将可省略交易中很多人员的开销。网上支付将需要更为可靠的信息传输安全性控制以防止欺骗、窃听、冒用等非法行为。

5. 电子账户

网上的支付必须要有电子金融来支持，即银行或信用卡公司及保险公司等金融单位要为金融服务提供网上操作的服务。而电子账户管理是其基本的组成部分。信用卡号或银行账号都是电子账户的一种标志。而其可信度需配以必要技术措施来保证。如数字凭证、数字签名、加密等手段的应用提供了电子账户操作的安全性。

6. 服务传递

对于已付了款的客户应将其订购的货物尽快地传递到他们的手中。而有些货物在本地，有些货物在异地，电子邮件将能在网络中进行物流的调配。最适合在网上直接传递的货物是信息产品，如软件、电子读物、信息服务等，它能直接从电子仓库中将货物发到用户端。

7. 意见征询

电子商务能十分方便地采用网页上的"选择"、"填空"等格式文件来收集用户对销售服务的反馈意见。这样使企业的市场运营能形成一个封闭的回路。客户的反馈意见不仅能提高售后服务的水平，更使企业获得改进产品、发现市场的商业机会。

8. 交易管理

整个交易的管理将涉及人、财、物多个方面，企业和企业、企业和客户及企业内部等各方面的协调和管理。因此，交易管理是涉及商务活动全过程的管理。电子商务的发展，将会提供一个良好的交易管理的网络环境及多种多样的应用服务系统。这样，能保障电子商务获得更广泛的应用。

【边学边想】

给电子商务的每个功能都找家有代表性的企业。

六、电子商务的分类

按照商业活动的运行方式，电子商务可以分为完全电子商务和非完全电子商务。

按照商务活动的内容，电子商务主要包括间接电子商务（有形货物的电子订货和付款，仍然需要利用传统渠道如邮政服务和商业快递车送货）和直接电子商务（无形货物和服务，如某些计算机软件、娱乐产品的联机订购、付款和交付，或者是全球规模的信息服务）。

按照开展电子交易的范围，电子商务可以分为区域化电子商务、远程国内电子商务和全球电子商务。

按照使用网络的类型，电子商务可以分为基于专门增值网络（EDI）的电子商务、基于互联网的电子商务和基于 Intranet 的电子商务。

按照交易对象，电子商务可以分为企业对企业的电子商务（B2B），企业对消费者的电子商务（B2C），企业对政府的电子商务（B2G），消费者对政府的电子商务（C2G），消费者对消费者的电子商务（C2C），企业、消费者、代理商三者相互转化的电子商务（ABC），以消费者为中心的全新商业模式（C2B2S），以供需方为目标的新型电子商务（P2D）。

1. C2B2S

C2B2S = Customer to Business – Share

C2B2S 模式是 C2B 模式的进一步延伸，该模式很好地解决了 C2B 模式中客户发布需求产品初期无法聚集庞大的客户群体而致使与邀约的商家交易失败。全国首家采用该模式的平台：晴天乐客。

2. B2B

B2B = Business to Business

商家（泛指企业）对商家的电子商务，即企业与企业之间通过互联网进行产品、服务及信息的交换。通俗的说法是指进行电子商务交易的供需双方都是商家（或企业、公司），她（他）们使用了 Internet 的技术或各种商务网络平台，完成商务交易的过程。这些过程包括：发布供求信息，订货及确认订货，支付过程，票据的签发、传送和接收，确定配送方案并监控配送过程等。

3. B2C

B2C = Business to Customer

B2C 模式是中国最早产生的电子商务模式，以 8848 网上商城正式运营为标志，如今的 B2C 电子商务网站非常的多，比较大型的有天猫商城、京东商城等。

4. C2C

C2C = Consumer to Consumer

C2C 同 B2B、B2C 一样，都是电子商务的几种模式之一。不同的是 C2C 是用户对用户的模式，C2C 商务平台就是通过为买卖双方提供一个在线交易平台，使卖方可以主动提供商品上网拍卖，而买方可以自行选择商品进行竞价。

5. B2M

B2M = Business to Manager

B2M 相对于 B2B、B2C、C2C 的电子商务模式而言，是一种全新的电子商务模式。而这种电子商务相对于以上三种有着本质的不同，其根本的区别在于目标客户群的性质不同，前三者的目标客户群都是作为一种消费者的身份出现，而 B2M 所针对的客户群是该企业或者该产品的销售者或者为其工作者，不是最终消费者。

6. B2G（B2A）

B2G = Business to Government

B2G 模式是企业与政府管理部门之间的电子商务，如政府采购、海关报税的平台，国税局和地税局报税的平台等。

7. M2C

M2C = Manager to Customer

M2C 是针对于 B2M 的电子商务模式而出现的延伸概念。B2M 环节中，企业通过网络平台发布该企业的产品或者服务，职业经理人通过网络获取该企业的产品或者服务信息，并且为该企业提供产品销售或者提供企业服务，企业通过经理人的服务达到销售产品或者获得服务的目的。

8. O2O

O2O = Online to Offline

O2O 是新兴起的一种电子商务新商业模式，即将线下商务的机会与互联网结合在了一起，让互联网成为线下交易的前台。这样线下服务就可以用线上来揽客，消费者可以用线上来筛选服务，可以在线结算，很快达到规模。该模式最重要的特点是：推广效果可查，每笔交易可跟踪。

9. C2B

C2B = Customer to Business

C2B 是电子商务模式的一种，即消费者对企业。最先由美国流行起来的消费者对企业（C2B）模式也许是一个值得关注的尝试。C2B 模式的核心，是通过聚合分散分布对数量庞大的用户形成一个强大的采购集团，以此来改变 B2C 模式中用户一对一出价的弱势地位，使之享受到以大批发商的价格买单件商品的利益。

10. P2D

P2D = Provide to Demand

P2D 是一种全新的、涵盖范围更广泛的电子商务模式，强调的是供应方和需求方的多重身份，即在特定的电子商务平台中，每个参与个体的供应面和需求面都能得到充分满足，充分体现特定环境下的供给端报酬递增和需求端报酬递增。

11. B2B2C

B2B2C = Business to Business to Customers

所谓 B2B2C 是一种新的网络通信销售方式。第一个 B 指广义的卖方（即成品、半成品、材料提供商等）；第二个 B 指交易平台，即提供卖方与买方的联系平台，同时提供优质的附加服务；C 即指买方。卖方不仅仅是公司，可以包括个人，即一种逻辑上的买卖关系中的卖方。

12. B2T

B2T = Business to Team

国际通称 B2T 是继 B2B、B2C、C2C 后的又一电子商务模式，即为一个团队向商家采购。团购 B2T，本来是"团体采购"的定义，而今，网络的普及让团购成为了很多中国人参与的消费革命。网络成为一种新的消费方式所谓网络团购，就是互不认识的消费者，借助互联网的"网聚人的力量"来聚集资金，加大与商家的谈判能力，以求得最优的价格。尽管网络团购的出现只有短短两年多的时间，却已经成为在网民中流行的一种新消费方式。

【边学边想】

说说你对 O2O 这种新兴起的电子商务模式的理解。

七、电子商务的构成要素

（一）四要素

商城、消费者、产品、物流。

（二）要素之间关系（如图 1-3-4 所示）

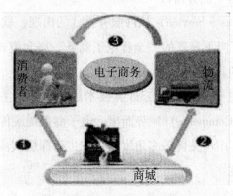

图 1-3-4　电子商务构成要素之间的关系

（1）买卖：淘宝C店或商城为消费者提供质优价廉的商品，吸引消费者购买的同时促使更多商家的入驻。

（2）合作：与物流公司建立合作关系，为消费者的购买行为提供最终保障，这是电商运营的硬性条件之一。

（3）服务：电商三要素之一的物流主要是为消费者提供购买服务，从而实现再一次的交易。

八、电子商务发展阶段及特点

（一）发展阶段

1. 第一阶段：电子邮件阶段

这个阶段可以认为是从20世纪70年代开始，平均的通信量以每年几倍的速度增长。

2. 第二阶段：信息发布阶段

从1995年起，以Web技术为代表的信息发布系统，爆炸式地成长起来，成为Internet的主要应用。中小企业如何把握好从"粗放型"到"精准型"营销时代的电子商务。

3. 第三阶段：EC（Electronic Commerce），即电子商务阶段

EC在美国也才刚刚开始，之所以把EC列为一个划时代的东西，是因为Internet的最终主要商业用途，就是电子商务。反过来也可以说，若干年后的商业信息，主要是通过Internet传递。Internet即将成为我们这个商业信息社会的神经系统。1997年底在加拿大温哥华举行的第五次亚太经合组织非正式首脑会议（APEC）上美国总统克林顿提出敦促各国共同促进电子商务发展的议案，其引起了全球首脑的关注，IBM、HP和Sun等国际著名的信息技术厂商已经宣布1998年为电子商务年。

4. 第四阶段：全程电子商务阶段

随着SaaS（Software as a Service）软件服务模式的出现，软件纷纷登录互联网，延长了电子商务链条，形成了当下最新的"全程电子商务"概念模式。

5. 第五阶段：智慧阶段

2011年，互联网信息碎片化以及云计算技术越发成熟，主动互联网营销模式出现，i－Commerce（individual Commerce）顺势而出，电子商务摆脱传统销售模式生搬上互联网的现状，以主动、互动、用户关怀等多角度与用户进行深层次沟通。其中以IZP科技集团提出的ICE最具有代表性。

（二）发展特点

（1）更广阔的环境：人们不受时间的限制，不受空间的限制，不受传统购物的诸多

限制，可以随时随地在网上交易。

（2）更广阔的市场：在网上这个世界将会变得很小，一个商家可以面对全球的消费者，而一个消费者可以在全球的任何一家商家购物。

（3）更快速的流通和低廉的价格：电子商务减少了商品流通的中间环节，节省了大量的开支，从而也大大降低了商品流通和交易的成本。

（4）更符合时代的要求：如今人们越来越追求时尚、讲究个性，注重购物的环境，网上购物，更能体现个性化的购物过程。

九、电子商务的运营模式

（一）综合商城

商城，谓之城，自然城中会有许多店。综合商城就如我们平时进入天河城、正佳等现实生活中的大商城一样。淘宝商城也是这个形式，它有庞大的购物群体，有稳定的网站平台，有完备的支付体系，诚信安全体系（尽管仍然有很多不足），促进了卖家进驻卖东西、买家进去买东西。如同传统商城一样，淘宝自己是不卖东西的，是提供了完备的销售配套。而线上的商城，在人气足够、产品丰富、物流便捷的情况下，其成本优势，二十四小时的不夜城，无区域限制，更丰富的产品等优势，体现着网上综合商城，即将获得交易市场的一个角色。

（二）百货商店

商店，谓之店，说明卖家只有一个；而百货，即是满足日常消费需求的丰富产品线。这种商店是自有仓库，以备更快的物流配送和客户服务。

（三）垂直商店

垂直商店，服务于某些特定的人群或某种特定的需求，提供有关这个领域需求的全面及更专业的服务。

（四）复合品牌店

佐丹奴是一个传统的服装品牌，自己有多家直属、加盟店。正佳商城开了，佐丹奴进驻，而网上的淘宝商城开了，线上的佐丹奴也进去了。哪怕是所有的商城都倒掉，佐丹奴也有自己的独立形象店，这就是传统的品牌。当佐丹奴发现线上的消费者和线下的消费者是不同类型的时候，他们大胆地运用价格歧视，以其完善的仓储调配管理，通过网络的销售降低了商品店面陈列成本，摊分了库存成本，优化了现金流通及货品流通的运作。

随着电子商务的成熟，将有越来越多的传统品牌商加入电商战场，以抢占新市场，

拓充新渠道，以优化产品与渠道资源为目标，一波大肆进军的势头蠢蠢欲动。

包括了国美这种，都是属于复合型网店，只是整合的力度还不够，整个物流、现金、人才运营系统没有成熟而已。

（五）轻型品牌店

PPG 与 VANCL 的案例已传遍大街小巷了，尽管存在着诸多争议，但新事物总是在争议中产生。这里加入梦芭莎有两个原因，第一，YES PPG；已被众多媒体棒打，尽管已经倒闭，但其首创的商业模式依然值得提及。后起之秀的 VANCL，已经成功转型为综合商城。对于梦芭莎是先从 DM 投递 + 网络 + Call Centre，然后再做线下形象品牌店。据说月销售额达 700 万了。也是值得关注的一个代表。

（六）衔接通道型

M2E 是英文 Manufacturers to E – commerce（厂商与电子商务）的缩写，是驾驭在电子商务上的一种新型行业，也是一个以节省厂商销售成本和帮助中小企业进行供应链资源整合的运作模式。2007 年美国电商峰会上由知名经济学家提出，国内代表企业有广州点动信息科技有限公司。

（七）服务型网店

"亦得代购，购遍全球"，亦得可以帮你到全世界各地去购买你想要的产品，并以收取适量的服务费赢利。

服务型的网店越来越多，都是为了满足人们不同的个性需求，甚至是帮你排队买电影票，都有人交易，很期待见到更多的服务形式的网店。

（八）导购引擎型

笔友们可以通过这里分享到笔友的产品体验点评，笔友们也热衷于将自己用过的产品体验告诉给更多的笔友。

作为 B2C 的上游商，给商家们带去客户，服务业必须站在消费者的角度，这才是王道。爱比网力争成为电商有效的流量采购平台，并降低高品质 B2C 商家们的营销成本。

（九）ABC 模式

ABC 模式是新型电子商务模式的一种，被誉为继 B2B 模式、B2C 模式、淘宝 C2C 模式、N2C 模式之后电子商务界的第五大模式。是由代理商（Agents）、商家（Business）和消费者（Consumer）共同搭建的集生产、经营、消费为一体的电子商务平台。

（十）团购模式

团购（Group purchase）就是团体线上购物，指认识或不认识的消费者联合起来，加大与商家的谈判筹码，取得最优价格的一种购物方式。根据薄利多销的原则，商家可以给出低于零售价格的团购折扣和单独购买得不到的优质服务。团购作为一种新兴的电子商务模式，通过消费者自行组团、专业团购网、商家组织团购等形式，提升用户与商家的议价能力，并极大程度地获得商品让利，引起消费者及业内厂商、甚至是资本市场关注。团购的商品价格更为优惠，尽管团购还不是主流消费模式，但它所具有的爆炸力已逐渐显露出来。团购的主要方式是网络团购。

（十一）线上线下

线上订购、线下消费是O2O的主要模式，是指消费者在线上订购商品，再到线下实体店进行消费的购物模式。这种商务模式能够吸引更多热衷于实体店购物的消费者，传统网购的以次充好、图片与实物不符等虚假信息的缺点在这里都将彻底消失。传统的O2O核心是在线支付，是将O2O经过改良，把在线支付变成线下体验后再付款，消除消费者对网购诸多方面不信任的心理。消费者可以在网上的众多商家提供的商品里面挑选最合适的商品，亲自体验购物过程，不仅放心，而且也是一种快乐的享受过程。

（十二）其他模式

由于商务活动时刻运作在我们每个人的生存空间，因此，电子商务的范围波及人们的生活、工作、学习及消费等广泛领域，其服务和管理也涉及政府、工商、金融及用户等诸多方面。Internet逐渐渗透到每个人的生活中，而各种业务在网络上的相继展开，也在不断推动电子商务这一新兴领域的昌盛和繁荣。电子商务可应用于小到家庭理财、个人购物，大至企业经营、国际贸易等诸方面。具体地说，其内容大致可以分为三个方面：企业间的商务活动、企业内的业务运作以及个人网上服务。

十、电子商务建站模式

第一种是在基于平台的网上商城开店，适合于二手或闲置物品。

第二种是进驻大型网上商城，像实体店铺进驻商场一样。

第三种是独立网店。可根据喜好选择自己喜欢的店铺风格，可自行设定商品分类及商品管理规则，可自行添加各种支付方式，可按照自己的要求给予用户最好的网上购物体验。

功能支持是三种模式中最全面的，服务支持也是最专业的，但费用是三种模式中最低的。支持这种模式的主流软件有一些是免费的，只收主机托管（空间、带宽及域名支持等）费用就可开起专业的网店。

十一、移动商务

移动电子商务就是利用手机、PDA及掌上电脑等无线终端进行的B2B、B2C或C2C

的电子商务。它将因特网、移动通信技术、短距离通信技术及其他信息处理技术完美的结合，使人们可以在任何时间、任何地点进行各种商贸活动，实现随时随地、线上线下的购物与交易、在线电子支付以及各种交易活动、商务活动、金融活动和相关的综合服务活动等。

移动电子商务是在无线传输技术高度发达的情况下产生的，比如经常提到的 3G 技术，技术移动电子商务的载体。除此之外，Wi－Fi 和 Wapi 技术，也是无线电子商务的选项之一。及时利用手机快速召开电话会议的移动电话会议解决方案。借助 3G/Wi－Fi 网络体验全新概念的移动会议，在会议的同时随时利用手机来管理会议，最大限度地提高您的工作。

十二、电子商务相关岗位

（一）技术类

（1）电子商务平台设计（代表性岗位：网站策划/编辑人员）：主要从事电子商务平台规划、网络编程、电子商务平台安全设计等工作。

（2）电子商务网站设计（代表性岗位：网站设计/开发人员）：主要从事电子商务网页设计、数据库建设、程序设计、站点管理与技术维护等工作。

（3）电子商务平台美术设计（代表性岗位：网站美工人员）：主要从事平台颜色处理、文字处理、图像处理、视频处理等工作。

（二）商务类

（1）企业网络营销业务（代表性岗位：网络营销人员）：主要是利用网站为企业开拓网上业务、网络品牌管理、客户服务等工作。

（2）网上国际贸易（代表性岗位：外贸电子商务人员）：利用网络平台开发国际市场，进行国际贸易。

（3）新型网络服务商的内容服务（代表性岗位：网站运营人员/主管）：频道规划、信息管理、频道推广、客户管理等。

（4）电子商务支持系统的推广（代表性岗位：网站推广人员）：负责销售电子商务系统和提供电子商务支持服务、客户管理等。

（5）电子商务创业：借助电子商务这个平台，利用虚拟市场提供产品和服务，又可以直接为虚拟市场提供服务。

（三）综合管理类

（1）电子商务平台综合管理（代表性岗位：电子商务项目经理）：这类人才要求既对

计算机、网络和社会经济都有深刻的认识，而且又具备项目管理能力。

（2）企业电子商务综合管理（代表性岗位：电子商务部门经理）：主要从事企业电子商务整体规划、建设、运营和管理等工作。

通过以上显示，电子商务行业对人才的综合性提出了很高的要求。比如说技术型人才，它包含了程序设计、网络技术、网站设计、美术设计、安全、系统规划等知识，又要求了解商务流程，顾客心理和客户服务等。技术型人才要求有扎实的计算机根底，但考虑到最终设计的系统是为解决企业的管理和业务服务，又需要分析企业的客户需求，所以该类人才还应该对企业的流程，管理需求以及消费者心理有一定了解，而这将成为电子商务人才的特色所在。商务型人才在传统商业活动中都有雏形，不同之处在于他们是网络虚拟市场的使用者和服务者，一方面要求他们是管理和营销的高手，同时也熟悉网络虚拟市场下新的经济规律；另一方面也要求他们必须掌握网络和电子商务平台的基本操作。综合管理人才则难以直接从学校培养，而是市场磨炼的产物。

第二节　电子商务下的物流管理

电子商务已经改变了人们的生活习惯，电子商务的持续发展，对电子商务物流的需求越来越大。电子商务的发展为物流创造了巨大的市场，同时，物流行业的发展和水平的提升，可以进一步促进电子商务的健康发展。2013年"双十一光棍节"电商大战支付宝当天交易额350亿，由此产生了数亿个包裹，使得各大快递公司感到"压力山大"。物流行业如何满足电子商务的需求，是一个不得不认真思考的问题。

一、物流在电子商务中的地位

（一）物流是电子商务的重要组成部分

电子商务概念的提出首先是在美国。而美国的物流管理技术自1915年发展至今已有80多年的历史，通过利用各种机械化、自动化工具及计算机和网络通信设备，早已日臻完善。同时，美国作为一个发达国家，其技术创新的本源是需求，即所谓的需求拉动技术创新。作为电子商务前身的电子数据交换技术（EDI）的产生是为了简化烦琐、耗时的订单等的处理过程，以加快物流的速度，提高物资的利用率。电子商务的提出最终是为了解决信息流、商流和资金流处理上的烦琐对现代化的物流过程的延缓，进一步提高现

代化的物流速度。

可见，美国在定义电子商务概念之初，就有强大的现代化物流作为支持，只需将电子商务与其进行对接即可，而并非电子商务过程不需要物流的电子化。而我国作为一个发展中国家，物流业起步晚、水平低，在引进电子商务时，并不具备能够支持电子商务活动的现代化物流水平，所以，在引入时，一定要注意配备相应的支持技术——现代化的物流模式，否则电子商务活动难以推广。

因此，有些专家在定义电子商务时，就注意将国外的定义与中国的现状相结合，扩大了美国原始电子商务定义的范围，提出了包括物流电子化过程的电子商务概念：

（1）电子商务是实施整个贸易活动的电子化。

（2）电子商务是一组电子工具在商务活动中的应用。

（3）电子商务是电子化的购物市场。

（4）电子商务是从售前到售后支持的各个环节实现电子化、自动化。

在这类电子商务定义中，电子化的对象是整个的交易过程，不仅包括信息流、商流、资金流，而且还包括物流；电子化的工具也不仅仅指计算机和网络通信技术，还包括叉车、自动导向车、机械手臂等自动化工具。

可见，从根本上来说，物流电子化应是电子商务概念的组成部分，缺少了现代化的物流过程，电子商务过程就不完整。

（二）物流是实现电子商务的保证

电子商务的一般流程如图1-3-5所示。图中的"发货、仓储、运输、加工、配送、收货"表明物流是实现电子商务的重要环节和基本保证。

1. 物流保障生产

无论在传统的贸易方式下，还是在电子商务下，生产都是商品流通之本，而生产的顺利进行需要各类物流活动支持。生产的全过程从原材料的采购开始，便要求有相应的供应物流活动，将所采购的材料到位，否则，生产就难以进行；在生产的各工艺流程之间，也需要原材料、半成品的物流过程，即所谓的生产物流，以实现生产的流动性；部分余料、可重复利用的物资的回收，就需要所谓的回收物流；废弃物的处理则需要废弃物物流。可见，整个生产过程实际上就是系列化的物流活动。

合理化、现代化的物流，通过降低费用从而降低成本、优化库存结构、减少资金占压、缩短生产周期，保障了现代化生产的高效进行。相反，缺少了现代化的物流，生产将难以顺利进行，无论电子商务是多么便捷的贸易形式，仍将是无米之炊。

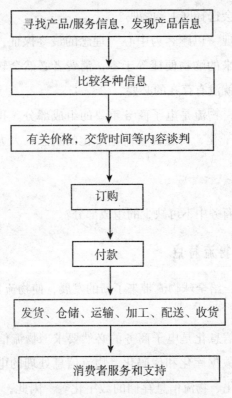

图1-3-5 电子商务的一般流程

2. 物流服务于商流

在商流活动中，商品所有权在购销合同签订的那一刻起，便由供方转移到需方，而商品实体并没有因此而移动。在传统的交易过程中，除了非实物交割的期货交易，一般的商流都必须伴随相应的物流活动，即按照需方（购方）的需求将商品实体由供方（卖方）以适当的方式、途径向需方转移。而在电子商务下，消费者通过上网点击购物，完成了商品所有权的交割过程，即商流过程。但电子商务的活动并未结束，只有商品和服务真正转移到消费者手中，商务活动才告以终结。

在整个电子商务的交易过程中，物流实际上是以商流的后续者和服务者的姿态出现的。没有现代化的物流，如何轻松的商流活动都仍会退化为一纸空文。

3. 物流是实现"以顾客为中心"理念的根本保证

电子商务的出现，在最大程度上方便了最终消费者。他们不必再跑到拥挤的商业街，一家又一家地挑选自己所需的商品，而只要坐在家里，在 Internet 上搜索、查看、挑选，就可以完成他们的购物过程。但试想，他们所购的商品迟迟不能送到，抑或商家所送并

非自己所购，那消费者还会选择网上购物吗？

物流是电子商务中实现"以顾客为中心"理念的最终保证，缺少了现代化的物流技术，电子商务给消费者带来的购物便捷等于零，消费者必然会转向他们认为更为安全的传统购物方式，网上购物就没有存在的必要。

从以上的论述中可见，物流是电子商务重要的组成部分。我们必须摒弃原有的重信息流、商流和资金流的电子化，而忽视物流电子化的观念，大力发展现代化物流，以进一步推广电子商务。

【边学边想】

为什么说物流是电子商务中不可缺少的组成部分？

二、电子商务下的物流特点

电子商务时代的来临，给全球物流带来了新的发展，使物流具备了一系列新特点。

1. 信息化

电子商务时代，物流信息化是电子商务的必然要求。物流信息化表现为物流信息的商品化、物流信息搜集的数据库化和代码化、物流信息处理的电子化和计算机化、物流信息传递的标准化和实时化、物流信息存储的数字化等。因此，条码技术、数据库技术、电子订货系统、电子数据交换、快速反应及有效的客户反映、企业资源计划等技术与观念在我国的物流中将会得到普遍的应用。信息化是一切的基础，没有物流的信息化，任何先进的技术设备都不可能应用于物流领域，信息技术及计算机技术在物流中的应用将会彻底改变世界物流的面貌。

【边学边想】

物流信息服务与物流代理服务有何不同？

2. 自动化

自动化的基础是信息化，自动化的核心是机电一体化，自动化的外在表现是无人化，自动化的效果是省力化，另外还可以扩大物流作业能力、提高劳动生产率、减少物流作业的差错等。物流自动化的设施非常多，如条码/语音/射频自动识别系统、自动分拣系统、自动存取系统、自动导向车、货物自动跟踪系统等。这些设施在发达国家已普遍用于物流作业流程中，而在我国由于物流业起步晚，发展水平低，自动化技术的普及还需要相当长的时间。

3. 网络化

物流领域网络化的基础也是信息化，这里指的网络化有两层含义。一是物流配送系统的计算机通信网络，包括物流配送中心与供应商或制造商的联系要通过计算机网络，另外与下游顾客之间的联系也要通过计算机网络通信。二是组织的网络化，即所谓的企业内部网（Intranet）。物流的网络化是物流信息化的必然，是电子商务下物流活动的主要特征之一。当今世界 Internet 等全球网络资源的可用性及网络技术的普及为物流的网络化提供了良好的外部环境，物流网络化不可阻挡。

4. 智能化

这是物流自动化、信息化的一种高层次应用，物流作业过程大量的运筹和决策，如库存水平的确定、运输（搬运）路径的选择、自动导向车的运行轨迹和作业控制、自动分拣机的运行、物流配送中心经营管理的决策支持等问题都需要借助于大量的知识才能解决。在物流自动化的进程中，物流智能化是不可回避的技术难题。好在专家系统、机器人等相关技术在国际上已经有比较成熟的研究成果。为了提高物流现代化的水平，物流的智能化已成为电子商务下物流发展的一个新趋势。

5. 柔性化

柔性化本来是为实现"以顾客为中心"理念而在生产领域提出的，但要真正做到柔性化，即真正地能根据消费者需求的变化来灵活调节生产工艺，没有配套的柔性化的物流系统是不可能达到目的的。90 年代，国际生产领域纷纷推出弹性制造系统（Flexible Manufacturing System，FMS）、计算机集成制造系统（Computer Integrated Manufacturing System，CIMS）、制造资源系统（Manufacturing Requirement Planning，MRP）、企业资源计划（ERP）以及供应链管理的概念和技术，这些概念和技术的实质是要将生产、流通进行集成，根据需求端的需求组织生产，安排物流活动。因此，柔性化的物流正是适应生产、流通与消费的需求而发展起来的一种新型物流模式。这就要求物流配送中心要根据消费需求"多品种、小批量、多批次、短周期"的特色，灵活组织和实施物流作业。

另外，物流设施、商品包装的标准化，物流的社会化、共同化也都是电子商务下物流模式的新特点。

三、电子商务与物流配送

（一）物流配送的模式

物流配送模式是指构成配送活动的诸要素的组合形态以及其运动的标准形式，它是根据经济发展需要并根据配送对象的性质、特点、工艺流程而相对固定的配送规律。

中国企业按照组织方式主要有自营配送、第三方配送、共同配送三种。

1. 自营型配送

自营型配送模式是当前生产流通或综合性企业（集团）所广泛采用的一种配送模式。企业（集团）通过独立组建配送中心，实现内部各部门、厂、店的物品供应的配送，虽然这种配送模式中由于糅合了传统的"自给自足"的"小农意识"，形成了新型的"大而全"、"小而全"，从而造成了社会资源的浪费。但是，就目前来看，在满足企业（集团）内部生产材料供应、产品外销、零售商店供货和区域外市场拓展等企业自身需求方面发挥了重要作用。当前，较为典型的企业（集团）内自营配送模式，就是连锁企业的配送。大大小小的连锁公司或集团基本上都是通过组建自己的配送中心，来完成对内部各场、店的统一采购、统一配送和统一结算的。

2. 第三方配送

第三方配送是指由物流劳务的供方、需方之外的第三方去完成物流服务的物流运作方式。第三方就是指提供物流交易双方的部分或全部物流功能的外部服务提供者，是物流专业化的一种形式。企业不拥有自己的任何物流实体，将商品采购、储存和配送都交由第三方完成。

3. 共同配送

共同配送（Common Delivery）也称共享第三方物流服务，指多个客户联合起来共同由一个第三方物流服务公司来提供配送服务。它是在配送中心的统一计划、统一调度下展开的。共同配送是由多个企业联合组织实施的配送活动。共同配送的本质是通过作业活动的规模化降低作业成本，提高物流资源的利用效率。共同配送是指企业采取多种方式，进行横向联合、集约协调、求同存异以及效益共享。

（二）电子商务物流配送的特征

与传统的物流配送相比，电子商务物流配送具有以下特征：

1. 虚拟性

电子商务物流配送的虚拟性来源于网络的虚拟性。通过借助现代计算机技术，配送活动已由过去的实体空间拓展到了虚拟网络空间，实体作业节点可以虚拟信息节点的形式表现出来；实体配送活动的各项职能和功能可在计算机上进行仿真模拟，通过虚拟配送，找到实体配送中存在的不合理现象，从而进行组合优化，最终实现实体配送过程达到效率最高、费用最少、距离最短、时间最少的目标。

2. 实时性

虚拟性的特性不仅能够有助于辅助决策，让决策者获得高效的决策信息支持，还可以实现对配送过程实时管理。配送要素数字化、代码化之后，突破了时空制约，配送业务运营商与客户均可通过共享信息平台获取相应配送信息，从而最大限度地减少各方之间的信息不对称，有效地缩小了配送活动过程中的运作不确定性与环节间的衔接不确定性，打破以往配送途中的"失控"状态，做到全程的"监控配送"。

3. 个性化

个性化配送是电子商务物流配送的重要特性之一。作为"末端运输"的配送服务，所面对的市场需求是"多品种、少批量、多批次、短周期"的，小规模的频繁配送将导致配送企业的成本增加，这就必须寻求新的利润增长点，而个性化配送正是这样一个开采不尽的"利润源泉"。电子商务物流配送的个性化体现为"配"的个性化和"送"的个性化。"配"的个性化主要指通过配送企业在流通节点（配送中心）根据客户的指令对配送对象进行个性化流通加工，从而增加产品的附加价值；"送"的个性化主要是指依据客户要求的配送习惯、喜好的配送方式等为每一位客户制定量体裁衣式的配送方案。

4. 增值性

除了传统的分拣、备货、配货、加工、包装、送货等作业以外，电子商务物流配送的功能还向上游延伸到市场调研与预测、采购及订单处理，向下延伸到物流咨询、物流方案的选择和规划，库存控制决策、物流教育与培训等附加功能，从而为客户提供具有更多增值性的物流服务。

（三）电子商务物流配送模式的优势

相对于传统的物流配送模式而言，电子商务物流配送模式具有以下优势：

1. 高效配送

在传统的物流配送企业内，为了实现对众多客户大量资源的合理配送，需要大面积的仓库来用于存货，并且由于空间的限制，存货的数量和种类受到了很大的限制。而在电子商务系统中，配送体系的信息化集成可以使虚拟企业将散置在各地分属不同所有者的仓库通过网络系统连接起来，使之成为"集成仓库"，在统一调配和协调管理之下，服务半径和货物集散空间都放大了。这种情况下，货物配置的速度、规模和效率都大大提高，使得货物的高效配送得以实现。

2. 适时控制

传统的物流配送过程是由多个业务流程组成的，各个业务流程之间依靠人来衔接和协调，这就难免受到人为因素的影响，问题的发现和故障的处理都会存在时滞现象。而电子商务物流配送模式借助于网络系统可以实现配送过程的适时监控和适时决策，配送信息的处理、货物流转的状态、问题环节的查找、指令下达的速度等都是传统的物流配送无法比拟的，配送系统的自动程序化处理、配送过程的动态化控制、指令的瞬间到达

都使得配送的适时控制得以实现。

3. 简化

传统物流配送的整个环节由于涉及主体的众多及关系处理的人工化，所以极为烦琐。而在电子商务物流配送模式下，物流配送中心可以使这些过程借助网络实现简单化和智能化。比如，计算机系统管理可以使整个物流配送管理过程变得简单和易于操作；网络平台上的营业推广可以使用户购物和交易过程变得效率更高、费用更低；物流信息的易得性和有效传播使得用户找寻和决策的速度加快、过程简化。很多过去需要较多人工处理、耗费较多时间的活动都因为网络系统的智能化而得以简化，这种简化使得物流配送工作的效率大大提高。

四、电子商务下的配送中心

（一）配送中心的定义及类型

物流配送中心是流通部门联结生产和消费，使时间和场所产生效益的部门，提高物流配送的运作效率是降低流通成本的关键所在。物流配送又是一项复杂的科学系统工程，涉及生产、批发、电子商务、配送和消费者的整体结构，运作类型也形形色色。考察传统物流配送中的运作类型，对设计新型物流配送中心的模式具有重要的借鉴作用。

物流配送中心按运营主体的不同，大致有四种类型。

1. 以制造商为主体的配送中心

这种配送中心里的商品 100% 是由自己生产制造，用以降低流通费用、提高售后服务质量和及时地将预先配齐的成组元器件运送到规定的加工和装配工位。从商品制造到生产出来后条码和包装的配合等多方面都较易控制，所以按照现代化、自动化的配送中心设计比较容易，但不具备社会化的要求。

2. 以批发商为主体的配送中心

商品从制造者到消费者手中之间的传统流通有一个环节叫作批发。一般是按部门或商品类别的不同，把每个制造厂的商品集中起来，然后以单一品种或搭配向消费地的零售商进行配送。这种配送中心的商品来自各个制造商，它所进行的一项重要的活动是对商品进行汇总和再销售，而它的全部进货和出货都是社会配送的，社会化程度高。

3. 以零售业为主体的配送中心

零售商发展到一定规模后，就可以考虑建立自己的配送中心，为专业商品零售店、超级市场、百货商店、建材商场、粮油食品商店、宾馆饭店等服务。社会化程度介于前两者之间。

4. 以仓储运输业者为主体的配送中心

这种配送中心最强的是运输配送能力，地理位置优越，如港湾、铁路和公路枢纽，可迅速将到达的货物配送给用户。它提供仓储储位给制造商或供应商，而配送中心的货物仍属于制造商或供应商所有，配送中心只是提供仓储管理和运输配送服务。这种配送中心的现代化程度往往较高。

（二）电子商务下新型配送中心的特征

配送中心的设立主要是为了实现物流中的配送行为，因此配送中心是位于物流节点上，专门从事货物配送活动的经营组织或经营实体。

根据国内外物流配送业的发展情况，在电子商务时代，信息化、现代化、社会化的新型物流配送中心可归纳为以下几个特征。

1. 物流配送反应速度快

电子商务下，新型物流配送服务提供者对上游、下游的物流配送需求的反应速度越来越快，前置时间越来越短，配送时间越来越短，物流配送速度越来越快，商品周转次数越来越多。

2. 物流配送功能集成化

新型物流配送着重于将物流与供应链的其他环节进行集成，包括物流渠道与商流渠道的集成、物流渠道之间的集成、物流功能的集成、物流环节与制造环节的集成等。

3. 物流配送服务系列化

电子商务下，新型物流配送强调物流配送服务功能的恰当定位与完善化、系列化，除了传统的储存、运输、包装、流通加工等服务外，还在外延上扩展至市场调查与预测、采购及订单处理，向下延伸至物流配送咨询、物流配送方案的选择与规划、库存控制策略建议、货款回收与结算、教育培训等增值服务，在内涵上提高了以上服务对决策的支持作用。

4. 物流配送作业规范化

电子商务下的新型物流配送强调功能作业流程、作业、运作的标准化和程序化，使复杂的作业变成简单的易于推广与考核的运作。

5. 物流配送目标系统化

新型物流配送从系统角度统筹规划一个公司整体的各种物流配送活动，处理好物流配送活动与商流活动及公司目标之间、物流配送活动与物流配送活动之间的关系，不求单个活动的最优化，但求整体活动的最优化。

6. 物流配送手段现代化

电子商务下的新型物流配送采用先进的技术、设备与管理为销售提供服务，生产、流通、销售规模越大，范围越广，物流配送技术、设备及管理越现代化。

7. 物流配送组织网络化

为了保证对产品促销提供快速、全方位的物流支持，新型物流配送要有完善、健全的物流配送网络体系，网络上点与点之间的物流配送活动保持系统性、一致性，可以保证整个物流配送网络有最优的库存总水平及库存分布，运输与配送快捷、机动，既能铺开又能收拢。分散的物流配送单体只有形成网络才能满足现代生产与流通的需要。

8. 物流配送经营市场化

新型物流配送的具体经营采用市场机制，无论是企业自己组织物流配送，还是委托社会化物流配送企业承担物流配送任务，都以"服务—成本"的最佳配合为目标。

9. 物流配送流程自动化

物流配送流程自动化是指运送规格标准化，仓储货物及货箱排列、装卸、报运等按照自动化标准作业，商品按照最佳路线配送等。

10. 物流配送管理法制化

宏观上，要有健全的法规、制度和规则；微观上，新型物流配送企业要依法办事，按章行事。

（三）电子商务下新型配送中心应具备的条件

1. 高水平的企业管理

新型物流配送中心作为一种全新的流通模式和运作结构，其管理水平要求达到科学化和现代化。只有采用合理的科学管理制度、现代化的管理方法和手段，才能确保物流配送中心基本功能和作用的发挥，从而保障相关企业和用户整体效益的实现。管理科学的发展为流通管理的现代化、科学化提供了条件，促进了流通产业的有序发展和企业内部管理的完善。同时，还要加强对市场的监管和调控力度，使之有序化和规范化。总之，一切以市场为导向，以管理为保障，以服务为中心，加快科技进步是新型物流配送中心的根本出路。

2. 新型物流配送中心对人员的要求

新型物流配送中心能否充分发挥其各项功能和作用，完成其应承担的任务，人才配置是关键。为此，新型物流配送中心的人才配置要求必须配备数量合理、具有一定专业知识和较强组织能力、结构合理的决策人员、管理人员、技术人员和操作人员，以确保新型物流配送中心的高效运转。

3. 新型物流配送中心对装备配置的要求

新型物流配送中心面对着成千上万的供应厂商和消费者以及瞬息万变的市场，承担着为众多用户的商品配送和及时满足他们不同需要的任务，这就要求必须配备现代化装备和应用管理系统，具备必要的物质条件，尤其是要重视计算机网络的运用。同时采用现代化的配送设施和配送网络，将会逐渐形成社会化大流通的格局。

具体来说，新型物流配送中心需要配置以下设备装置。

（1）硬件系统：

仓储设备：料架、栈板、电动堆高机、拣发台车、装卸省力设备、流通加工设备；

配运设备：厢式大小货车、手推车、通信设备；

咨询设备：网路连线设备、计算机系统设备、电子标签拣货设备、通信设备；

仓储设施：仓库库房及辅助设施。

（2）软件系统：

仓管系统：优秀的仓管管理和操作人员、仓储流程规划、储存安全管理、存货管理；

配运系统：优秀的配运人员、配送路径规划、配送安全管理、服务态度；

资讯系统：进货管理系统、储位管理系统、补货管理系统、出发拣取系统、车辆排程系统、流通加工管理系统、签单核单系统、物流计费系统、EIQ、MIS、EIS、EDIVAN、Internet、信息系统规划等。

知识要点回顾

【主要概念】

电子商务 电子商务物流 ERP 网络营销

【动手动脑】

1. 到典型的你所熟悉的电子商务网站观察，并尝试进行在线购买。

2. 选择当地的几家企业进行走访，记录它们的规模，对采用电子商务的状况进行分析，并写出不少于 3000 字的调查报告。

物流信息技术与管理

第四章　数据采集与识别技术

你知道麦德龙商品便宜的原因吗——麦德龙自动识别技术发展道路

麦德龙集团（Metro Group）是世界第三大零售商，当它宣布计划在整个供应链及其位于德国 Rheinberg 的"未来商店"采用 RFID 技术时，业界众说纷纭，其中不少是抱有怀疑的态度，然而随着麦德龙采用 RFID 的举措取得实效，预期采用 RFID 技术所得到的节省时间、减低成本及改进库存管理等运营优势一一兑现，外界原来置疑的眼光变成欣羡，而麦德龙也决定加快其部署 RFID 方案的步伐，从实验试点阶段转为正式投入使用。

我们不禁的问，为什么麦德龙如此成功，还要引进 RFID 技术呢？

【案例导入】

麦德龙自动识别技术发展道路

麦德龙首席信息官 Zygmunt Mierdorf 表示："我们使用 RFID 方案后取得的日常工作改进成果可谓立竿见影，正如设想一样，仓库及商店的货品交收程序大幅度提速、过往浪费于送货的时间大大减少。此外，RFID 协助我们找出及纠正货品处理流程中薄弱的环节，把货品在仓库上架的工序也有改进，总的来说，我们的工作效率提高了，而商店脱货的情况则减少了。"

麦德龙在欧洲及亚洲 30 个国家及地区设有百货商店，大型超级市场和杂货店。在2002 年，它公布其"未来商店（Future Store）"计划，号召了 50 多家伙伴携手开发及测试崭新的应用程序，涵盖零售供应链的各个环节，包括物流及零售店内顾客体验等方面。在 RFID 读写器方面，麦德龙只选择了两家供应商伙伴合作，其中一家便是 Intermec。Intermec 参与了麦德龙多个大型的 RFID 试点计划。

在 2004 年 11 月，当大部分的 RFID 厂商还在关注 EPCglobal 第二代 RFID 标准的最终敲定和行将实施的强迫性标签项目期限时，麦德龙的托盘追踪应用已经完成试行阶段，正式投入运行。在 2005 年 1 月，其他供应链项目刚启用，而第二代标准的细节尘埃落定，麦德龙已率先庆祝"成功实施 RFID 百天纪念"，在这 100 天里，麦德龙通过使用 Intermec

86

的 Intellitag RFID 读写器，成功识别超过 50000 个托盘，其标签的识读率更超过 90%。此外，麦德龙正式实施 RFID 所取得的成效与试验计划相仿：仓储人力开支减少了 14%、存货到位率提高了 11% 以及货物丢失降低了 18%。

在 2005 年 3 月，麦德龙连同 Intermec 以及飞利浦电子公司演示了 EPC 第二代 RFID 系统的首个商业应用，示范了如何从 ISO 18000 – 6B 为基础的系统，升级到 ISO、EPC 和 ETSI 兼容系统的简便途径，满足真正全球供应链的需要。

根据麦德龙的统计，使用 RFID 系统识别托盘、发货确认和入库处理后，每辆货车检查及卸载的时间缩短了 15～20 分钟。时间节省提高了工人的生产力。未到位的发货会立即被发现，因此大大改善了库存准确度，使得麦德龙能够把缺货情况减少 11%。

与此同时，相反的运作流程也保证了仓库能准确、迅速地把货品送交零售店。叉车操作员通过 CV60 上的指令来接受订单，通过读取 RFID 地点标签来确认提取地点，然后通过读取他的 RFID 或者条码标签来确认提取的货物。被提取的货品被送至包装区域，在那里它们被装上托盘送至有关商店。

商店的每次订货通常含不同货品，混合多个托盘是很普遍的，因此准确的识别托盘里的每一项物品是非常重要的。货品经扫描后，主机系统里会将数据和订单信息相比较。当订单上所列货品已经全部找出，有关托盘便会被封装，盘上的 Intermec Intellitag RFID 标签会被读取，托盘内容就与麦德龙数据系统里的托盘 ID 挂钩。托盘随后被批准交付给商店，在那里一套和配送中心相似的自动 RFID 采集系统将用于核对货品交收和记录。

有鉴于前期计划取得巨大成功，麦德龙与 Intermec 进一步合作扩大 RFID 计划的范围，在 2006 年，麦德龙遍布德国的全部 "Cash & Carry" 品牌批发商店正式启用了 Intermec 的第二代无线射频识别技术（RFID）。从 4 月 1 日起，麦德龙集团的供应商已经可以向该公司付运带有第二代 RFID 标签的托盘。

麦德龙 Cash & Carry 是自助批发店中的佼佼者，它采用了一套先进的第二代 RFID 设施，包括 Intermec 的第二代 IF5 UHF RFID 读取器和 IBM 的中间件。应用于麦德龙 Cash & Carry 商店的 Intermec 第二代 RFID 技术构建了一个令各种 RFID 产品及系统兼容协作的平台，有效协助追踪托盘的去向，从而改进存货管理。

在麦德龙 Cash & Carry 商店使用 Intermec 第二代 RFID 技术来追踪托盘只是该集团有关计划的首项举措，麦德龙和 Intermec 正探讨把第二代 RFID 技术应用于其追踪货箱。

MGI 麦德龙集团信息技术股份有限公司董事总经理 Gerd Wolfram 博士表示，"第二代 RFID 技术就在眼前，Intermec 是协助麦德龙部署 RFID 技术的策略性合作伙伴，我们与该公司的合作将为麦德龙 Cash & Carry 搭建一个实际可用的第二代 RFID 设备体系，同时也

证明了两家公司是采用这种崭新技术的先驱。"

从2008年秋季开始，DHL将为发往法国89家麦德龙（METRO）自助批发店的货物安装射频识别卡。每年将有1300万个货物托盘被装上射频识别标签，通过这些标签，可以对整个物流供应链进行全程自动监控。通过采取这一措施，DHL公司和麦德龙集团将在法国零售物流业启动规模最大的射频识别技术应用。

德国邮政首席财务官John Allan称，该项目定位了整个物流行业的发展方向，为射频识别技术的广泛应用开创了新纪元。

麦德龙集团也是第一个加入DHL公司创新项目的零售企业，其创新项目的成员主要是技术类企业。随着该项目的进行，麦德龙集团将继续推动该技术在国际中的应用。麦德龙集团董事会成员、首席信息官Zygmunt Mierdorf说："通过将射频识别技术扩展到法国，麦德龙将使整个欧洲认识到该项技术带给人们的益处。"

启动射频识别项目后，DHL公司5个食品物流中心发至自助批发店的货物将全部贴上射频识别标签。这些射频识别标签可以在装载过程中读取，相关数据可通过电子方式传输到每家自助批发店。收件人接收货物时可再次读取标签，系统可以自动检查其是否与订单匹配。

与传统的利用条码和条码扫描器控制物流过程相比，应用射频识别技术可以提高货物装卸速度，自动识读技术能提高物流过程的精确度，数据处理的改善也会提高货物可视程度和货物管理能力。

【案例思索】

1. 麦德龙采用了哪些物流技术，提高了公司运作效率和效益？

2. 麦德龙在哪些工作环节应用了这些物流技术？

【本章思考】

你认为自动识别技术对企业发展意味着什么？

【身边的案例】

自动识别技术给我们带来的不仅仅是在超市购物的方便快捷，同时在我们日常生活过程中，无处不在改变着我们的生活方式，提高着我们的生活效率与生活质量，并为我们的财产权起到了一定的效果。例如，我们在乘坐快捷的交通工具过程中，所使用的公交卡是RFID技术在生活中的重要应用，提高了我们出行效率的同时为我们减少了为翻零钱而带来的困扰。在我们乘坐电梯上楼时所使用的门禁卡、电梯卡，为我们生活带来了一丝安全的保障，再如，我们可以用手机短信形式启动车辆提前加热、可以用手机遥控家里的电饭锅、热水器、电暖器等电子设备等，以上无处不是自动识别技术给我们带来的便捷。

【知识结构】

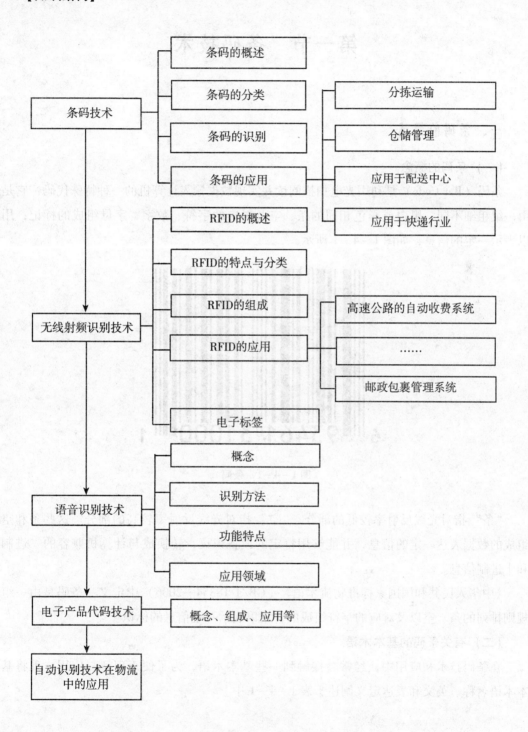

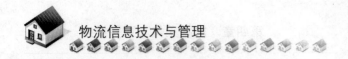

第一节 条码技术

一、条码的概述

(一) 条码的概念

条码 (Bar Code) 是利用光电扫描阅读并实现数据输入计算机的一种特殊代码,它是由一组粗细不同、黑白或彩色相间的条、空及对应的字符、数字、字母组成的标记,用以表示一定的信息,如图1-4-1所示。

图 1 - 4 - 1 条码

"条"指对光线反射率较低的部分,"空"指对光线反射率较高的部分。这些条和空组成的数据表达一定的信息,并能够用特定的设备识读,转换成与计算机兼容的二进制和十进制信息。

《中华人民共和国国家标准物流术语》(GB/T 18354—2006) 中定义:条码是由一组规则排列的条、空以及对应的字符组成的,用以表示一定信息的标识。

(二) 有关条码的基本术语

在条码技术和应用中,经常会接触到一些基本术语,为了便于理解与应用,现将基本术语名称、英文和表达定义阐述于表1-4-1中。

表 1 - 4 - 1　　　　　　　　　　　　条码的基本术语对照

术语名称	英文表示	定　义
条码	bar code	由一组规则排列的条、空以及对应的字符组成的，用以表示一定信息的标识
条码系统	bar code system	由条码符号设计、制作及扫描识读组成的系统
条码符号	bar code symbol	包括空白区的条码
反射率	reflectance；reflectivity	反射光强度与入射光强度的比值
条	bar dark	条码中反射率较低的部分
空	space；light bar	条码中反射率较高的部分
字符集	character set	条码符号可以表示的字母，数字和符号的集合
中间分隔符	central separating character	位于条码中间位置用来分隔数据段的若干条与空
分隔字符	separator	编码字符集中的一种起分隔作用的特殊字符
条码字符	bar code characrer	表示一个字符或符号的若干条与空
条码字符集	bar code character set	某种条码所能表示条码字符的集合
条码填充符	bar code filler character	不表示特定信息的条码字符
单元	element	构成条码字符的条或空
条高	bar height	垂直于单元宽度方向的条的高度尺寸
条宽	bar width	条码字符中条的宽度尺寸
空宽	space width	条码字符的空的宽度尺寸
条宽比	bar width ratio	条码中最宽条与最窄条的宽度比
空宽比	space width ratio	条码中最宽空与最窄空的宽度比
条码长度	bar code length	从条码起始符前缘到终止符后缘的长度
条码符号的长度	bar code symbol length	包括空白区的条码长度
特征比	aspect ratio	条码长度与条高的比
条码密度	bar code density	单位长度条码所表示条码字符的个数。通常用 CPI 表示，即每英寸内能表示的条码字符的个数
条码字符间隔	inter - character gap	相邻条码字符间不表示特定信息且与空的反射率相同的区域
模块	module	模块组配编码法组成条码字符的基本单位
保护框	hearer bar	围绕条码且与条码反射率相同的边或框
连续型条码	continuous bar code	没有条码字符间隔的条码
非连续型条码	discrete bar code	有条码字符间隔的条码

术语名称	英文表示	定　义
奇偶校验	oddeven check	根据二进制数位中"0"或"1"的个数为奇数或偶数而进行校验的方法
自校验条码	self – checking bar code	条码字符本身具有校验功能的条码
定长条码	fixed length of bar code	条码字符个数固定的条码
非定长条码	unfixed length of bar code	条码字符个数不固定的条码
条码逻辑式	bar code Logic value	用二进制"0"和"1"表示条码字符的表示式
编码容量	encoded volume	条码字符集中所能表示字符数的最大值
条码原版胶片	bar code film master	条码胶片的母片
一维条码	linear bar code	只在一维方向上表示信息的条码符号
二维条码	two – dimensional bar code	在二维方向上表示信息的条码符号
特种条码	special bar code	特殊材料制成的条码
条码字符的值	character value	一维条码由条码逻辑式向字符集转换的中间值
码字	code word	二维条码字符的值由条码逻辑式向字符集转换的中间值

（三）条码符号的构成

一个完整的条码符号由两侧空白区、起始符、数据符、校验符和终止符组成，其排列方式如图 1 – 4 – 2 所示。

起始符（start character）：位于条码起始位置的若干条与空，标志一个条码符号的开始。阅读器确认此字符存在后开始处理扫描脉冲。

空白区（clear area）：条码起始符、终止符两端外侧与空的反射率相同的限定区域。

条码数据符（bar code data character）：表示特定信息的条码字符。位于起始字符后面的字符，标志一个条码的值，其结构异于起始字符，可允许进行双向扫描。

条码校验符（bar code check character）：表示校验码的条码字符。校验字符代表一种算术运算的结果。阅读器在对条码进行解码时，对读入的各字符进行规定的运算，如运算结果与校验字符相同，则判定此次阅读有效，否则不予阅读。

终止符（stop character）：位于条码终止位置的若干条与空，是条码符号的最后一位字符，标志一个条码符号的结束。阅读器确认此字符号后停止处理。

（四）条码的优越性

条码技术目前已被广泛应用于商业、邮政、图书管理、仓储、工业生产过程控制、

图 1 - 4 - 2　EAN - 13 条码结构

交通等领域，在当今的自动识别技术中占有重要的地位，这是因为条码的应用具有如下突出的优越性。

1. 可靠准确

有资料显示，键盘输入平均每 300 个字符一个错误，而条码输入平均每 5000 个字符一个错误。

2. 数据输入速度快

一个每分钟打 90 个字的打字员 1.6 秒可使用键盘输入 12 个字符或字符串，而使用条码，做同样的工作只需 0.3 秒。

3. 经济便宜

与其他自动化识别技术相比较，推广应用条码技术，所需要的成本较低。

4. 灵活、实用

条码符号作为识别手段可以单独使用，也可以和有关设备组成识别系统实现自动化识别，还可和其他控制设备联系起来实现整个系统的自动化管理。同时，在没有自动识别设备时，也可实现手工键盘输入。

5. 自由度大

识别装置与条码标签相对位置的自由度要比 OCR 大得多。条码通常只在一维方向上表达信息，而同一条码上所表示的信息完全相同并且连续，这样即使是标签有部分缺欠，

仍可以从正常部分输入正确的信息。

6. 设备简单

条码符号识别设备的结构简单，操作容易，无须专门训练。

7. 易于制作

条码标签易于制作，对印刷技术设备和材料无特殊要求。

二、条码的分类

目前，世界上常用的码制有 ENA 条码、UPC 条码、25 条码、交叉 25 条码、库德巴条码、39 条码和 128 条码等，而商品上最常使用的就是 EAN 商品条码。

（一）按码制分类

按编码（码制）规则的不同，条码可以分为多类，表 1－4－2 给出了常用的条码以及主要指标。

表 1－4－2　　　　　　　　　常见条码的各项指标比较

种类	长度	连续性	支持字符	标准字符集	其他
EAN－13	13 位	连续	数字式	0~9	EAN－13 为标准版
EAN－8	8 位				EAN－8 为缩短版
UPC－A	12 位	连续	数字式	0~9	UPC－A 为标准版
UPC－E	8 位				UPC－E 为消零压缩版
39 码	非定长	非连续	自校验字母数字式	0~9，A~Z，-，$，/，+，%，*，.，空格	用于运输、仓储、工业生产、图书情报、医疗卫生等领域
93 码	非定长	连续	字母数字式	0~9，A~Z，-，$，/，+，%，.，空格	密度较高，可替代 39 码
ITF－14 码	定长	连续	自校验数字式	0~9	用于标识非零售商品，其结构中包含保护框
交叉 25 码	非定长	连续	自校验数字式	0~9	常采用保护框来防止不完全扫描而产生的数据误读
库德巴码	非定长	非连续	自校验数字式	0~9，A~D，$，+，-，/	用于仓库、图书馆、血库和航空快递包裹等的跟踪
128 码	非定长	连续	自校验数字式	三个字符集覆盖了 128 个全 ASCII 码	用于企业内部管理、生产流程、物流控制系统方面

（二）按维数分类

1. 一维条码

一维条码自问世以来，很快得到了普及和广泛应用。一维条码的应用可以提高信息录入速度，减少差错率，可直接显示内容为英文、数字、简单符号等。一维条码又可分为商品条码和物流条码，商品条码包括 EAN 码和 UPC 码，物流条码包括 128 码、39 码、库德巴码等。但由于一维条码的信息容量很小，如商品上的条码仅能容纳 13 位的阿拉伯数字，更多的描述商品的信息只能依靠数据库的支持，离开了预先建立的数据库，这种条码就变成了无源之水、无本之木，因而其应用范围受到了一定的限制。同时一维条码存储数据较少，主要依靠计算机中的关联数据库，保密性能不高，破损后可读性差。一维条码中的 EAN－13 码如图 1－4－3 所示。

图 1－4－3　一维条码示意

2. 二维条码

二维条码是在一维条码的基础上发展而来的信息储存和解读技术，它除具有一维条码的优点外，还具有信息容量大、可靠性高、保密防伪性强、易于制作、成本低等优点，被称为"便携式数据文件"。美国 Symbol 公司于 1991 年正式推出名为 PDF417 的二维条码。PDF417 条码是一种高密度、高信息量的便携式数据文件，是实现证件及卡片等大容量、高可靠性信息自动存储、携带并可用机器自动识读的理想手段。二维条码如图 1－4－4 所示。

图 1－4－4　二维条码示意

3. 多维条码

进入 20 世纪 80 年代以来，人们围绕如何提高条码符号的信息密度，进行了研究工作。多维条码和集装箱条码成为研究、发展与应用的方向。

（三）按使用目的分类

1. 商品条码

商品条码是以直接向消费者销售的商品为对象、以单个商品为单位使用的条码。商品条码的内容。商品条码由一组黑白相间、粗细不同的条状符号组成，条码隐含着数字信息、字母信息、标志信息、符号信息，主要用以表示商品的名称、产地、价格、种类等，是全世界通用的商品代码的表述方法。

EAN 条码是国际上通用的商品代码，我国通用商品条码标准也采用 EAN 条码结构。标准码是由 13 位数字码及相应的条码符号组成，在较小的商品上也采用 8 位缩短数字码及相应的条码符号。

前缀码：由三位数字组成，是国家代码，我国大陆为 690~695，是由国际物品编码会统一决定的。

制造厂商代码：由四位数字组成，我国物品编码中心统一分配并统一注册，一厂一码。

商品代码：由五位数字组成，表示每个制造厂商的商品，由厂商确定，可标识十万种商品。

校验码：由一位数字组成，用以校验前面各码的正误。

例如，商品条码 6902952880041 中，690 代表中国，2952 代表贵州茅台酒厂，88004 代表 53%（V/V）、106PROOF、500 毫升的白酒。

2. 物流条码

物流条码是在物流过程中以商品为对象、以包装商品为单位使用的条码。

物流条码是用在商品装卸、仓储、运输和配送过程中的识别符号，通常印在包装外箱上，用来识别商品种类及数量，亦可用于仓储批发业销售现场的扫描结账。物流条码符号的应用面向国内储运业界（制造商、批发商、零售商）。零售店以配送包装单位当做销售单位时（如家电或整箱销售的商品），即可用外箱上的物流条码扫描结账。批发业或零售业在进货、点货或库存盘点作业时，对以配送单位包装的商品可扫描物流条码，对以零售单位包装的商品则扫描原印条码。总之，其应用的场合包括自动装卸货、拣货、分货、进出货自动登录与传输以及订单收货作业。物流条码包括 14 位标准码与 16 位扩大码两种。若按重量计算的商品，还可追加使用 6 位加长码。图 1-4-5 为物流条码，表

1-4-3为物流条码结构。

图1-4-5　物流条码

表1-4-3　　　　　　　　　　　物流条码结构

代号	码别	长度	说明
A	应用识别码	18	00 代表其后之资料内容为运送容器序号，为固定18位数字
B	包装形态指示码	1	3 代表无定义的包装指示码
C	前置码与公司码	7	代表 EAN 前置码与公司码
D	自行编定序号	9	由公司指定序号
E	检查码	1	检查码
F	应用识别码		420 代表其后之资料内容为配送邮政码应用于仅有一邮政当局
G	配送邮政码		代表配送邮政码

【边学边想】

你见过多少种条码呢？我们使用的商品条码属于哪个码制呢？

三、条码的识别

(一) 条码的识别原理

条码是一种要印制的计算机语言，条码的识读和数据的采集主要是由条码扫描器来完成的。光电转换器是条码扫描器的主要部分，它的主要作用是将光信号转换成电信号。当条码扫描器对条码符号进行扫描时，由条码扫描器光源发出的光通过光系统照射到条码符号；条码符号反射的光经光学系统成像在光电转换器上，光电转换器接收光信号后，产生一个与扫描点处光强度成正比的模拟电压，模拟电压通过整形转换成矩形波，矩形

波信号是一个二进制脉冲信号，再由编译器将二进制脉冲信号解译成计算机可直接采集的数字信号。这就是条码可被条码扫描器识读的基本原理。

（二）条码的识读设备

目前，条码识读设备虽然种类繁多，但大体上可分为两大类，即在线式阅读器和便携式阅读器。在线式阅读器按其功能和用途，又可分为多功能阅读器和各类在线阅读器。这类阅读器一般直接由交流电源供电，在阅读器与计算机或通信装置之间由电缆连接传输数据。多功能阅读器除具有识别多种常用码制的功能外，根据不同需要还可增加可编程功能、可显示功能以及多机联网通信功能等。而便携式阅读器则配有数据储存器，通常由电池供电，当数据收集来后，先把数据存储起来，然后转储主机，适用于脱机使用的场合。目前，国际市场已推出能储存上万个条码的便携式阅读器，广泛应用于仓库管理、商品盘点以及各种野外作业。

扫描器作为阅读器的输入装置发展较快，大体上可分为接触式条码扫描器、非接触式条码扫描器、手持式条码扫描器和固定式条码扫描器等。目前常用的有笔式条码扫描器、CCD 条码扫描器和激光式条码扫描器等。下面简单介绍几种常见的条码扫描器。

1. 笔式条码扫描器

顾名思义，笔式条码扫描器是笔形的扫描器，笔头装有发光元件。

扫描方式为：在条码符号上从左到右，或从右到左移动笔式条码扫描器进行读取。笔式条码扫描器需要操作人员手持，以一定的速度移动。数据的读取是一次扫描决定的，当光笔通过斑点或缺损位置时无法读取。这种条码扫描器对于有弯曲面的商品条码的读取有困难。对于没有经验的操作者来说，也容易造成首次读取失败。

笔式条码扫描器的优点是成本低、耗电低、耐用，适合数据采集，可读较长的条码符号；缺点是光笔对条码有一定的破坏性，随着条码应用的推广，目前已逐渐被 CCD 条码扫描器取代。图 1 – 4 – 6 为笔式条码扫描器。

2. 手持式条码扫描器

手持式条码扫描器具有小型、方便使用的特点。阅读时只需将读取头（光源）接近或轻触条码即可进行自动读取，如图 1 – 4 – 7 所示。

手持式条码扫描器具有以下优点：

（1）无须移动即可进行自动扫描，读取条码信息；

（2）条码符号缺损对扫描器识读影响很小；

（3）弯曲面（30°以内）商品的条码也能读取；

（4）扫描速度 30 ~ 100 次/秒，读取速度快。

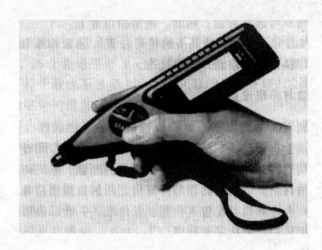

图 1 - 4 - 6　笔式条码扫描器

图 1 - 4 - 7　手持式条码扫描器

　　CCD 条码扫描器是将发光二极管发出的光照射到被阅读的条码上，通过光的反射达到读取数据的目的。CCD 条码扫描器操作方便，易于使用，只要在有效景深范围内，光源照射到条码符号即可自动完成扫描，对于表面不平的物品、软质的物品电能方便地进行识读。由于无任何运动部件，因此性能可靠，使用寿命长。与其他条码扫描设备比较，具有耗电省、体积小、价格便宜等优点。但其阅读条码符号的长度受扫描器的元件尺寸限制，扫描景深也不如激光扫描器。

　　3. 台式条码扫描器

　　台式条码扫描器的用途很广，大都固定安装在某一位置上，用来识读在某一范围内出现或通过的条码符号，如图 1 - 4 - 8 所示。

图 1-4-8　台式条码扫描器

　　台式条码扫描器一般用于超级市场 POS 系统的台式激光条码扫描器，这种条码扫描器对条码的方向没有要求，又称全方位的条码扫描器，读取距离为几厘米至几十厘米。

　　由于台式激光条码扫描器具有稳定、扫描速度快等优点，目前在超级市场 POS 系统应用最为普遍。为方便在不同场合的使用，现在台式条码扫描器的形状也多样化，有台灯式条码扫描器及其他各种形状的条码扫描器。

　　4. 卡槽式条码扫描器

　　卡槽式条码扫描器是一种用于人员考勤的条码扫描器。手持带有条码符号的卡片在槽中通过时即可实现读取。这种条码扫描器目前在厂矿、宾馆，会议考勤等方面得到了广泛的应用。卡槽式条码扫描器如图 1-4-9 所示。

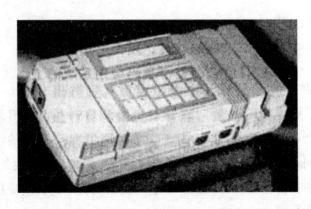

图 1-4-9　卡槽式条码扫描器

　　5. 便携式条码扫描器

　　便携式条码扫描器是为适应现场数据采集的需要，如扫描笨重物体的条码符号而设计的，适合于脱机使用的场合。它是将条码扫描器带到物体的条码符号前扫描，因此又称手持终端机、盘点机。它由电池供电，与计算机之间的通信不和扫描同时进行。它有自己的内部存储器，可以储存一定量的数据，并可在适当的时候将这些数据传输给计算机。几乎所有的便携式条码扫描器都有一定的编程能力，可以满足不同场合的应用需求。目前，已经推出了能储存上万个条码信息的便携式条码扫描器，并广泛应用于仓库管理、商品盘存等作业中，如图1-4-10所示。

图1-4-10 便携式条码扫描器

【边学边想】

生活中条码识读设备的应用改变了什么？

四、条码的应用

（一）分拣运输

铁路运输、航空运输、邮政通信等许多行业都存在货物的分拣搬运问题，大批量货物需要在很短时间内准确无误地装到指定车厢或航班；一个生产厂家如果生产上百个品种的产品，并需要将其分门别类，以送到不同的目的地，那么就必须扩大场地，增加人员，但常常会出现人工错误。解决这些问题的办法就是应用物流标识技术，使包裹或产品自动分拣到不同的运输机上。人们所要做的只是将预先打印好的条码标签贴在发送的

物品上，并在每个分拣点装一台条码扫描器。

为了实现物流现代化，出现了很多配送中心。这些配送中心为了提高吞吐能力，采用自动分拣技术更为必要。典型的配送中心的作业从收货开始。送货卡车到达后，叉车司机在卸车的时候用手持式条码扫描器识别所卸货物，条码信息通过无线数据通信技术传给计算机，计算机向叉车司机发出作业指令，显示在叉车的移动式终端上，或者把货物送到某个库位存放，或者直接把货物送到拣货区或出库站台。在收货站台和仓库之间一般都有运输机系统，叉车把货物放到输送机上后，输送机上的固定式条码扫描器识别货物上的条码，计算机确定该货物的存放位置。输送机沿线的转载装置根据计算机的指令把货物转载到指定的巷道内。随即，巷道堆垛机把货物送到指定的库位。出库时，巷道堆垛机取出指定的托盘，由运输机系统送到出库台，叉车到出库台取货。首先用手持式条码扫描器识别货物上的条码，计算机随即向叉车司机提出作业指令，或者把货物直接送到出库站台，或者为拣货区补充货源。拣货区有多种布置形式，如普通重力式货架、水平循环式货架、垂直循环货架等。拣货员在手持式终端上输入订单号，计算机通过货架上的指示灯提出需要拣货的位置，拣货员用手持式条码扫描器识别货品上的条码，计算机确认无误后，在货架上显示出拣选的数量。拣出的货品放入货盘内，连同订单一起运到包装区。包装工人进行检验和包装后，将实时打印的包含发运信息的条码贴在包装箱上。包装箱在通过分拣机时，根据条码扫描器识别的条码信息被自动拨到相应的发运线上。

（二）仓储管理

有时，通用商品代码不能满足仓储的需要，除了商品的生产厂家和产品种类外，还需要产品的数量、保质期、重量、体积等很多信息。采用物流条码可以通过应用标识符分辨不同的信息，经过计算机对信息进行处理后，更有利于对商品的采购、保管和销售。

目前，我国许多城市出现了食品连锁店。对于食品，其保质期一般都很短。如果食品过期，就会损害顾客的利益，同时给销售者带来经济上的损失。物流标识技术可以标识出该产品的生产日期和保质期，计算机管理系统可以随时提醒销售者，哪些食品接近了保质期。这时，对这些食品可以打折出售或采取其他措施及时处理，以免带来不必要的损失。

物流标识技术给仓储现代化带来了更多的方便，它不仅使保管者提高了效率、减少了劳动，也为客户带来了间接的经济效益。

（三）应用于配送中心

订货信息先利用计算机网络从终端向计算机中心输入，然后通过打印机打印，以条码及拣货单的形式输出（条码分别记录预拣选的商品的编码和出货地编号）。操作人员将条码贴在拣选周转箱的侧面，并将拣货单放在拣选周转箱内。在拣选过程中，周转箱一旦到达指定的货架前，自动扫描装置会立即读出条码的内容，并自动进行分货。工作人员根据拣选单的要求，将拣选好的货物放在周转箱内，待作业结束后，只要按一下"结束"按钮，装有货物的周转箱便会按顺序地向另一个货架移动。等到全部作业结束后，有关人员利用自动分拣系统将贴有条码的集装箱运到指定的出货口，转入发运工序。由此可见，在配送中心运用条码技术，极大地提高了配送的运行效率和运行速度。

（四）应用于快递行业

在美国有三个最大的邮包投递公司，即联邦快递、联合包裹服务和 RPS（ Roadway 包裹公司），每天要处理大约 1700 万件包裹，其中 700 万件是要在 1~3 天内送达的快件。这些包裹的处理量之大难以置信，而且数量还在不断增长，运输机系统变得更复杂，作业速度比以往更快。

包裹运输公司不能像制造厂家那样决定条码位置，它可以指定一种码制，但不能规定条码的位置，因为包裹在传送带上的方向是随机的，且以很高的速度运动。为了保证快件及时送达，不可能采用降低处理速度的办法。所面临的问题不是如何保持包裹的扫描，使条码对着扫描器，而是如何准确地阅读这些随机摆放的包裹上的条码解决的办法就是采用货物扫描通道。

几乎和机场的通道一样，货物扫描通道也是由一组扫描器组成的。全方位扫描器可以识读任意方向、任意面上的条码，无论包裹有多大，无论运输机的速度有多快，无论包裹间的距离有多小。所有的扫描器一起运作，决定当前哪些条码需要识读，然后把一个个信息传送给计算机或控制系统。

货物扫描通道为进一步采集包裹数据提供极好的机会。新一代的货物扫描通道能够以很高的速度同时采集包裹上的条码标识符、实际的包裹尺寸和包裹的质量信息，且这个过程不需要人工干预。因为包裹投递服务是按尺寸和重量收费的，这些信息对计算营业额十分重要，现在可以准确高效地获取这些信息，以满足用户的需要。

【边学边想】

条码在物流领域作业中起到了哪些作用呢？

第二节 无线射频识别技术

一、无线射频的概述

(一) 射频的概念

射频（Radio Frequency，RF），是指可传播的电磁波。每秒变化小于 1000 次的交流电称为低频电流，大于 10000 次的称为高频电流，而射频就是这样一种高频电流。医学上把频率为 0.5～8MHz 的交流高频电流称为射频电波。

(二) 无线射频的概念

无线射频识别（Radio Frequency Idenfication，RFID）技术是一种非接触的自动识别技术，其基本原理是利用射频信号和空间耦合（电感或电磁耦合）或雷达反射的传输特性，实现对被识别物体的自动识别。射频技术是利用无线电波对记录媒体进行读写。射频识别的距离可达几十厘米至几米，且根据读写的方式，可以输入数千个字节的信息，同时具有极高的保密性。射频识别技术适用的领域主要是物料跟踪、运载工具和货架识别等要求非接触数据采集和交换的场合，要求频繁改变数据内容的场合尤为适用。如我国香港地区的车辆自动识别系统——驾易通，采用的主要技术就是射频识别技术。目前我国香港地区已经有约 8 万辆汽车装上了电子标签，装有电子标签的车辆通过装有射频扫描器的专用隧道、停车场或高速公路路口时，无须停车缴费，大大提高了行车速度和效率。射频识别技术在其他物品的识别及自动化管理方面也得到了较广泛的应用。

射频识别技术是对条码及扫描技术的补充和发展。它规避了条码技术的一些局限性，为大量信包的存储、改写和远距离识别奠定了基础。如我国香港的自动识别系统驾易通，采用的主要技术就是射频识别技术。装有电子标签的车辆通过装有射频扫描器的专用隧道、停车场或高速公路路口时，无须停车缴费，大大提高了行车速度，提高了效率。

(三) 无线射频技术的工作原理

RFID 技术的基本工作原理并不复杂：标签进入磁场后，接收解读器发出的射频信号，凭借感应电流所获能量发送出存储在芯片中的产品信息（Passive Tag，无源标签或被动标签），或者由标签主动发送某一频率的信号（Active Tag，有源标签或主动标签），解读器读取信息并解码后，送至中央信息系统进行有关数据处理。

射频识别技术可以用来追踪和管理几乎所有物理对象。因此，越来越多的零售商和制造商在关心和支持这项技术的发展和应用。RFID 技术由 Auto – ID 中心开发，其应用形式为标记（tag）、卡和标签（label）设备。标记设备由 RFID 芯片和天线组成，标记类型分为三种：自动式 RFID 标记设备、半被动式 RFID 标记设备和被动式 RFID 标记设备。现在市场上开发的基本上是被动式 RFID 标记设备，因为这类设备造价较低，且易于配置。被动式 RFID 标记设备运用无线电波进行操作和通信，信号必须在识别器允许的范围内，通常是 10 英尺（约 3 米）。这类标记设备适合于短距离信息识别，如一次性剃须刀或可移动刀片包装盒这类小商品。RFID 芯片可以是只读的，也可是读/写方式，依据应用需求决定。被动式 RFID 标记设备采用 EEPROM（电可擦除可编程只读存储器），便于运用特定电子处理设备往上面写数据。一般标记设备在出厂时都设定为只读方式。Auto – ID 规范中还包含有死锁命令，以在适当情形下阻止跟踪进程。

一套完整的 RFID 系统，是由阅读器（reader）与电子标签（tag），也就是所谓应答器（tran sponder）及应用软件系统三个部分组成，其工作原理是 reader 发射特定频率的无线电波能量给 transponder，用以驱动 transponder 电路将内部的数据送出，此时 reader 便依序接收解读数据，送给应用程序进行相应处理。

【边学边想】

我们身边都有哪些情况是 RFID 技术的应用呢？

二、无线射频的特点与分类

（一）无线射频的特点

RFID 技术具有以下一些优势：

1. 扫描识别方面

RFID 识别更准确，识别的距离更灵活，可以做到穿透性和无屏障阅读。

2. 数据的记忆体容量

RFID 最大的容量则有数 mega bytes，随着记忆载体的发展，数据容量也有不断扩大的趋势。

3. 抗污染能力和耐久性

RFID 对水、油和化学药品等物质具有很强的抵抗性；RFID 卷标是将数据存在芯片中，因此可以免受污损。

4. 可重复使用

RFID 标签则可以重复地新增、修改、删除 RFID 卷标内储存的数据，方便信息的

更新。

5. 体积小型化、形状多样化

RFID 在读取上并不受尺寸大小与形状限制，不需为了读取精确度而配合纸张的固定尺寸和印刷品质。此外，RFID 标签更可往小型化与多样化形态发展，以应用于不同产品。

6. 安全性

RFID 承载的是电子式信息，其数据内容可经由密码保护，使其内容不易被伪造及变造。近年来，RFID 因其具备的远距离读取、高储存量等特性而备受瞩目。它不仅可以帮助一个企业大幅提高货物、信息管理的效率，还可让销售企业和制造企业互联，从而更加准确地接收反馈信息，控制需求信息，优化整个供应链。

（二）无线射频系统的分类

根据 RFID 系统完成的功能不同，可以把 RFID 系统分成四种类型：EAS 系统、便携式数据采集系统、物流控制系统和定位系统。

1. EAS 系统

EAS（Electronic Article Surveillance）是一种设置在需要控制物品出入门口的 RFID 技术。这种技术的典型应用场合是商店、图书馆和数据中心等地方，当未被授权的人从这些地方非法取走物品时，EAS 系统会发出警告。在应用 EAS 技术时，首先在物品上粘附 EAS 标签，当物品被正常购买或者合法移出时，在结算处通过一定的装置使 EAS 标签失活，物品就可以取走。物品经过装有 EAS 系统的门口时，EAS 装置能自动检测标签的活动性，发现活动性标签 EAS 系统会发出警告。EAS 技术的应用可以有效防止物品的被盗，不管是大件的物品，还是很小的物品。应用 EAS 技术，物品不用再锁在玻璃橱柜里，可以让顾客自由地观看、检查商品，这在自选商品日益流行的今天有着非常重要的现实意义。

EAS 系统的工作原理是：在监视区，信号发射机以一定的频率向信号接收机发射信号。信号发射机与信号接收机一般安装在零售店、图书馆的出入口，形成一定的监视空间。当具有特殊特征的标签进入该区域时，会对信号发射机发出的信号产生干扰，这种干扰信号也会被信号接收机接收，再经过微处理器的分析判断，就会控制警报器的鸣响。根据信号发射机发出的信号不同以及标签对信号干扰原理不同，EAS 可以分成许多种类型。关于 EAS 技术最新的研究方向是标签的制作，人们正在讨论 EAS 标签能不能像条码一样，在产品的制作或包装过程中加进产品，成为产品的一部分。

典型的 EAS 系统一般由三部分组成：附着在商品上的电子标签、电子传感器；电子标签灭活装置，以便授权商品能正常使用；监视器，在出口形成一定区域的监视空间。

2. 便携式数据采集系统

便携式数据采集系统是使用带有 RFID 阅读器的手持式数据采集器采集 RFID 标签上的数据。这种系统具有比较大的灵活性，适用于不宜安装固定式 RFID 系统的应用环境。手持式阅读器（数据输入终端）可以在读取数据的同时，通过无线电波数据传输方式（RFDC）实时地向主计算机系统传输数据，也可以暂时将数据存储在阅读器中，成批地向主计算机系统传输数据。

3. 物流控制系统

在物流控制系统中，RFID 阅读器分散布置在给定的区域，并且阅读器直接与数据管理信息系统相连，信号发射机是移动的，一般安装在移动的物体、人上面。当物体、人流经阅读器时，阅读器会自动扫描标签上的信息并把数据信息输入数据管理信息系统进行存储、分析和处理，以达到控制物流的目的。

4. 定位系统

定位系统用于自动化加工系统中的定位，以便对车辆、轮船等进行运行定位支持。阅读器放置在移动的车辆、轮船或者自动化流水线上移动的物料、半成品和成品上，信号发射机嵌入到操作环境的地表下面。信号发射机上存储有位置识别信息，阅读器一般通过无线的方式（有的使用有线的方式）连接到主信息管理系统。

三、无线射频系统的组成

RFID 系统一般由信号发射机（射频标签）、信号接收机（阅读器）、天线等部分组成。如图 1－4－11 所示。

（一）信号发射机（射频标签）

在射频识别系统中，信号发射机为了不同的应用目的，以不同的形式存在，最常用的形式是标签（tag）。标签相当于条码技术中的条码符号，用来存储需要识别的传输信息。但与条码不同的是，标签必须能够自动或在外力的作用下，把存储的信息主动发射出去。标签一般是带有线圈、天线、存储器与控制系统的低电压集成电路。

1. 主动式标签、被动式标签

在实际应用中，必须给标签供电它才能工作，虽然它的电能消耗是非常低的。按照标签获取电能的方式不同，可以把标签分成主动式标签与被动式标签。主动式标签由内部自带电池供电，它的电能充足，工作可靠性高，信号传送的距离远。另外，主动式标签可以通过设计电池的不同寿命对标签的使用时间或使用次数进行限制。它可以用在需要限制数据传输量或者使用数据有限制的地方，比如，一年内标签只允许读写有限次。

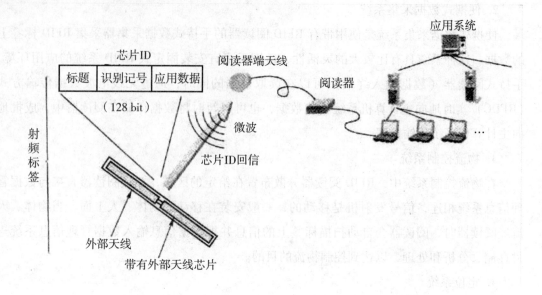

芯片ID

| 标题 | 识别记号 | 应用数据 |

（128 bit）

阅读器端天线

阅读器

应用系统

射频标签

微波

芯片ID回信

外部天线

带有外部天线芯片

图1-4-11　无线射频系统组成

主动式标签的缺点主要是标签的使用寿命受到限制，而且随着标签内电池电力的消耗，数据传输的距离会越来越小，影响系统的正常工作。

被动式标签内部不带电池，要靠外界提供能量才能正常工作。被动式标签产生电能的装置一般是天线与线圈，当标签进入系统的工作区域，天线接收到特定的电磁波，线圈就会产生感应电流，再经过整流电路给标签供电。被动式标签具有永久的使用期，常常用在标签信息需要每天读写或频繁读写多次的地方，而且被动式标签支持长时间的数据传输和永久性的数据存储。被动式标签的缺点主要是数据传输的距离要比主动式标签短。因为被动式标签依靠外部的电磁感应而供电，它的电能就比较弱，数据传输的距离和信号强度就受到限制，需要敏感性比较高的信号接收机（阅读器）才能可靠识读。

2. 只读标签与可读可写标签

根据内部使用存储器类型的不同，标签可以分成只读标签与可读可写标签。只读标签内部只有只读存储器（Read Only Memory，ROM）和随机存储器（Random Access Memory，RAM）。

ROM用于存储发射器操作系统说明和安全性要求较高的数据，它与内部的处理器或逻辑处理单元完成内部的操作控制功能，如响应延迟时间控制、数据流控制、电源开关控制等。另外，只读标签的ROM中还存储有标签的标识信息。这些信息可以在标签制造过程中由制造商写入ROM中，也可以在标签开始使用时由使用者根据特定的应用目的写入特殊的编码信息。这种信息可以只简单地代表二进制中的"0"或者"1",也可以像二维条码那样,包含复杂的、相当丰富的信息。但这种信息只能是一次写入,多次读出。只读标签中的 RAM 用于存储标签反应和数据传输过程中临时产生的数据。另外,只读标签中除了 ROM 和 RAM 外,一般还有缓冲存储器,用于暂时存储调制后等待天线发送的信息。可读可写标签内部的存储器除了 ROM、RAM 和缓冲存储器之外,还有非活动可编程记忆存储器。这种存储器除了存储数据功能外,还具有在适当的条件下允许多次写入数据的功能。非活动可编程记忆存储器有许多种,EEPROM(电可擦除可编程只读存储器)是比较常见的一种,这种存储器在加电的情况下,可以实现对原有数据的擦除以及数据的重新写入。

3. 标识标签与便携式数据文件

根据标签中存储器数据存储能力的不同,可以把标签分成仅用于标识目的的标识标签与便携式数据文件两种。对于标识标签来说,一个数字或者多个数字、字母、字符串存储在标签中,是为了识别或者是作为进入信息管理系统中数据库的钥匙(key)。条码技术中标准码制的号码,如 EAN/UPC 条码,或者混合编码,或者标签使用者按照特别的方法编的号码,都可以存储在标识标签上。便携式数据文件就是指标签中存储的数据非常大,足可以看做一个数据文件。这种标签一般都是用户可编程的,标签中除了存储标识码外,还存储有大量的被标识项目其他的相关信息,如包装说明、工艺过程说明等。

(二)信号接收机

在 RFID 系统中,信号接收机一般叫做阅读器。RFID 阅读器(reader)的主要任务是控制射频模块向标签发射读取信号,并接收标签的应答,对标签的对象标识信息进行解码,将对象标识信息连带标签上其他相关信息传输到主机以供处理。根据应用不同,阅读器可以是手持式或固定式。当前阅读器成本较高,而且大多只能在单一频率点工作。未来阅读器的价格将大幅降低,并且支持多个频率点,能自动识别不同频率的标签信息。根据支持的标签类型不同与完成的功能不同,阅读器的复杂程度是显著不同的。阅读器基本的功能就是提供与标签进行数据传输的途径。另外,阅读器还提供相当复杂的信号状态控制、奇偶错误校验与更正功能等。标签中除了存储需要传输的信息外,还必须含有一定的附加信息,如错误校验信息等。识别数据信息和附加信息按照一定的结构编制在一起,并按照特定的顺序向外发送。阅读器通过接收到的附加信息来控制数据流的发送。阅读器的接收范围受到很多因素的影响,如电波频率、标签的尺寸形状、阅读器的能量、金属物体的干扰和其他射频装置等。

(三)编程器

只有可读可写标签系统才需要编程器。编程器是向标签写入数据的装置。编程器写

入数据一般来说是离线（off-line）完成的，也就是预先在标签中写入数据，等到开始应用时直接把标签粘附在被标识项目上。也有一些 RFID 应用系统，写数据是在线（on-line）完成的，尤其是在生产环境中作为交互式便携数据文件来处理时。

（四）天线（antenna）

天线（antenna）是标签与阅读器之间传输数据的发射、接收装置。在实际应用中除了系统功率，天线的形状和相对位置也会影响数据的发射和接收，需要专业人员对系统的天线进行设计、安装。

四、无线射频的应用

RFID 技术应用领域如表 1-4-4 所示。

表 1-4-4　　　　　　　　　　　RFID 技术应用领域

应用领域	RFID 技术所起的作用
物流	物流过程中货物追踪、信息自动采集、仓储应用、港口应用、邮政、快递等
零售	商品的销售数量实时统计、补货、防盗
制造业	生产数据的实时监控、质量追踪、自动化生产
服装业	自动化生产、仓储管理、品牌管理、单品管理、渠道管理
医疗	医疗器械管理、病人身份识别、婴儿防盗
身份识别	电子护照、身份证、学生证等各种电子证件
防伪	贵重物品（烟、酒、药品）的防伪，票证的防伪等
资产管理	各类资产（贵重的、或数量大的、相似性高的、或危险品等）
交通	高速不停车、出租车管理、公交车枢纽管理、铁路机车识别等
食品	水果、蔬菜、生鲜等
动物识别	驯养动物、宠物等识别管理
图书管理	书店、图书馆、出版社等
汽车	制造、防盗、定位、车钥匙等
航空	制造、旅客客票、行李包裹追踪等
军事	弹药、枪支、物资、人员等识别管理与追踪

由于射频识别技术具有非接触采集信息、读写能力强、正确率高等优点，因而它应用于很多行业中。以下只是列举了目前射频识别技术的部分应用，随着射频识别技术的

进一步成熟与完善，它的前景将十分广阔。

（一）高速公路的自动收费系统

高速公路上的人工收费站由于效率低下而成为交通瓶颈。如果将 RFID 技术应用在高速公路自动收费上，就能够充分体现它非接触识别的优势，让车辆在高速通过收费站的同时自动完成收费。据测试，采用这种自动收费方式，车辆通过自动收费卡口时车速可保持在 40km/h，与停车领卡交费相比，行车可节省时间 30% ~70% 。

（二）交通督导和电子地图

利用 RFID 技术可以进行车辆的实时跟踪，通过交通控制中心的网络在各个路段向司机报告交通状况，指挥车辆绕开堵塞路段，并用电子地图实时显示交通状况，使交通流量均匀，大大提高道路利用率。通过实时跟踪，还可以自动查处违章车辆，记录违章情况。另外，在公共汽车站，通过实时跟踪可以指示公共汽车到站时间及自动显示乘客信息，带给乘客方便。

（三）停车场智能化管理系统

系统可以自动识别车辆的合法性，无须停车即可完成放行（禁止）、记录等管理功能，从而节约进出场的时间，提高工作效率，杜绝管理费的流失。

（四）邮政包裹管理系统

在邮政领域，如果在邮票和包裹标签中贴上 RFID 芯片，不仅可以实现分拣过程的全自动化，而且当包裹到达某个地方时，标签信息就会被自动读入管理系统，并融入"物联网"供顾客和企业查询。

（五）铁路货运编组调度系统

火车按既定路线运行，读写器安装在铁路沿线，就可得到火车的实时信息及车厢内所装物品的信息。通过读到的数据，能够了解火车的情况、监控火车的完整性，以防止遗漏在铁轨上的车厢发生撞车事故，同时可以在车站将车厢重新编组。

五、电子标签

（一）电子标签的概念

电子标签是指由 IC 芯片和无线通信天线组成的超微型小标签。电子标签中保存有约定格式的电子数据。在实际应用中，电子标签附着在待识别物体表面。存储在芯片中的数据，由阅读器以无线电波的形式非接触地读取，通过阅读器进行信息解读并进行相关的管理。因此说，电子标签是一种非接触式的自动识别技术，目前使用的是条码的无线版本。电子标签的应用将给零售、物流等产业带来革命性的变化。电子标签十分方便于

大规模生产，并能够做到日常免维护。

电子标签具有条码不具备的防水、防磁、耐高温、使用寿命长、读取距离大、标签上数据可以加密、存储数据量大、存储信息可以修改等优点。

（二）电子标签的特点

电子标签由耦合元件及芯片组成，每个电子标签具有唯一的电子编码，附着在物体目标对象上。电子标签中的内容在被改写的同时可以永久锁死、进行保护。通常电子标签的芯片体积很小，厚度一般不超过 0.35 毫米，可印制在纸张、塑料、木材、玻璃、纺织品等包装材料上，也可以直接制作在商品标签上。

电子标签的特点有：

（1）具有一定的存储容量，存储被识别物品的相关信息。

（2）在一定工作环境及技术条件下，能够对电子标签的存储数量进行读取和写入操作。

（3）维持对识别物品的识别及相关信息的完整。

（4）具有可编程控制，对于永久性数据不能进行修改。

（5）对于有源标签，通过读写器能够显示电池的工作状况。

（三）电子标签的分类

电子标签按照不同的标准有不同的分类，具体如表 1 - 4 - 5 所示。

表 1 - 4 - 5 电子标签分类

分类标准	分类情况
按获取能量的方式	有源标签、半有源标签和无源标签
按工作频率	低频标签、高频标签、超高频标签和微波标签
按数量调制方式	主动式标签、半主动式标签和被动式标签
按存储器类型	只读标签、一次写入多次读取标签和可读写标签
按作用距离	密耦合标签、近耦合标签、疏耦合标签和远耦合标签
按封装材料	纸标签、塑料标签、玻璃标签

（四）电子标签的应用

电子标签作为数据载体，能起到标识识别、物品跟踪、信息采集的作用。电子标签、读写器、天线和应用软件构成的 RFID 系统直接与相应的管理信息系统相连。每一件物品都可以被准确地跟踪，这种全面的信息管理系统能为客户带来诸多的利益，包括实时数据的自由采集、安全的数据存取通道、离线状态下对所有产品信息的获取等。采用电子标签系统，意味着能提供更新更好的服务，以提高客户满意度。

电子标签基于低成本的设计和制造工艺，可广泛用于工业生产和日常生活的各个方面：

1. 防伪

（1）商品防伪。如今，防伪产品已经在世界范围内形成了一个庞大的行业。防伪产品要求成本低，但很难伪造。电子标签的制造要有昂贵的成本，伪造几乎不可能，可产品的单价却相对十分便宜。电子标签体积很小，便于封装。例如：可将防伪标签内置于酒瓶盖中，用手持设备进行检验；在电视机、计算机、摄像机、名牌服装等产品上也都可以使用。

（2）车牌防伪。在车牌中置入标签，便于交通管理部门查验真假，并获知车主信息。

（3）证件防伪。如护照的防伪。

2. 防盗

现在已经有了一种小到能够封装到汽车钥匙当中的电子标签，使 RFID 系统可以方便地应用于汽车防盗。当钥匙插入点火器时，汽车上的读写器能够辨别钥匙的身份。如果读写器接收不到电子标签发送来的特定信号，中央计算机将关闭汽车引擎。用这种电子验证的方法就能容易地防止目前常见的盗车行为。

3. 航空包裹管理

随着全球航空业每年以6%的速度快速增长，旅客数量不断增加，传统的航空包裹的处理流程正面临着巨大的压力。能提供快速准确的航空包裹服务，已成为航空公司和机场提供良好服务、增强市场竞争力的重要手段。要增强包裹的安全性，防止出错，电子标签系统是目前能满足这一需求的最佳产品。

第三节　语音识别技术

一、语音识别技术的概念

语音识别技术，也被称为自动语音识别（Automatic Speech Recognition，ASR），其目标是将人类的语音中的词汇内容转换为计算机可读的输入，例如按键、二进制编码或者

字符序列。与说话人识别及说话人确认不同，后者尝试识别或确认发出语音的说话人而非其中所包含的词汇内容。

语音识别技术的应用包括语音拨号、语音导航、室内设备控制、语音文档检索、简单的听写数据录入等。语音识别技术与其他自然语言处理技术如机器翻译及语音合成技术相结合，可以构建出更加复杂的应用，例如语音到语音的翻译。

语音识别技术所涉及的领域包括：信号处理、模式识别、概率论和信息论、发声机理和听觉机理、人工智能等。

二、识别方法

语音识别方法主要是模式匹配法。

在训练阶段，用户将词汇表中的每一词依次说一遍，并且将其特征矢量作为模板存入模板库。

在识别阶段，将输入语音的特征矢量依次与模板库中的每个模板进行相似度比较，将相似度最高者作为识别结果输出。

三、功能特点

对比语音识别技术的两个发展方向，由于基于不同的运算平台，因此具有不同的特点。大词汇量连续语音识别系统一般都是基于 PC 机平台，而语音识别专用芯片的中心运算处理器则只是一片低功耗、低价位的智能芯片，与一台甚至多台 PC 机相比起来，其运算速度，存储容量都非常有限，因而这些由专用芯片实现的语音识别系统有如下几个特点：

（1）多为中、小词汇量的语音识别系统，即只能够识别 10~100 词条。只有近一两年来，才有连续数码或连续字母语音识别专用芯片实现。

（2）一般仅限于特定人语音识别的实现，即需要让使用者对所识别的词条先进行学习或训练这一类识别功能对语种、方言和词条没有限制。有的芯片也能够实现非特定人语音识别，即预先将所要识别的语句码本训练好而装入芯片，用户使用时不需要再进行学习而直接应用。但这一类识别功能只适用于规定的语种和方言，而且所识别的语句只限于预先已训练好的语句。

（3）由此芯片组成一个完整的语音识别系统。因此，除了语音识别功能以外，为了有一个好的人机界面和识别正确与否的验证，该系统还必须具备语音提示（语音合成）及语音回放（语音编解码记录）功能。

（4）多为实时系统，即当用户说完待识别的词条后，系统立即完成识别功能并有所回应，这就对电路的运算速度有较高的要求。

（5）除了要求有尽可能好的识别性能外，还要求体积尽可能小、可靠性高、耗电省、价钱低等特点。

四、应用领域

（一）电话通信的语音拨号

特别是在中、高档移动电话上，现已普遍的具有语音拨号的功能。随着语音识别芯片的价格降低，普通电话上也将具备语音拨号的功能。

（二）汽车的语音控制

由于在汽车的行驶过程中，驾驶员的手必须放在方向盘上，因此在汽车上拨打电话，需要使用具有语音拨号功能的免提电话通信方式。此外，对汽车的卫星导航定位系统（GPS）的操作，汽车空调、照明以及音响等设备的操作，同样也可以由语音来方便地控制。

（三）工业控制及医疗领域

当操作人员的眼或手已经被占用的情况下，在增加控制操作时，最好的办法就是增加人与机器的语音交互界面。由语音对机器发出命令，机器用语音做出应答。

（四）个人数字助理

个人数字助理（Personal Digital Assistant，PDA）的语音交互界面。PDA 的体积很小，人机界面一直是其应用和技术的瓶颈之一。由于在 PDA 上使用键盘非常不便，因此，现多采用手写体识别的方法输入和查询信息。但是，这种方法仍然让用户感到很不方便。现在业界一致认为，PDA 的最佳人机交互界面是以语音作为传输介质的交互方法，并且已有少量应用。随着语音识别技术的提高，可以预见，在不久的将来，语音将成为 PDA 主要的人机交互界面。

（五）智能玩具

通过语音识别技术，我们可以与智能娃娃对话，可以用语音对玩具发出命令，让其完成一些简单的任务，甚至可以制造具有语音锁功能的电子看门狗。智能玩具有很大的市场潜力，而其关键在于降低语音芯片的价格。

（六）家电遥控

用语音可以控制电视机、VCD、空调、电扇、窗帘的操作，而且一个遥控器就可以把家中的电器皆用语音控起来，这样，可以让令人头疼的各种电器的操作变得简单易行。

除了上文中所提到的应用以外，语音识别专用芯片在其他方面的应用可以说是不胜枚举。随着语音识别专用芯片的技术不断提高，将给人们带来极大的方便。

第四节　电子产品代码（EPC）技术

一、电子产品代码概述

电子产品代码（Electronic Product Code，EPC）的载体是 RFID 电子标签，并借助互联网来实现信息的传递。EPC 电子代码旨在为每一件单品建立全球的、开放的标识标准，实现全球范围内对单件产品的跟踪与追溯，从而有效提高供应链管理水平、降低物流成本。而且 EPC 电子代码是一个完整的、复杂的、综合的系统。

电子产品代码是与全球标准代码条码相对应的射频技术代码。电子产品代码是由一系列数字组成，能够辨别具体对象的生产者、产品、定义、序列号。它除了具有全球标准代码能辨识物体的功能外，还可以通过电子产品代码网络提供关于产品的附加信息，例如产地、产品历史等，这些数据对于在供给链中特定产品的历史追踪具有关键的作用。这些数据被储存在互联网或其他网络上，只要使用标准的技术就可以进入数据系统，就像进入互联网一样。

二、电子产品代码系统的组成

EPC 系统是一个非常先进的、综合性的和复杂的系统。其最终目标是为每一单品建立全球的、开放的标识标准，主要由表 1-4-6 组成。

表 1-4-6　　　　　　　　　EPC 电子产品代码系统构成

系统构成	名　称	注　释
全球产品电子代码的编码体系	EPC 编码标准	识别目标的特定代码
射频识别系统	EPC 标签	贴在物品之上或者内嵌在物品之中
	识读器	识读 EPC 标签

系统构成	名　称	注　释
信息网络系统	EPC 中间件	EPC 系统的软件支持系统
	对象名称解析服务 （Object Naming Service：ONS）	
	实体标记语言 （Physical Markup Language PML）	

（一）EPC 编码标准

EPC 码是新一代的与 EAN/UPC 码兼容的新的编码标准，在 EPC 系统中 EPC 编码与现行 GTIN 相结合，因而 EPC 并不是取代现行的条码标准，而是由现行的条码标准逐渐过渡到 EPC 标准或者是在未来的供应链中 EPC 和 EAN. UCC 系统共存。EPC 中码段的分配是由 EAN. UCC 来管理的。在我国，EAN. UCC 系统中 GTIN 编码是由中国物品编码中心负责分配和管理。同样，ANCC 也即将启动 EPC 服务来满足国内企业使用 EPC 的需求。

EPC 码是由一个版本号加上另外三段数据（依次为域名管理者、对象分类、序列号）组成的一组数字。其中版本号标识 EPC 的版本号，它使得 EPC 随后的码段可以有不同的长度；域名管理是描述与此 EPC 相关的生产厂商的信息，例如"可口可乐公司"；对象分类记录产品精确类型的信息，例如："美国生产的 330ml 罐装减肥可乐（可口可乐的一种新产品）"；序列号唯一标识货品，它会精确地告诉我们所说的究竟是哪一罐 330ml 罐装减肥可乐，如表 1 - 4 - 7 所示。

表 1 - 4 - 7　　　　　　　　　　　　EPC 编码示意图

		版本号	域名管理	对象分类	序列号
EPC - 64	TYPE I	2	21	17	24
	TYPE II	2	15	13	32
	TYPE III	2	26	13	23
EPC - 96	TYPE I	8	28	24	36
EPC - 256	TYPE I	8	32	56	160
	TYPE II	8	64	56	128
	TYPE III	8	128	56	64

（二）EPC 标签

EPC 标签由天线、集成电路、连接集成电路与天线的部分、天线所在的底层四部分构成。96 位或者 64 位 EPC 码是存储在 RFID 标签中的唯一信息。EPC 标签有主动型、被动型和半主动型三种类型。主动型 RFID 标签有一个电池，这个电池为微芯片的电路运转提供能量，并向识读器发送信号（同蜂窝电话传送信号到基站的原理相同）；被动型标签没有电池，相反，它从识读器获得电能。识读器发送电磁波，在标签的天线中形成了电流；半主动型标签用一个电池为微芯片的运转提供电能，但是发送信号和接受信号时却是从识读器处获得能量。主动和半主动标签在追踪高价值商品时非常有用，因为它们可以远距离的扫描，扫描距离可以达到 100 英尺，但这种标签每个成本要 1 美元或更多，这使得他不适合应用于低成本的商品上。Auto - ID 中心正在致力研发被动标签，它们的扫描距离不像主动标签那么远，通常少于 10 英尺，但它们比主动标签便宜得多，目前成本已经降至 5 美分左右（还要进一步降低），而且不需要维护。

EPC 标签的高成本成为这一技术大规模推广的一个最大障碍，因此 EPC 标签能在单品追踪中发挥作用的关键之一就是大幅度降低标签的成本，为达到以上目的，现已采取了以下措施：缩小芯片、开发新型天线和寻找硅的替代品。

（三）识读器

识读器使用多种方式与标签交互信息，近距离读取被动标签中信息最常用的方法就是电感式耦合。只要贴近，盘绕识读器的天线与盘绕标签的天线之间就形成了一个磁场。标签就是利用这个磁场发送电磁波给识读器。这些返回的电磁波被转换为数据信息，即标签的 EPC 编码。

识读器读取信息的距离取决于识读器的能量和使用的频率。通常来讲，高频率的标签有更大的读取距离，但是它需要识读器输出的电磁波能量更大。一个典型的低频标签必须在 1 英尺内读取，而一个 UHF 标签可以在 10 英尺到 20 英尺的距离内被读取。在某些应用情况下，读取距离是一个需要考虑的关键问题，例如有时需要读取较长的距离。但是较长的读取距离并不一定就是优点，如果你在一个足球场那么大的仓库里有两个识读器，你也许知道有哪些存货，但是识读器不能帮你确定某一个产品的具体位置。对于供应链来讲，在仓库中最好有一个由许多识读器组成的网络，这样它们能够准确地查明一个标签的确切地点。Auto - ID 中心的设计是一种在 4 英尺距离内可读取标签的灵敏识读器。

（四）Savant（神经网络软件）

每件产品都加上 RFID 标签之后，在产品的生产、运输和销售过程中，识读器将不断收到一连串的 EPC 码。整个过程中最为重要、同时也是最困难的环节就是传送和管理这些数据。自动识别产品技术中心于是开发了一种名叫 Savant 的软件技术，相当于该新式网络的神经系统。

Savant 与大多数的企业管理软件不同，它不是一个拱形结构的应用程序。而是利用了一个分布式的结构，以层次化进行组织、管理数据流。

（五）对象名解析服务（Object Naming Service，ONS）

Auto–ID 中心认为一个开放式的，全球性的追踪物品的网络需要一些特殊的网络结构。因为除了将 EPC 码存储在标签中外，还需要一些将 EPC 码与相应商品信息进行匹配的方法。这个功能就由对象名解析服务（ONS）来实现，它是一个自动的网络服务系统，类似于域名解析服务（DNS），DNS 是将一台计算机定位到万维网上的某一具体地点的服务。

当一个识读器读取一个 EPC 标签的信息时，EPC 码就传递给了 Savant 系统（参看前文）。Savant 系统然后再在局域网或因特网上利用 ONS 对象名解析服务找到这个产品信息所存储的位置。ONS 给 Savant 系统指明了存储这个产品的有关信息的服务器，因此就能够在 Savant 系统中找到这个文件，并且将这个文件中的关于这个产品的信息传递过来，从而应用于供应链的管理。

对象名解析服务将处理比万维网上的域名解析服务更多的请求，因此，公司需要在局域网中有一台存取信息速度比较快的 ONS 服务器。这样一个计算机生产商可以将他现在的供应商的 ONS 数据存储在自己的局域网中，而不是货物每次到达组装工厂，都需要到万维网上去寻找这个产品的信息。这个系统也会有内部的冗余，例如，当一个包含某种产品信息的服务器崩溃时，ONS 将能够引导 Savant 系统找到存储着同种产品信息的另一台服务器。

（六）实体标记语言（Physical Markup Language，PML）

EPC 码识别单品，但是所有关于产品有用的信息都用一种新型的标准的计算机语言——实体标记语言（PML）所书写，PML 是基于为人们广为接受的可扩展标记语言（XML）发展而来的。因为它将会成为描述所有自然物体、过程和环境的统一标准，PML 的应用将会非常广泛，并且进入到所有行业。AUTO–ID 中心的目标就是以一种简单的语言开始，鼓励采用新技术。PML 还会不断发展演变，就像互联网的基本语言 HTML 一样，演变为更复杂的一种语言。

PML 将提供一种通用的方法来描述自然物体，它将是一个广泛的层次结构。例如，一罐可口可乐可以被描述为碳酸饮料，它属于软饮料的一个子类，而软饮料又在食品大

类下面。当然，并不是所有的分类都如此的简单，为了确保 PML 得到广泛的接受，AUTO – ID 中心依赖于标准化组织已经做了大量工作，比如国际重量度量局和美国国家标准和技术协会等标准化组织制定的相关标准。

除了那些不会改变的产品信息（如物质成分）之外，PML 将包括经常性变动的数据（动态数据）和随时间变动的数据（时序数据）。在 PML 文件中的动态数据包括船运的水果的温度，或者一个机器震动的级别。时序数据在整个物品的生命周期中，离散且间歇地变化，一个典型的例子就是物品所处的地点。通过使所有这些信息通过 PML 文件都可得到，公司将能够以新的方法利用这些数据。例如，公司可以设置一个触发器，以便当有效期将要结束时，降低产品的价格。

PML 文件将被存储在一个 PML 服务器上，此 PML 服务器将配置一个专用的计算机，为其他计算机提供他们需要的文件。PML 服务器将由制造商维护，并且储存这个制造商生产的所有商品的文件信息。

通过 EPC 系统的发展不仅能够对货品进行实时跟踪、而且能够通过优化整个供应链给用户提供支持，从而推动自动识别技术的快速发展并能够大幅度提高全球消费者的生活质量。

三、EPC 的特性

EPC 具有以下特性：

（1）科学性：结构明确，易于使用、维护。

（2）兼容性：EPC 编码标准与目前广泛应用的 EAN. UCC 编码标准是兼容的，GTIN 是 EPC 编码结构中的重要组成部分，目前广泛使用的 GTIN、SSCC、GLN 等都可以顺利转换到 EPC 中去。

（3）全面性：可在生产、流通、存储、结算、跟踪、召回等供应链的各环节全面应用。

（4）合理性：由 EPCglobal、各国 EPC 管理机构（中国的管理机构称为 EPCglobal China）、被标识物品的管理者分段管理、共同维护、统一应用，具有合理性。

（5）国际性：不以具体国家、企业为核心，编码标准全球协商一致，具有国际性。

（6）无歧视性：编码采用全数字形式，不受地方色彩、语言、经济水平、政治观点的限制，是无歧视性的编码。

四、EPC 在物流领域的应用

EPC 技术在供应链的商品、仓储、流通、商贸等管理领域，有着广泛的应用。

（一）仓储库存管理领域

此领域应用 EPC 技术后，可以大大提高对出入库产品信息记录采集速度和准确性，电子标签的读写与方向无关、不易损坏、远距离读取、多物品同时读取等特点，这些都是条码无法比拟的，采用电子标签技术，以及将其数据嵌入相应的数据库可以大大提高库存管理。

（二）水平产品物流跟踪领域

电子标签在物联网的支持下，可以实现自动产品的跟踪，并可清楚了解到产品的移动位置，这对产品原料供应管理和产品销售管理来说可以说是场革命。

（三）供应链自动管理领域

可以设想，如果商场的货架部署的电子标签读写器，当货物碱少时，系统会将缺货信息自动传递给仓库管理系统，并且系统会将缺货信息自动汇总并传递给生产厂家，电子标签自动读写和物联网信息方便传递功能将大大提高供应链的管理水平，通过这个过程降低库存，提高生产的有效性和效率，从而大大提供企业的核心竞争力。

第五节　自动识别技术在物流中的应用

自动识别技术是以信息技术和自动化技术为基础，以数据采集、识别、分析、传输为主要内容的综合技术，是实现信息数据识别、输入的重要方法和手段。可以说，自动识别技术产生伊始，就与物流行业结下了不解之缘。第二次世界大战后，美国将其在大战期间高效的后勤保障系统的管理方式引入流通领域，把商品流、物资流、信息流集为一体，并采用条码技术，改变了商品物资管理体制、商品物资配送方式、售货方式和结算方式，促进了大流通、大市场的发展，也推动了物品编码和条码技术在国际范围的迅速发展。

自动识别技术通过对所有实体对象（包括零售商品、物流单元、集装箱、货运包装等）进行唯一有效标识，可以有效解决物流领域各项业务运作数据的输入/输出、业务过程的控制与跟踪等问题，并减少出错率，在仓库管理、运输管理、生产管理、物料跟踪、运载工具和货架识别等领域都具有明显的优势。在物流工程、物流管理、供应链管理、销售管理等领域，自动识别技术已经得到越来越广泛的应用。

一、海尔物流——信息技术的应用

海尔物流自 1999 年成立至今，凭借先进的管理理念及物流技术应用，被中国物流与采购联合会授予首批"中国物流示范基地"和"国家科技进步一等奖"，同时也先后获得"中国物流百强企业""中国物流企业 50 强""中国物流综合实力百强企业"和"最佳家电物流企业"等殊荣。

海尔物流在海尔集团"人单合一"管理模式的战略思路指导下，进一步为全球客户提供有竞争力的物流运作服务，该模式被国际管理界誉为"号准全球商业脉搏"的管理模式，它为解决全球商业的库存和逾期应收提供创新思维。

海尔物流注重整个供应链全流程最优与同步工程，不断消除企业与外部环节的重复、无效的劳动，让资源在每一个过程中流动时都实现增值，使物流业务能够支持客户实现快速获取订单与满足订单的目标。

海尔物流依托海尔集团的先进管理理念以及海尔集团的强大资源网构建海尔物流的核心竞争力，努力打造具有全球竞争力的物流平台，成为全球最具竞争力的第三方物流企业。

好的企业满足需求，伟大的企业创造市场。海尔物流在拥有了三个 JIT 的速度、一流三网的资源和信息化平台的支持，在不断完善内部业务运作的同时，积极发展品牌集群和社会化物流业务：其一是品牌集群，打造搭建一条完整的家电产业链。其二是构建社会化的采购平台。海尔目前在全球有 10 个工业园，30 个海外工厂及制造基地，这些工厂的采购全部通过统一的采购平台进行，全球资源统一管理、统一配置，一方面实现了采购资源最大的共享，另一方面全球工厂的规模优势增强了海尔采购的成本优势。

海尔通过整合全球化的采购资源，建立起双赢的供应链，多产业的积聚促成一条完整的家电产业链，极大地提高了核心竞争力。建立起强大的全球供应链网络，使海尔的供应商由原来的 2200 多家优化至不到 800 家，而国际化供应商的比例却上升至 82.5。目前，世界五百强企业中有五分之一已成为海尔的合作伙伴。全球供应链资源网的整合使海尔获得了快速满足用户需求的能力。

2003 年，海尔物流在发展企业物流的同时，成功地向物流企业进行了转变，以客户为中心，为客户提供增值服务。目前海尔第三方物流服务领域正迅速拓展至食品业、制造业等多个行业，并取得一定成效。另一方面，在不断拓展第三方物流业务的同时，海尔开始提供第四方物流服务，同第三方物流相比，第四方物流服务的内容更多，覆盖的地区更广，更能开拓新的服务领域，提供更多的增值服务。它帮助客户规划、实施和执行供应链的程序，并先后为制造业、航空业等领域的企业提供了物流增值服务，现在来看物流业务已经为海尔一个新的经济增长点。2001年3月31日，"海尔现代物流同步模式研讨会暨海尔国际物流中心启用仪式"，在青岛海尔总部举行。这标志着海尔物流进入了实质性的运作阶段。海尔物流的成功经验已在不同场合有过详细报道，此处就不再赘述，只是做一简要归纳。

1. 海尔物流重组阶段

海尔物流在当初的物流重组阶段，整合了集团内分散在28个产品事业部的采购、原材料仓储配送、成品仓储配送的职能，并率先提出了三个JIT（Just In Time）的管理，即JIT采购、JIT原材料配送、JIT成品分拨物流。海尔物流形成了直接面对市场的、完整的以信息流支撑的物流、商流、资金流的同步流程体系，获得了基于时间的竞争优势，以时间消灭空间，达到以最低的物流总成本向客户提供最大的附加价值服务。

2. 供应链管理阶段

在供应链管理阶段，海尔物流创新性地提出了"一流三网"的管理模式。海尔集团自1999年开始，进行以"市场链"为纽带的业务流程再造，以订单信息流为中心，带动物流、商流、资金流的运转。海尔物流的"一流三网"充分体现了现代物流的特征："一流"是以订单信息流为中心；"三网"分别是全球供应链资源网络、全球配送资源网络和计算机信息网络；"三网"同步流动，为订单信息流的增值提供支持。

3. 信息化平台建设阶段

海尔物流的信息化技术一直处于不断革新、改进的过程之中。建立ERP系统是海尔实现高度信息化的第一步。在成功实施ERP系统的基础上，海尔建立了SRM（招标、供应商关系管理）、B2B（订单互动、库存协调）、扫描系统（收发货、投入产出、仓库管理、电子标签）、定价支持（定价方案的审批）、模具生命周期管理、新品网上流转（新品开发各个环节的控制）等信息系统，并使之与ERP系统连接起来。这样，用户的信息可同步转化为企业内部的信息，实现以信息替代库存，零资金占用。

4. 基础建设方面

在基础设施方面，以强大的网络技术为依托，自2002年开始逐渐推广条码扫描和RF技术在物流中的使用，以解决成品物流过程中面临的准确率、实时性、高效性和问题可追性的要求。2003年海尔推广全程扫描后，物流业务的准确率有了明显提高。发货的准确率达到100%，提高了客户的满意率。同年年底，海尔物流开始进行先进先出系统的试点，并于2004年年初在全国42个配送中心进行推广，全面实行严格的先进先出管理，加快了库存的周转效率。

5. 战略发展阶段

在海尔，首先根据其发展战略的需要，改变了传统的按库存生产（MTS）的模式，转而采用按订单生产（MTO）的管理模式，消除了对需求预测的盲目性和误差。为了保证按单生产模式的成功，海尔集团实施了现代物流同步的模式，全球供应链网络得到了全面优化整合，国际化供应商的比例大幅度上升，保证了产品质量和 JIT 交货。海尔集团每个月平均接到 6000 多个销售订单，定制的产品品种达 7000 多个，通过整合物流，库存资金减少了 67%。海尔物流中心货区面积只有 7000 多平方米，但其吞吐量却相当于普通仓库的 30 万平方米。

结论：海尔物流，运用了现代的信息手段，积极的开拓思路，整合自身资源。运用先进的物流理念"JIT 精神""一流三网""计算机网络联系营销战略"。这些先进的理念和管理方法，使海尔物流在战胜自身瓶颈，同时也为自己的企业注入了新的活力。

二、天津丰田汽车有限公司——条码技术的应用

天津丰田汽车有限公司是丰田汽车公司在我国的第一个轿车生产基地。在这里，丰田汽车公司不惜投入 TOYOTA 的最新技术，生产专为我国最新开发的、充分考虑到环保、安全等条件因素的新型小轿车。二维条码应用管理解决方案使丰田汽车在生产过程控制管理系统中成功应用了 QR 二维条码数据采集技术，并与丰田汽车公司天津公司共同完成了生产过程控制管理系统的组建。

（1）丰田汽车组装生产线数据采集管理汽车是在小批量、多品种混合生产线上生产的。将写有产品种类生产指示命令的卡片安在产品生产台上，这些命令被各个作业操作人员读取并完成组装任务，使用这些卡片存在严重的问题和大的隐患：包括速度、出错率、数据统计、协调管理、质量问题的管理等一系列问题。如果用二维条码来取代手工卡片，预期投入费用并不高，但建立了高可靠性的系统。

具体操作如下：

①生产线的前端，根据主控计算机发出的生产指示信息，由条码打印机打印出 1 张条码标签，贴在产品的载体上；

②各作业工序中，操作人员用条码识读器读取载体上的条码符号，将作业的信息输入计算机，主系统对作业人员和检查装置发出指令；

③各个工序用扫描器读取贴在安装零件上的条码标签，然后再读取贴在载体上的二维条码，以确认零件安装是否正确；

④各工序中，二维条码的生产指示号码、生产线顺序号码、车身号数据和实装零部

件的数据、检查数据等，均被反馈回主控计算机，用来对进展情况进行管理。

应用效果如下：

①投资较低；

②二维条码可被识读器稳定读取（错误率低）；

③可省略大量的人力和时间；

④主系统对生产过程的指挥全面提升；

⑤使生产全过程和主系统连接成为一体，生产效益大大提高。

（2）丰田汽车供应链采集系统的应用。汽车零件供货商按汽车厂商的订单生产零配件，长期供货，这样可以减少人为操作，缩减成本，提高效率。

具体操作如下：

①汽车厂家将看板标签贴在自己的周转箱上，先定义箱号：

②汽车厂家读取看板标签上的一维条码，将所订购的零件编号、数量、箱数等信息制作成 QR 条码，并制作带有该 QR 条码的看板单据；

③将看板单据和看板标签一起交给零件生产厂；

④零件生产厂读取由车辆提供的看板单据上的 QR 条码，处理接受的订货信息，并制作发货指示书；

⑤零件生产厂将看板标签附在发货产品上，看板单据作为交货书发给汽车生产厂；

⑥汽车生产厂读取看板单据上的 QR 条码进行接货统计。

应用效果如下：

①采用 QRCode 使得原来无法条码化的"品名""规格""批号""数量"等可以自动对照，降低了操作人员人为识别验货的错误，避免了错误配送的发生；

②出库单系统打印二维条码加密，安全、不易出错；

③验货出库工作，可以完全脱离主系统和网络环境独立运行，对主系统的依赖性较小，在减少主系统网络通信和系统资源压力的同时对安全性要求降低；

④真正做到了二维条码数据与出库单数据及实际出库的物品的属性特征的统一；

⑤加快了出库验收作业的时间，缩短了工作的过程，并且验收的信息量大大增加，从而提高丁效率、降低了成本、保证了安全、防止了错误的发生。

知识要点回顾

【主要概念】

条码　一维条码　射频　无线射频

【动手动脑】

1. 利用工具网站查询条码的具体信息。

2. 通过实地调查，结合本地物流行业的发展状况，查阅相关资料，了解并掌握条码、RFID 技术、语音识别等信息技术在物流业的应用状况。

3. 说明各类电子标签在物流实际中的使用情况以及存在的问题。完成一篇 3000 字以上的论文。

4. 结合当地仓储公司或超市，要求学生根据验货清单，检索出商品的编码，运用条码技术基础，生成并打印出条码标签，贴到商品上。

5. 分析 RFID 在物流作业过程中的作用？

第五章　物流系统自动化技术

你知道乳制品生产物流的效率有多高吗——蒙牛六期自动化物流系统

蒙牛乳业集团 1999 年成立，是中国大陆生产牛奶、酸奶和乳制品的领头企业之一，至 2005 年时已成为中国奶制品营业额第二大的公司，其中液态奶和冰激凌的产量都居全国第一。随着生产规模的不断扩大，自 2002 年起，蒙牛乳业集团开始采用自动化立体仓库，提高仓储容量与物流管理水平。2007 年投入使用的六期物流系统项目，更是以其规模巨大和高度自动化受到业界的广泛关注。

我们不禁要问，蒙牛的六期物流系统有哪些亮点，发挥了多大作用？

【案例导入】

蒙牛六期自动化物流系统

2006 年，蒙牛乳业集团做出了在总部投资建设六期生产项目的决定，并提出了"八化"即国际化、智能化、规模化、立体化、展示化、个性化、差异化、系统化的要求，准备采用先进的设计理念和技术设备，建成国内规模最大，科技含量最高，集生产、科研、培训于一体的大型现代化液体奶生产厂。该项目主体工程投资 10 亿元，主车间 4.77 万平方米，拥有 22 条生产线，日产鲜奶 2000 吨，由中央控制系统指令各种设备，自动完成从收奶到产品出库的全过程。蒙牛六期的建成，标志着我国乳品加工业技术水平迈进了世界先列，缩小了中国乳业与世界乳业的差距。

与蒙牛六期项目相配套的物流系统，集成了自动仓库系统 AS/RS、空中悬挂输送系统、码垛机器人、环行穿梭车、直线穿梭车、自动导引运输车 AGV、自动整形机、自动薄膜缠绕机、液压升降台、货架穿梭板、连续提升机以及多种类型的输送机等众多自动化物流设备，是迄今国内乳业自动化程度最高、最先进的物流系统。

蒙牛六期物流系统主要服务于常温液体奶的生产、储存、发货，按照功能计划分为生产区、入库区、储存区和出库区等，由计算机统一对整个物流流程实行自动化管理。六期项目共设置 22 条生产线，包括 10 条利乐 22 型机（3 条苗条型、7 条标准型）和 12

127

条康美机（5 条苗条型、7 条标准型）、生产能力为 1800 吨/20 小时，出库量为 5000 吨/22 小时。按照规定，每天来自灌装车间的产品入库量约为 110 托盘/小时；出库需分拆的量为 30 托盘/小时。

蒙牛六期自动化物流系统是高科技设备和控制技术的高度集成，以规模之大、创新点之多、自动化程度之高、运行效率之高备受业界瞩目。该项目从信息管理控制系统到物流设备应用拥有诸多创新技术。

在控制系统方面，通过计算机监控和管理实现了生产物流与多库存储物流的统一调度管理。物流中心的高度自动化要求对成品自动化库、内包材自动化库、辅料库进行多库统一调度和管理，即建立包括仓储物流信息管理系统、自动化库房控制与监控系统和自动化库房控制执行系统等在内的信息控制系统；实现生产物流与包装的自动化控制，生产物流与存储物流的统一管理调度，以及多库存储与生产物流的统筹管理等。

在高科技设备应用方面，该项目涵盖了多种先进高效的自动化设备，其中，AGV 和空中悬挂输送系统是蒙牛六期中的最大亮点。特别是在内包材出库环节引入了 AGV，从根本上实现了真正的自动化搬运，成为蒙牛集团同类项目中的一大突破。据了解，在其他项目的立体库中，内包材搬运作业多由计算机控制堆垛机使货物下架，由轨道出库。相比之下，AGV 的应用使蒙牛六期的运输系统实现了完全的智能化，大大提高了工作效率，降低了人力成本。

【案例思索】

1. 蒙牛集团采用了哪些物流自动化技术？

2. 为什么要采用物流自动化技术？

【本章思考】

你认为物流自动化技术对制造企业有什么作用？

【身边的案例】

生产物流担负运输、存储、装卸物料等任务。物流系统与生产制造的关系，如同人体中血液循环系统与内脏器官的关系一样，物流系统是生产制造各环节组成的有机整体的纽带，又是生产过程维持延续的基础。传统的生产物流，设备极其落后。物流设备是以手工、半机械化或机械化为主的，效率低、工人劳动强度大。传统的物流信息管理也十分落后，物流信息分散、不准确、传送速度慢。落后的生产物流牵制了生产的高速发展。生产制造系统规模不断扩大、生产的柔性化水平和自动化水平日益提高，要求生产物流也要相应地发展。使之与现代生产制造系统相适应。物流自动化可以方便物流信息的实时采集与追踪，提高整个物流系统的管理和监控水平等。物流自动化的设施包括条码自动识别系统、自动导向车系统（AGVS）、货物自动跟踪系统（如 GPS）等。物流自动化有：信息引导系统、自动分拣系统、条码自动识别系统、语音自动识别系统、射频自动识别系统、自动存取系统、货物自动跟踪系统。

【知识结构】（见下页图）

第一节　物流自动化概述

一、物流自动化的概念

物流自动化是指物流作业过程的设备和设施自动化，是集光、机、电子一体的系统工程，它是把物流、信息流用计算机和现代信息技术集成在一起的系统。它涉及多学科领域，包括：激光导航、红外通信、计算机仿真、图像识别、工业机器人、精密加工、信息联网等高新技术，包括运输、装卸、包装、分拣、识别等作业过程。物流自动化的设施包括条码自动识别系统、自动导向车系统（AGVS）、货物自动跟踪系统（如 GPS）等。物流自动化有：信息引导系统、自动分拣系统、条码自动识别系统、语音自动识别系统、射频自动识别系统、自动存取系统、货物自动跟踪系统。目前，物流自动化技术已广泛运用于邮电、商业、金融、食品、仓储、汽车制造、航空、码头等行业。

二、物流自动化发展的背景

回顾物流技术的发展历史，大致可以分为五个阶段：

第一代物流是人工物流。人类自有文明以来，物流一直是世界的重要组成部分。初始的物流是由人们的举、拉、推和计数等人工操作开始的。虽然第一代物流是人工的，但即使是今天，人工物流仍存在于几乎所有的系统中。

第二代物流是机械物流。由于机械结构和机构的引入，人类的能力和活动范围都扩大了。现代化设备能让人们举起、移动和放下更重的物体，速度也更快。机器延伸了人们的活动范围，使物料堆得更高，在同样的面积上可以存储更多的物料。从 19 世纪中叶到 20 世纪中叶的一个世纪里，这种机械系统一直起主导作用。同时，它在当今的许多物流系统中也是主要的组成部分。

第三代物流是自动化物流。自动存储系统（AS/RS）、自动导引车（AGV）、电子扫

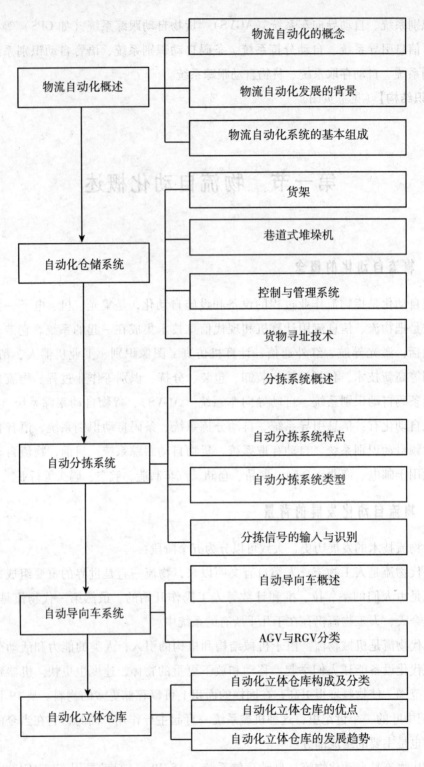

物流自动化概述 ─┬─ 物流自动化的概念
　　　　　　　　├─ 物流自动化发展的背景
　　　　　　　　└─ 物流自动化系统的基本组成

自动化仓储系统 ─┬─ 货架
　　　　　　　　├─ 巷道式堆垛机
　　　　　　　　├─ 控制与管理系统
　　　　　　　　└─ 货物寻址技术

自动分拣系统 ─┬─ 分拣系统概述
　　　　　　　├─ 自动分拣系统特点
　　　　　　　├─ 自动分拣系统类型
　　　　　　　└─ 分拣信号的输入与识别

自动导向车系统 ─┬─ 自动导向车概述
　　　　　　　　└─ AGV与RGV分类

自动化立体仓库 ─┬─ 自动化立体仓库构成及分类
　　　　　　　　├─ 自动化立体仓库的优点
　　　　　　　　└─ 自动化立体仓库的发展趋势

描器和条码都是自动化系统主要组成部分。同时，自动化物流还普遍采用机器人堆垛物料和包装、监视物流过程及执行某些过程。自动化输送机系统提供物料和工具的搬运，加快了运输的速度。物流的效率大大提高了。

第四代物流是集成物流。它强调在中央控制下各个自动化物流设备的协同性。中央控制通常由主计算机实现。这种物流系统是在自动化物流的基础上进一步将物流系统的信息集成起来，使得从物料计划、物料调度直到将物料运输到达生产的各个过程的信息，通过计算机网络相互沟通。这种系统不仅使物流系统各单元间达到协调，而且使生产与物流之间达到协调。

第五代物流是智能型物流。在生产计划做出后，自动生成物料和人力需求，查看存货单和购货单，规划并完成物流。如果物料不够，无法满足生产需求，就推荐修改计划以生产出等值产品。这种系统是将人工的智能集中到物流系统中。目前，这种物流系统的基本原理已在实际的一些物流系统中逐步得到了实现。

三、物流自动化系统的基本组成

（一）典型的物流自动化设备

1. 自动化立体仓库

物流仓储中出现的新概念，是当前技术水平较高的立体仓库形式，其主体主要由货架，巷道式堆垛起重机、入（出）库工作台和自动运进（出）及操作控制系统组成，利用立体仓库设备可实现仓库高层合理化，存取自动化，操作简便化。

2. 自动导引小车（AGV）

属于无人搬运车，是指装备有电磁或光学等自动引导装置，能够沿规定的引导路径行驶，具有安全保护及各种移动功能的运输车，能够进行快速、准确的运输。且其运输路径柔性化，便于计算机管理与调度。

3. 穿梭车

穿梭车是一种智能机器人，可以编程实现取货、运送、放置等任务，主要有穿梭车式出入库系统和穿梭车式仓储系统两种形式，以往复或者回环方式，在固定轨道上运行的台车，将货物运送到指定地点或接驳设备。

4. 自动上下料机器

装卸料采用机器人，与加工设备同步协调。安全、快捷、便于计算机的管理与控制。

5. 其他上下料及中转运输设备

集放链、传送带等。

（二）物流自动化系统的组成

所有的现代化物流设备，几乎都是通过计算机控制，实现了半自动化或自动化。物流自动化系统由管理层、控制层和执行层三大部分组成。各部分功能如图1－5－1所示。

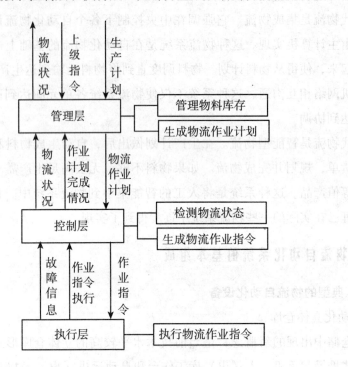

图1－5－1　现代生产物流的基本组成

1. 管理层

管理层是一个计算机物流管理软件系统，具有很强的数据处理能力，是物流系统的中枢。它主要完成以下工作：

（1）接收上级系统的指令（如月、日生产计划）并将此计划下发。

（2）调度运输作业：根据运输任务的紧急程度和调度原则，决定运输任务的优先级别。根据当前运输任务的执行情况形成运输指令和最佳运输路线。

（3）管理立体仓库库存：库存管理、入库管理、出库管理和出/入库协调管理。

（4）统计分析系统运行情况：统计分析物流设备利用率、物料库存状态设备运行状态等。

（5）物流系统信息处理

2. 控制层

控制层是物流系统的主要组成部分，它接收来自管理层的指令，控制物流机械完成所规定的任务。控制层本身数据处理能力不强，主要是接收执行层的命令。控制层的另一任务，是实时监控物流系统的状态，例如物流设备状况、物料运输状况、物流系统各局部协调配合情况等。将监测的情况反馈给管理层，为管理层的调度决策提供参考。

3. 执行层

执行层由自动化的物流机械组成。物流设备的控制器接收控制层的指令，控制设备执行各种操作。执行层一般包括：

（1）自动存储/提取系统，即 AS/RS（Automated Storage & Retrieval Systems）。

AS/RS 包括如下四部分：高层货架（High Level Rock）、堆垛机（Stackecrane）、出/入库台（Outport/Inport Station）、缓冲站（Buffer）和仓库周边运输设备，如各种有轨输送车（Minitrain）、传输轨道和胶带传送机（Conveyor）等。它连接 AS/RS 的各个通道和缓冲站。

（2）输送车辆：如自动导引车（Automated Guided Vehicle，AGV）和空中单轨自动车（SKY – RAV）。

（3）各种缓冲站：缓冲站是临时存储物料，以便交接或移载的装置。在装配线上的缓冲站一般为工位缓冲站（Agv Station）；在加工系统中的附属于各种加工中心的缓冲站称为加工缓冲站。此外，还有装配缓冲站和测量缓冲站等。

根据管理层、控制层和执行层的不同分工，物流系统对各个层次的要求是不同的。对管理层要求具有较高的智能；对控制层要求具有较高的实时性；对执行层则要求较高的可靠性。

第二节　自动化仓储系统

自动化仓库一般包括货架、搬运机械、输送机、托盘或货箱、控制系统、物料识别系统、计算机数据管理系统等设备。

一、货架

因为在实际过程中很难达到理想的存储，我们必须要认识到理想的存储是根本不存在的。但是，库存总量应当尽量保持在最小状态。在一定的面积内建造一座仓库，为了提高货物的存放数量，采用堆垛方式无疑比平铺在地面要优越得多。由于货物堆积起来，

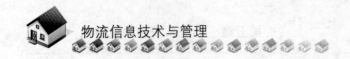

出库时若需从底部或里面取出货物，必须要花费很多的时间和劳动用于移开上部的货物，即做到"先入先出"是很困难的。但若将不同的货物均存放在标准托盘盒（或货箱）里，然后将其存放到立体的货架上，这就解决了以上的困难。将不同的物品都放在货架上，货架越高，所占用的存储面积越小。同时，对货架的要求也越高。

1. 货架的分类

货架的分类方式多种多样，其中按货架的发展分为传统货架和新型货架；货架按货架的适用性可以分为通用货架和专用货架；按货架的封闭程度分为敞开式货架、半封闭式货架、封闭式货架；按货架结构分整体结构式和分体结构式；按货架的构造分为组合可拆卸式货架和固定式货架；按货架的高度又可分为低层货架、中层货架和高层货架。除此之外，对货架还可以从载重、材料、可动性等多个角度进行细分。

由此产生了多种形式的货架，其中常用的有：

（1）悬臂货架：多用于存储长料，如金属棒、管等，如图 1 – 5 – 2 所示。

图 1 – 5 – 2　悬臂式货架

（2）流动货架：货物可以从货架的一端进入，在重力的作用下可从另一端取出，如图 1 – 5 – 3 所示。它有时适合于存储数量多、品种少、移动快的物品，如存储某些电子器件的立体仓库。

（3）货格式货架：这种货架最常见，在我国也比较多，多用于容量较大的仓库，如图 1 – 5 – 4 所示。如以集装箱为单位存储的立体仓库。

（4）悬挂输送存储：它们多安放于车间的工作区或设备上方，由人工根据需要随时

图1-5-3　流动货架

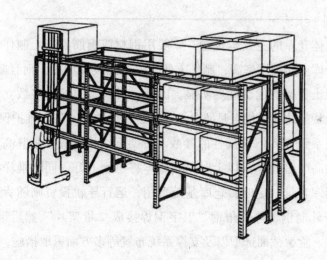

图1-5-4　货格式货架

取下或放上货物，整个存储系统是在不断运动的，如图1-5-5所示。

（5）水平或垂直旋转式货架：这是一种旋转或循环的存储装置，它适合于存储体积小、重量轻的物品，如图1-5-6所示。

（6）对于重量和体积比较大的物品存储，有时采用被动辊式货架。在这种货架的单元货格中有许多无动力的辊子，利用存储设备（通常是大型巷道式堆垛机）的动力驱动这些辊子，从而将大型货物存入或取出。机场货运物品的处理多采用这种形式的货架。

图 1 - 5 - 5　悬挂输送存储

2. 货架的材料

高层货架是立体仓库的主要构筑物，一般用钢材或钢筋混凝土制作。钢货架的优点是构件尺寸小，仓库空间利用率高，制作方便，安装建设周期短。而且随着高度的增加，钢货架比钢筋混凝土货架的优越性更明显。因此，目前国内外大多数立体仓库都采用钢货架，钢筋混凝土货架的突出优点是防火性能好，抗腐蚀能力强，维护保养简单。

货架高度是关系到 AS/RS 全局性的参数。货架钢结构的成本随其高度增加而迅速增加。尤其是当货架高度超过 20m 以上时，其成本将急剧上升，同时堆垛机等设备结构费用也随之增长。当库容量一定时，仓库基础费用，运行导轨投资则随货架高度的增长或下降。货架可由冷轧制钢、热轧角钢、工字钢焊接成"货架片"然后组成立体的货架。为此要从基础设计、货架截面选型以及支撑系统布置等多方面采取措施，加以保证。

目前国内在常温货架的材料选择上，立柱多选择 Q235 或 SS400 材料，横梁以 Q235 居多。在低温库货架的材料选择上，往往需要根据温度不同，依据国家的相关标准进行。

3. 货架的尺寸

恰当地确定货格净空尺寸是立体仓库设计中一项极为重要的设计内容。对于给定尺寸的货物单元，货格尺寸取决于单元四周需留出的空隙大小。同时，在一定程度上也受到货架结构造型的影响。这项尺寸之所以重要，是因为它直接影响着仓库面积和空间利用率。同时，因为影响因素很多，确定这项尺寸比较复杂。

货架的总体尺寸，即货架的长度、宽度、高度等尺寸与货物的出入库频率、货架类

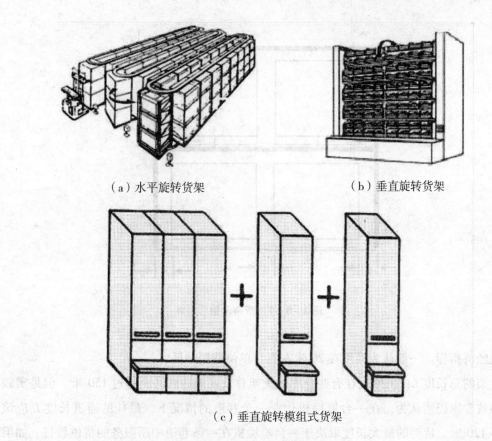

（a）水平旋转货架　　　　　　（b）垂直旋转货架

（c）垂直旋转模组式货架

图 1 - 5 - 6　旋转式货架

型、堆放层数、货格尺寸等都有关系。

对于横梁式货架来说，每个货格可以存放两个货物单元，也可存放三个货物单元；牛腿式货架每个货格只能存放一个货物单元。在确定了货物尺寸后，货格的尺寸主要取决于各个间隙的大小，如图 1 - 5 - 7 所示。

侧向间隙 A：取决于堆垛机的停车精度以及堆垛机和货架的安装精度。精度越高，取值可以越小。一般情况下侧向间隙 $A = 100$ 毫米。

垂直方向间隙 B：上部的垂直间隙 B 应该能保证堆垛机的货叉在叉取货物的过程中，微起升时不与上部构件发生碰撞，一般要求垂直间隙 B 要大于货叉的微行程与安全裕量之和。一般情况下，垂直间隙 B 为 $100 \sim 150$ 毫米。对于有水平拉杆的货格，在选取垂直间隙 B 时，需要加上水平拉杆的高度。若涉及消防喷淋等影响，需要根据消防喷淋的具体情况加以综合判断。

货架的总高度 H：货架的总高度的确定将直接影响占地面积、长度、宽度、作业效率

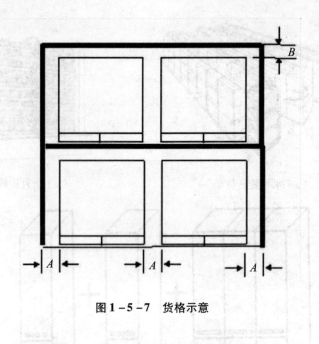

图 1 –5 –7　货格示意

及其他经济指标。一般认为高度在 20 米左右，单位费用最低。

　　货架的总长度 L：虽然现在有些仓库的货架总长度 L 达到甚至超过 150 米。但是实践中大多数专家仍然认为，在一台堆垛机作业一个巷道的情况下，最佳的通道长度 L 应该在 80～120 米。货架的最大长度取决于一台堆垛机在一条巷道中所服务的货位数目。如果保持 $\dfrac{H}{L} = \dfrac{V_y}{V_x}$（$V_x$、$V_y$ 为堆垛机在 x、y 方向的分速度）均衡，为保证堆垛机的垂直和水平操作，推荐采用如下的比值：$\dfrac{H}{L} = \left(\dfrac{1}{4} - \dfrac{1}{6} \right)$。

二、巷道式堆垛机

　　搬运设备是自动化仓库中的重要设备，它们一般是由电力来驱动的，通过自动或手动控制，实现货物从一处搬到另一处。设备形式可以是单轨的、双轨的、地面的、空中的、一维运行（水平直线运行或垂直直线运行）、二维运行、三维运行等。典型设备有升降梯、搬运车、巷道式堆垛机、双轨堆垛机、无轨叉车和转臂起重机等。

　　巷道式堆垛机是立体仓库中最重要的运输设备。巷道式堆垛机是随着立体仓库的出现而发展起来的专用起重机。它的主要用途是在高层货架的巷道内来回穿梭运行，将位于巷道口的货物存于货格；或者相反，取出货格内的货物运送到巷道口。这种使用工艺对巷道式堆垛机在结构和性能方面提出了一系列严格的要求。

有轨巷道堆垛起重机通常简称为堆垛机。它是由叉车、桥式堆垛机演变而来的。桥式堆垛机由于桥架笨重因而运行速度受到很大的限制，它仅适用于出/入库频率不高或存放长形原材料和笨重货物的仓库。其优点在于可以方便地为多个巷道服务。巷道式堆垛机由运行机构、起升机构、装有存取货机构的载货台、机架（车身）和电气设备五部分组成，如图1-5-8所示。

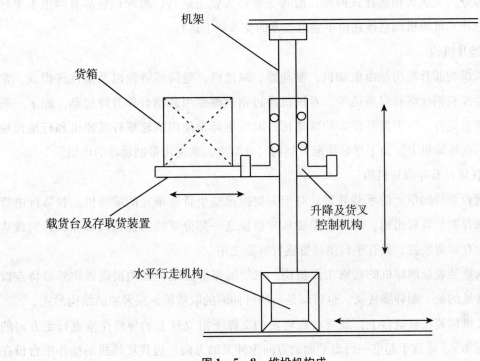

图1-5-8　堆垛机构成

1. 机架

堆垛机的机架由立柱、上横梁和下横梁组成一个框架。整机结构高而窄。机架可以分为单立柱和双立柱两种类型。双立柱结构的机架由两根立柱和上、下横梁组成一个长方形的框架。这种结构强度和刚性都比较好，适用于起重量较大或起升高度比较高的场合。单立柱式堆垛机机架只有一根立柱和一根下横梁，整机重量比较轻，制造工时和材料消耗少，结构更加紧凑且外形美观，但刚性稍差。由于载货台与货物对单立柱的偏心作用，以及行走、制动和加速减速的水平惯性力的作用对立柱会产生动、静刚度方面的影响，当载物台处于立柱最高位置时挠度和振幅达到最大值，这在设计时需加以校核计算。堆垛机的机架沿天轨运行，为防止框架倾倒，上梁上装有导引轮。

2. 运行机构

在堆垛机的下横梁上装有运行驱动机构和在轨道地轨上运行的车轮。按运行机构所在的位置不同可以分为地面驱动式、顶部驱动式和中部驱动式等几种，其中，地面运行式使用最广泛。这种方式一般用两个或四个承重轮，沿敷设在地面上的轨道运行。在堆垛机顶部有两组水平轮沿天轨（在堆垛机上方辅助其运行的轨道）导向。顶部驱动式堆垛机又可分为支承式和悬挂式两种，前者支承在天轨上运行，堆垛机底部有两组水平导向轮。悬挂式堆垛机则悬挂在位于巷道上方的支承梁上运行。

3. 起升机构

堆垛机的起升机构是由电动机、制动器、减速机、卷筒或链轮以及柔性件组成，常用的柔性件有钢丝绳和起重链等。卷扬机通过钢丝绳牵引载物台作升降运动。除了一般的齿轮减速机外，由于需要较大的减速比，因而也经常使用蜗轮蜗杆减速机和行星齿轮减速机。在堆垛机上，为了尽量使起升结构尺寸紧凑，常使用带制动器的电机。

4. 载货台及存取货机构

载货台是货物单元的承载装置。对于需要搬运整个货物单元的堆垛机，载货台由货台本体和存取货装置组成。对于只需要从货格拣选一部分货物的拣选式堆垛机，则载货台上不设存取货装置，只有平台供放置盛货容器之用。

存取货装置是堆垛机的特殊工作机构。取货的那部分结构必须根据货物外形特点设计。最常见的是一副伸缩货叉，也可以是一块可伸缩的取货板，或者别的结构形式。

伸叉机构装在载货台上，载货台在辊轮的支撑下沿立柱上的导轨作垂直行走方向的运动（起重），垂直于起重一行走平面的方向为伸叉的方向。近代堆垛机的操作平台设在底座上，工人在此处可进行手动或半自动操作。

5. 电气设备

主要包括电力拖动、控制、检测和安全保护。在电力拖动方面，目前国内多用的是交流变频调速和晶闸管直流调速。对堆垛机的控制一般采用可编程控制器、单片机和计算机等。堆垛机必须具有自动认址、货位虚实等检测以及其他检测。电力拖动系统要同时满足快速、平稳和准确三个方面的要求。

6. 安全保护装置

堆垛机是一种起重机械，它要在又高又窄的巷道内高速运行。为了保证人身及设备的安全，堆垛机必须配备有完善的硬件及软件的安全保护装置，并在电气控制上采取一系列连锁和保护措施。除了一般起重机常备的安全保护措施（如各机构的终端限位和缓冲、电机过热和过流保护等）外，还应根据实际需要，增设各种保护。主要的安全保护装置有：

（1）终端限位保护；

（2）在行走、升降和伸缩的终端都设有限位保护；

（3）连锁保护；

（4）行走与升降时，货叉伸缩驱动电路切断；相反，货叉伸缩时，行走与升降电路切断，行走与升降运动可同时进行；

（5）正位检测控制；

（6）只有当堆垛机在垂直和水平方向停准时，货叉才能伸缩。即货叉运动是条件控制，以认址装置检测到确已停准的信息为货叉运动的必要条件；

（7）载货台断绳保护；

（8）当钢丝绳断开时弹簧通过连杆机构凸轮卡在导轨上阻止载货台坠落，正常工作时提杆平衡载荷的重量，弹簧处于压缩状态，凸轮与导轨分离；

（9）载货台升降过程中若断电，则采用机械式制动装置使载货台停止不致坠落。

三、控制与管理系统

自动化仓库中的电气与电子设备主要指检测装置、信息识别装置、控制装置、通信设备、监控调度设备、计算机管理设备以及大屏幕显示、图像监视等设备。

1. 检测装置

为了实现对自动化仓库中各种作业设备的控制，并保证系统安全可靠地运行，系统必须具有多种检测手段能够检测各种物理参数和相应的化学参数。对货物的外观检测及称重、机械设备及货物运行位置和方向的检测、对运行设备状态的检测、对系统参数的检测和对设备故障情况的检测都是极为重要的。通过对这些检测数据的判断、处理为系统决策提供最佳依据，使系统处于理想的工作状态。

2. 信息识别装置

信息识别装置是自动化仓库中必不可少的，它完成对货物品名、类别、货号、数量、等级、目的地、生产厂，甚至货位地址的识别。在自动化仓库中，为了完成物流信息的采集，通常采用条码、磁条、光学字符和射频等识别技术。条码识别技术在自动化仓库中应用最普遍。

3. 控制装置

控制装置是自动化系统运行成功的关键。没有好的控制，系统运行的成本就会很高，而效率很低。为了实现自动运转，自动化仓库内所用的各种存取设备和输送设备本身必

须配备各种控制装置。这些控制装置种类较多，从普通开关和继电器，到微处理器、单片机和可编程控制器（PLC），根据各自的设定功能，它们都能完成一定的控制任务。如巷道式堆垛机的控制要求就包括了位置控制、速度控制、货叉控制以及方向控制等。所有这些控制都必须通过各种控制装置去实现。

4. 监控及调度

监控系统是自动化仓库的信息枢纽，它在整个系统中起着举足轻重的作用，它负责协调系统各个部分的运行。有的自动化仓库系统使用了很多运行设备，各设备的运行任务、运行路径、运行方向都需要由监控系统来统一调度，按照指挥系统的命令进行货物搬运活动。通过监控系统的监视画面可以直观地看到各设备运行情况。

5. 计算机管理

计算机管理系统（主机系统）是自动化仓库的指挥中心，相当于人的大脑，它指挥着仓库中各设备的运行。它主要完成整个仓库的账目管理和作业管理，并担负着与上级系统的通信和企业信息管理系统的部分任务。一般的自动化仓库管理系统多采用微型计算机为主的系统，对比较大的仓库管理系统也可采用小型计算机。随着计算机的高速发展，微型计算机的功能越来越强，运算速度越来越高，微型机在这一领域中将日益发挥重要的作用。

6. 数据通信

自动化立体仓库是一个复杂的自动化系统，它是由众多子系统组成的。在自动化仓库中，为了完成规定的任务，各系统之间、各设备之间要进行大量的信息交换。例如，自动化仓库中的主机与监控系统、监控系统与控制系统之间的通信以及仓库管理机通过厂级计算机网络与其他信息系统的通信。信息传递的媒介有电缆、滑触线、远红外光、光纤和电磁波等。

7. 大屏幕显示

自动化仓库中的各种显示设备是为了使人们操作方便、易于观察设备情况而设置的。在操作现场，操作人员可以通过显示设备的指示进行各种搬运、拣选；在中控室或机房人们可以通过屏幕或模拟屏的显示，观察现场的操作及设备情况。

8. 图像监视设备

工业电视监视系统是通过高分辨率、低照度变焦摄像装置对自动化仓库中人身及设备安全进行观察，对主要操作点进行集中监视的现代化装置，是提高企业管理水平，创造无人化作业环境的重要手段。

此外，还有一些特殊要求的自动化仓库，比如，储存冷冻食品的立体仓库，需要对仓库中的环境温度进行检测和控制；存储感光材料的立体仓库，需要使整个仓库内部完全黑暗，以免感光材料失效而造成产品报废；存储某些药品的立体库，对仓库的湿度、气压等均有一定要求，因此需要特殊处理。

四、货物寻址技术

立体仓库的自动寻址就是自动寻找存放/提取货物的位置。计算机控制的自动化仓库都具有自动寻址的功能。

在同一巷道内的货位地址由三个参数组成：第几排货架；第几层货格；左侧或右侧。当自动仓库接收到上级管理机的存取命令和存取地址后，即向指定货位的方向运行。运行中，安装在堆垛机上的传感器不断检测位置信息，计算判断是否到位。

认址装置由认址片和认址器组成。认址器即是某种类型的传感器。目前常用的是红外传感器。发送与接收红外光在同侧时，用反射式的认址片，否则用透射式的。传感器通过认址片时会接收到 0 或 1 的信息。0 表示未接收到红外光，1 表示接收到红外光。由 0、1 组成的代码可以用于地址的判断。

认址检测方式通常分为绝对认址和相对认址两种。绝对认址是为每一个货位制定一个绝对代码。为此，需要为每个货位制作一个专门的认址片。显然，绝对认址方法可靠性高，但是认址片制作复杂，控制程序的设计也十分复杂。

相对认址时，货位的认址片结构相同。每经过一个货位，只要进行累加就可以得到货位的相对地址。与绝对地址相比相对地址可靠性较低，但认址片制作简单，编程也较简单。为了提高相对认址的可靠性，可以增加奇偶校验。

第三节 自动分拣系统

一、分拣系统概述

分拣是指为进行输送、配送，把很多货物按不同品种、不同地点和单位分配到所设置的场地的一种物料搬运过程，也是一种将物品从集中到分散的处理过程。因此，物品分拣的关键是对物品的去向的识别、识别信息的处理和自动分拣三大类。

按拣选的手段不同，可以分为人工拣选、机械分拣和自动分拣三种。

人工分拣的主要缺点是劳动量大、效率低、差错率高。

机械分拣是以机械为主要输送工具，在各分拣位置配置的作业人员看到标签、颜色、编号等分拣标志的时候，便把货物取出。

自动分拣系统应用于快速、正确分拣大量物品的情况，现代大型分拣系统的分拣速度能达到每小时几万件。分拣技术应用的范围也越来越大，已经成为物流系统、尤其是配送系统的重要组成部分。

建设一个先进、机械化或自动化的货物分拣系统，可以大大提高工作效率、显著降低工人的劳动强度，具有以下意义：

（1）完全摒弃了传统的使用书面文件完成货物分拣的方式，采用高效、准确的电子数据形式，提高效率，节省劳动力，向无纸化方向迈进。

（2）快速完成简单订货的存储提取，而且可以方便地根据货物的尺寸、配货的速度要求、装卸要求等实现复杂的货物存储与提取。

（3）可以快速完成简单的操作就可以实现货物的自动进货、出库、包装、装卸等作业，降低了工人的劳动强度，提高了效率。

（4）结合必要的仓库管理软件系统，可以真正实现配送中心的现代化管理，显著提高配送中心的物流速度，为企业创造、保持市场竞争优势提供可靠保证。

二、自动分拣系统特点

自动化分拣系统（ASS）是第二次世界大战后，在美国和日本等国的配送中心中开始广泛采用的一种系统，目前该系统已经成为现代化物流配送中心中不可或缺的一部分。

自动分拣系统的作业过程如下：

配送中心每天接收生产厂家或者供应商通过各种运输工具送过来的成千上万种商品，在最短的时间内将这些商品卸下并按商品品种、货主、储位或发送地点进行快速准确的分类，将这些商品运送到指定地点。同时，当生产厂家或供应商通知配送中心按配送指示发货时，自动分拣系统在最短时间内从存储系统中准确找到要出库的商品所在位置，并按所需数量出库，将从不同储位上取下来的不同数量的商品按配送地点装车配送。

1. 自动化分拣系统的主要特点

（1）能连续、大批量地分拣货物。自动化分拣系统采用流水线自动化作业方式，不受气候、时间、人的体力等限制，可以连续运行。一般情况下，可连续运行 100 小时甚至更高，分拣效率达到每小时 7000 件。

（2）分拣误差率极低。自动分拣的分拣误差主要取决于分拣信号的输入机制，如果采用人工键盘或语言识别方式输入，则误差率将在 3% 以上；如果采用条码扫描方式输人，除非条码本身的问题，否则差错率将低于 0.01%。因此，目前的自动分拣系统主要采用条码技术来识别货物。

（3）自动分拣系统一次性投入巨大。常见的自动分拣系统本身长度需要 40~50 米，配套还可能需要机电一体化控制系统、传输线、计算机网络及通信系统等。这样的投入是巨大的，因此必须有可靠的作业量需求来保证。

（4）分拣作业基本实现无人化。建立自动分拣系统的目的之一就是减少人员的使用，减轻员工的劳动强度，提高人员的使用效率。应用自动分拣系统能最大限度地减少人员的使用。分拣作业本身将不再需要使用人员，相关人员主要安排在送货车辆抵达分拣线的进货端、分拣系统的控制运行、分拣线末端的货物集装与装车、自动分拣系统的运营、管理与维护。

2. 自动分拣系统的组成

（1）输入装置：被拣选的商品将由输送机送入分拣系统。

（2）货架信号设定装置：被分拣的商品在进入分拣机以前，先由信号设定装置（键盘输入、激光扫描条码等）把分拣信息（配送的目的地、客户名等）输入计算机中央控制器。

（3）进货装置：又称喂料器或供包台，它把被分拣的商品一次均衡地送入分拣传送带，与此同时，还需要通过逐级加速将商品加速到分拣传送带的速度。

（4）分拣装置：是自动化分拣机的主体，包括传送装置和分拣装置两部分。前者的作用是把被分拣商品送到设定的分拣道口位置上；后者的作用是把被分拣商品送入分拣道口，一般有推块式、跃起轮式、翻盘式、交叉带式几种。

（5）分拣道口：也称为分拣格口。是从分拣传送带上接纳被分拣商品的设施。可暂时存放未被取走的商品，当分拣道口满载时，由光电传感器阻止分拣商品不再进入分拣格口。一般是由钢带、胶带或滚筒等组成滑道，使商品从主输送装置滑向集货站台，由工作人员将该格口的所有商品集中后或是入库储存，或是组配装车并进行配送作业。

（6）计算机控制装置：它是传递处理和控制整个分拣系统的指挥中心。自动分拣的实施主要靠它把分拣信息传送到相应的分拣格口，并指示启动分拣装置，把被拣商品送入道口。其分拣信号可以通过条码扫描、键盘输入、语音识别等方式，输入到分拣控制系统中去。

三、自动分拣系统类型

自动分拣机有许多形式，为了取得最为有效的应用，一般需要物品包装的大小、物

品的重量、分拣能力、包装形式、物品在输送机上的方位、商品的易碎性、操作环境、投入分拣物品每小时的作业量等。配送中心都要求分拣机有较强的分拣能力，能适应各种形状、大小和各种包装材料的商品，有较多分拣滑道和较理想的分拣精度等。为了提高分拣能力，分拣机开始往高效、高准确性方向发展。

分拣机的类型如图 1－5－9 所示。

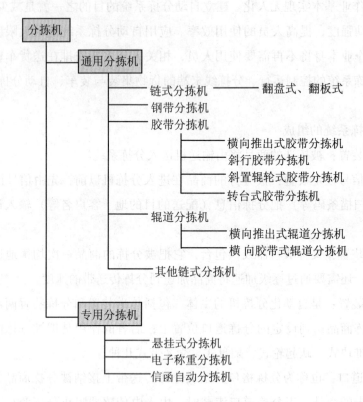

图 1－5－9　分拣机的类型

典型分拣机及其参数、结构特点如下。

1. 翻盘式分拣机

翻盘式分拣机是在一条沿分拣机全长的封闭环形导轨中，设置一条驱动链条，并在驱动链条上安装一系列载货托盘，将分拣物放在载货托盘上输送，当输送到预定分拣口时，倾翻机构使托盘向左或向右倾斜，使分拣物滑落到侧面的溜槽中，以达到分拣的目的，如图 1－5－10 所示。翻盘式分拣机各托盘之间的间隔很小，而且可以左右两个方向倾翻，所以这种分拣机可以设置很多分拣口。由于驱动链条可以在上下和左右两个方向弯曲，因此，这种分拣机可以在各个楼层之间沿空间封闭曲线布置，总体布置方便灵活；

分拣物的最大尺寸和质量受托盘的限制，但对分拣物的形状、包装材质等适应性好，适用于要求在短时间内大量分拣小型物品的系统，常用于机场和邮政行业。

图 1 - 5 - 10　翻盘式分拣机

2. 交叉带式分拣机

交叉带式分拣系统是在一条沿分拣机全长的封闭环形导轨中，设置一条驱动链条，并在驱动链条上安装一系列载货小车，将分拣物放在载货小车上输送，当输送到预定分拣口时，小车的电机转动，使分拣物滑落到侧面的溜槽中，以达到分拣的目的，如图 1 - 5 - 11 所示。交叉带式分拣机各小车之间的间隔很小，而且可以两个小车同时转动，以此来分拣较大物品。这种分拣机可以设置很多分拣口。分拣物的最大尺寸和质量受托盘的限制，但对分拣物的形状、包装材质等适应性好，适用于要求在短时间内大量分拣小型物品的系统。常用于邮政行业。

3. 滑块式分拣机

滑块式分拣机也叫推块式分拣机，根据分拣格口的分布情况分为单向和双向。滑块式分拣机是以辊道输送机（或链板式输送机）为主体，在分拣口处的辊子或链板间隙中，安装一系列由链条拖动的滑块如图 1 - 5 - 12 所示。平时作业时，滑块位于辊道的侧面排成一直线，不影响分拣物的正常运行。分拣时，滑块的导槽受气动阀动作，通过道岔装置使滑块沿辊子间隙移动，逐步将分拣物推向侧面，进入相应的分拣格口。分拣格口也

图 1 – 5 – 11　交叉带式分拣机

采用辊道等方式。这种分拣动作比较柔和，适于分拣易碎或易倾覆的物品。

图 1 – 5 – 12　滑块式分拣机

四、分拣信号的输入与识别

在自动分拣系统中，常用的分拣信号输入方式大致有如下四种。

1. 键盘

由操作人员按物品从主输送机上向那个分拣道口排出的道口编码，利用键盘按键将分拣信号输入。这种用键盘输入的方式费用最低，且简单易行。

2. 声音识别输入

操作人员通过话筒朗读每件商品的配送物品名称和地点，将声音输入变换为编码，由分拣机的微计算机系统控制分拣机启动。声音识别输入装置能每分钟处理 60 个词语。

3. 条码和激光扫描器

把含有分拣商品信息的条码标签贴在每件物品上，通过放置在分拣机上的激光扫描器时被阅读。扫描器能对在输送机上 40 米/分钟的物品进行扫描阅读，扫描速度为每秒 500～1500 次，但以扫描输入次数最多的信号为准。在扫描条码标签时也一并将条码上包括商品名称、生产厂家、批号、配送客户等编码，作为在库商品信息输入上位机中，为仓库的信息化管理提供有效的数据支持。条码输入的优点是处理信号能力强、精度高、并实现输入自动化。

4. 光学文字读取装置（OCR）

这种装置能直接阅读文字，将信号输入计算机。但是这种输入方法的拒收率较高，影响信号输入的效率。目前在邮政的信函分拣中用得较多，物流配送中心用得相对较少。

第四节　自动导向车系统

一、自动导向车概述

自动导向车（AGV）是指装备有电磁或光学自动导引装置，能够沿规定的导引路径行驶，具有小车编程与停车选择装置、安全保护以及各种移载功能的运输小车。AGV 是现代物流系统的关键装备。它是以电池为动力，装有非接触导向装置，独立寻址系统的无人驾驶自动运输车。自动导向搬运车系统（Automatic Guided Vehicle System，AGVS）是一种使车辆按照给定的路线自动运行到指定场所，完成物流搬运作业的系统。它由若干辆沿导引路径行驶，独立运行的 AGV 组成。

RGV又叫有轨穿梭小车是一种智能机器人，可以编程实现取货、运送、放置等任务，并可与上位机或 WMS 系统进行通信，结合 RFID、条码等识别技术，实现自动化识别、存取等功能。RGV 小车可用于各类高密度储存方式的仓库，小车通道可设计任意长，可提高整个仓库储存量，并且在操作时无须叉车驶入巷道，使其安全性会更高。在利用叉车无须进入巷道的优势，配合小车在巷道中的快速运行，有效提高仓库的运行效率。图 1 – 5 – 13 为出入库式穿梭车。

图 1 – 5 – 13　出入库式穿梭车

二、AGV 与 RGV 分类

AGV 由于导向方式的不同，可以分为固定路径导向和自由路径导向；RGV 的主要形式则可分为穿梭车式出入库系统和穿梭车式仓储系统。

1. 固定路径导向

固定路径导向方式是在 AGV 行驶的路径上设置导向信息媒体，如导线、磁带、色带等，由车上的导向传感器监视接收导向信息（如频率、磁场强度、光强度等），在将此信息经实时处理后用以控制车辆沿运行线路正确地运行。应用最多的是电磁导向和光学导向两种方式。

（1）电磁导向。这种导向方式采用的是电磁感应原理，是当前应用最广泛的 AGV 引导方式，其原理如图 1-5-14 所示。在小车预设路径的地面下埋设引导电缆，在电缆中通过 5～10kHz 的低压电流。通过小车上装有一组对称的信号拾取线圈，检测磁场的强弱并转换成电压信号。当小车偏向路径右方时，右方的感应信号减弱，左方的感应信号增强，两个感应线圈的电位差就是操纵 AGV 转向的信号，小车的控制器根据这些信号的电位差判断与指定路径的偏离方向并随时修正，保证小车沿着预定的路径行驶。引导电缆可以被划分成若干段，小车调度系统采用分段控制的方法，随时根据每个小车反馈的位置信号修正控制指令，保证每段路径上只有一台小车运行，防止小车运行中因为距离过近而发生事故。因此要在地面开沟埋设引导电缆，路径的变动仍不方便，而且，由于建筑强度等方面的限制，不能在多层工厂的楼层上面使用。

（2）光学导向。光学导向如图 1-5-14 所示，在仓库的地面上粘贴易反光的反光带（铝带或尼龙带），小车上的发光器发出光线，经反光带反射后由受光器接受，利用地面颜色和反光带的反差，使感光元件检测出的亮度不等，由此形成信号的差值，然后将该光信号转换成电信号，控制小车的转向电机沿小车预定路径行走，光学引导方式对于改变小车的预定路径很方便，只需要重新粘贴反光带即可。但是反光带容易污染和破损，不适合油污重、粉尘多、环境恶劣的场合，另外，环境的光线也有可能影响光电元件的检测效果。

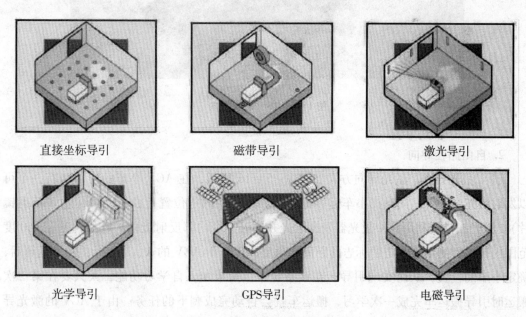

直接坐标导引　　磁带导引　　激光导引

光学导引　　GPS导引　　电磁导引

图 1-5-14 AGV 工作原理

（3）磁块导向。磁块导向方式如图1-5-15所示，是把从铁和钛提炼生产时产生的或者从金属废水处理中产生的大量生磁石，用树脂、混凝土固化后，制成涂料、瓷砖等各种标记材料，代替反光带，然后在AGV上以磁性感应器代替光敏传感器，就形成了磁块导向。由于磁块导向的磁石标记可以在地面铺设并可涂上保护漆，弥补了电磁导向线路铺设复杂、难以变更运行线路和光学导向方式导向带容易破损污染的缺点。而且磁块的成本非常低、磁性和化学性能又比较稳定，具有经久耐用的特点，所以这种导向方式是一种实用性和可靠性都很强的导向方式。

图1-5-15 磁块导向

2．自由路径导向

（1）激光导向。激光导向方式如图1-5-16所示，在AGV小车的顶部装有一个可以发射激光的装置，同时在小车运行范围的四周一些固定位置上放置定位标志（反射镜片）。激光扫描器利用脉冲激光器发出激光并通过一个内部反射镜以一定的转速在360度范围内扫描，测出每个定位标志的距离和角度，计算出AGV的X、Y坐标，经过运算后，确定小车的位置，从而实现引导。在该系统中，如果加入自学习功能，人只要在第一次搬运时引导搬运车完成一次学习，搬运车就会自动完成剩下的任务。由于AGV的激光导向装置可以采用标准的器件、控制板和软件，所以与其他导向方式比较，定位精度比较高，具有容易安装、容易编程和性能价格比高等优点。如果搬运作业需要变更线路布局，只需将反射装置的位置变换一下即可。但是这种方法的实现条件比较复杂，死角比较多，为了保证可靠性，往往还需要其他措施作为辅助手段。

图 1 – 5 – 16　激光导向

（2）惯性导向。惯性导向即 AGV 导向系统中有一个用来测量 AGV 的加速度的陀螺仪，将陀螺仪的坐标调整到平行于 AGV 的行驶方向，当 AGV 偏离固定路径时，产生一个垂直于其运动方向的加速度，该加速度在为陀螺仪测得后，惯性导向系统的计算机对加速度进行二次积分处理，算出位置偏差从而纠正小车的行驶方向。这样的系统造价昂贵，通常和路径计算定位法一起使用，测量因路径偏离所产生的垂直于其运动方向的加速度。

穿梭车式出入库系统：穿梭车式出入库系统是自动化立体仓库系统的组成部分，由轨道式台车来完成货物的出入库接驳，与堆垛机配合完成仓储作业。

穿梭车式仓储系统：穿梭车式仓储系统由瑞典 EAB 公司发明，因为叉车不用驶入到货架内部存取货物，而是由穿梭车来完成，取消叉车通道所以能实现非常高的空间利用率。穿梭车式仓储系统，如图 1 – 5 – 17 所示，将传统货架加上高精度导轨，可以让穿梭车在上面平稳运行，导轨同时承担货物输送和货物存储功能，从而极大提高仓储空间利用率。

穿梭车式仓储系统，原则上一个巷道只能放置一种货物（SKU），特殊应用时（两端存取，先进后出）一个巷道可放置两种货物，所以，这种系统比较适合单品种数量较大的商品。不仅如此，穿梭车还可以有多重扩展应用方式：

子母车：母车在横向轨道上运行，并且自动识别作业巷道，释放子车进行存取作业，一定程度上提高系统自动化程度。

与堆垛机配合：自动化立体仓库也可以用穿梭车来提高仓储利用率，堆垛机自动识别穿梭车并分配作业巷道，由穿梭车在巷道内存取货物，再由堆垛机完成出入库作业，实现全自动出入库和系统管理。

多向穿梭车：多向穿梭车可以在横向和纵向轨道上运行，货物的水平移动和存取只能由一台穿梭车来完成，系统自动化程度大大提高。

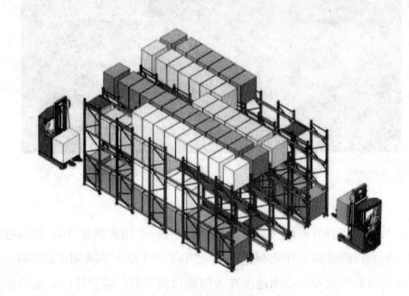

图 1 − 5 − 17　穿梭车式仓储系统

第五节　自动化立体仓库

自动化立体仓库也称为立库、高层货架仓库、自动仓储 AS/RS（Automatic Storage & Retrieval System）。它是一种用高层立体货架（托盘系统）储存物资，用电子计算机控制管理和用自动控制堆垛运输车进行存取作业的仓库。仓库的功能从单纯地进行物资的储存保管，发展到担负物资的接收、分类、计量、包装、分拣配送、存档等多种功能。这有助于实现高效率物流和大容量储藏，能适应现代化生产和商品流通的需要。

一般来讲，应用自动化立体仓库需要同时满足以下几个要求：①货品的出入库频率较大，且货物流动比较稳定；②需要有较大的资金投入；③需要配备一支高素质的专业技术队伍；④对货品包装要求严格；⑤仓库的建筑地面应有足够的承载能力。

一、自动化立体仓库构成及分类

（一）自动化立体仓库的构成

自动化立体仓库是机械和电气、强电控制和弱电控制相结合的产品。从系统角度考虑，它一般由货物储存子系统、货物存取和传送子系统、计算机控制和管理子系统三大系统所组成，还有与之配套的供电系统、空调系统、消防报警系统、称重计量系统、信息通信系统等。

（1）货物储存系统。一般由立体货架的货格（托盘或货箱）组成。货架按照排、列、层组合而成立体仓库储存系统。

（2）货物存取和传送系统。承担货物存取、出入仓库的功能，它由有轨或无轨堆垛机、出入库输送机、装卸机械等组成。

（3）控制和管理系统。采用计算机控制和管理，视自动化立体仓库的不同情况，采取不同的控制方式。有的仓库只采取对存取堆垛机、出入库输送机的单台 PLC 控制，机与机无联系；有的仓库对各单台机械进行联网控制。更高级的自动化立体仓库的控制系统采用集中控制、分离式控制和分布式控制，即由管理计算机、中央控制计算机和堆垛机、出入库输送机械等直接控制的可编程序控制器械组成控制系统。

（二）自动化立体仓库的分类

自动化立体仓库如图 1 - 5 - 18 所示，是不直接进行人工处理而使用自动化搬运和输送设备存储及取出货物的仓库系统，其分类如表 1 - 5 - 1 所示。

表 1 - 5 - 1　　　　　　　　　　　自动化立体仓库的分类

分类依据	类别	内容
建筑形式不同	整体式	仓库内货架与建筑物连成一体，即存储货又是建筑物的支撑要素之一
	分离式	货架与建筑物是分离的，互相独立存在

分类依据	类别	内容
使用条件不同	普通库	这里的普通主要是从温度角度区别，即常温或常湿库
	低温库	室温在0℃以下的存储货物的自动化立体仓库
	高温库	室温在40℃以上的自动化立体仓库
	防爆库	具有防爆条件的自动化立体仓库
用途不同	生产型仓库	企业为保持正常生产而建的自动化立体仓库
	流通型仓库	以衔接生产和流通为主要目的的自动化立体仓库
货物存取形式不同	单元货架式	在货架上存取货物是以单元货物形式进行的
	拣选货架式	又可分为巷道内和巷道外分拣，以及人工或自动分拣
货架构造形式不同	单元货格式	货架分排，纵向上分多列，形成多货格式进行存取货物
	贯通式	又分为重力式货架仓库和梭式小车式货架仓库
	旋转式	又分为水平旋转货架式和垂直旋转货架式
	移动货架式	货架由电动货架组成，可对货架的分离或合拢进行控制
生产和流通中的作用不同	独立型仓库	"离线"仓库，在操作流程等方面相对独立的自动化仓库
	半紧密型	其操作流程、仓库的管理等与生产系统有一定关系
	紧密型仓库	"在线"仓库，与生产系统密切联系

图1-5-18 自动化立体库应用实例

二、自动化立体仓库的优点

自动化立体仓库的优点主要有以下几点：

（1）立体仓库能大幅度地增加仓库高度，充分利用仓库面积与空间，减少占地面积。

（2）便于实现仓库的机械化、自动化，从而提高出入库效率，降低物流成本。

（3）提高仓库管理水平。借助于计算机管理能有效地利用仓库储存能力，便于清点盘存，合理减少库存，节约流动资金。自动化仓库的信息系统可以方便地融入到整个企业资源管理系统中，使企业物流更为合理化，减少了非增值物流过程。

（4）由于采用货架储存，并结合计算机管理，可以容易地实现先进先出的出入库原则，防止储存原因造成的货物损失。

（5）采用自动化技术后，立体仓库能适应黑暗、有毒、低温等特殊场合的需要。

（6）自动化仓库都有仓储信息管理系统（WMS），数据及时准确，便于企业领导随时掌握库存情况，根据生产及市场状况及时对企业规划做出调整，提高了生产的应变能力和决策能力。

总之，自动化立体仓库的出现，使传统的仓储观念发生了根本性的变化。原来那种固定货位，人工搬运和码放，人工管理，以储存为主的仓储作业已改变为自由选择货位，按需要实现先进先出的机械化、自动化仓储作业。在提高储存效率的同时，借助自动化仓库系统，还可以实现对货物进行自动拣选、组配；自动化立体仓库的出货管理可以实现按实际需求，将库存货物按指定的数量和时间要求自动送到合适的地点，满足均衡生产的需要。可以说，立体仓库的出现使"静态仓库"变成了"动态仓库"。

三、自动化立体仓库的发展趋势

自动化立体仓库的出现与发展是与工业、科技发展相适应的。现代化大生产，促使工业生产社会化、专业化、集中化。生产的高度机械化和自动化必然要求物资的供应和分发要及时、迅速、准确。立体化仓库技术能否得到迅速的应用和发展，已成为工厂设计中高科技的一个象征。随着科学技术的进步，仓库技术将进一步向系统化、自动化、无人化方向发展，仓库管理也将向计算机化、网络化的方向发展。自动化立体仓库在企业的广泛应用将为进一步提高企业的综合经济效益发挥着重要的作用。

随着企业在供应链存货控制上取得的持续进展，目前的现代化企业中，大规模的仓储中心已较为少见，企业更需要的是小型化、高反应速度和高柔性的存货自动处理系统。为适应工业的发展，自动化仓库系统的高速小型化趋势越来越明显。在堆垛机方面，具有新的物理外形和更高性能的设备不断出现。伴随着电子控制技术的进步，堆垛机在具有更高定位精度的同时，搜索能力和运行速度的提高使出入库操作周期大大缩短，从而获得了更大的生产能力。

自动化立体仓库的另一个发展重点是提高信息传输和处理速度，主要体现在广泛采用最新光电扫描技术，如采用射频数据通信技术，新的高效光通信器件等来实现数据的采集、处理和交换能够在搬运工具与中央计算机之间快速进行，使物品的存取和发送做

到快速、实时、可靠和准确。

现代信息技术的快速进步也给自动化仓库注入了新的发展活力。人工智能和专家系统大量运用到自动化仓库系统中，如高容错搬运系统、自诊断专家系统（远程异地诊断和维护）等已出现在部分复杂的自动仓库系统中。

知识要点回顾

【主要概念】

物流自动化　自动分拣　AGV　AS/RS

【动手动脑】

1. 总结身边常见的物流自动化设施设备，说说它们的主要功能。

2. 参观一家现代化仓储中心，总结他们的物流自动化系统应用情况，写出不少于3000 字的报告。

第六章　GIS 技术

我们在网上订购的商品到哪了——京东包裹跟踪（GIS）系统

自 2004 年年初正式涉足电子商务领域以来，京东商城一直保持高速成长，连续七年增长率均超过 200%。京东商城始终坚持以纯电子商务模式运营，缩减中间环节，为消费者在第一时间提供优质的产品及满意的服务，是中国电子商务领域最受欢迎和最具影响力的电子商务网站之一。

京东商城提供的产品与服务如何让消费者买单？

【案例导入】

京东包裹跟踪（GIS）系统

2011 年 2 月，京东商城上了一套包裹跟踪 GIS 系统，用户可以在京东页面上看到自己订单的适时移动轨迹。这个 GIS 系统来自京东商城 CEO 刘强东的创意。他在一次阅读客服简报时发现，有 32% 的用户咨询电话是货物配送以后打来的。用户打电话来，大多数询问订单配送了没有，目前到哪了，什么时候能到等。刘强东认为，实际上，客服人员根本无法知道每一张订单到达的具体位置，也不可能准确地告诉用户到达时间。因此，用户这样的咨询电话往往是无效的，与其让用户打电话来问，还不如让他自己适时地看，这样就减少了用户的麻烦，提升了用户体验。

以下为京东商城宣布包裹跟踪（GIS）系统上线公告原文。

各位尊敬的京东网友们：

为了给大家提供一个更好的购物体验，自今日起，京东配送员已经全部配备了 PDA 设备。京东商城包裹可视化跟踪系统（GIS）正式上线，以后大家可以在地图上实时看到自己包裹在道路上移动等投递情况，该功能在订单详情里面，和订单跟踪、付款信息并行，点击"订单轨迹"即可实现，如图 1-6-1 所示。

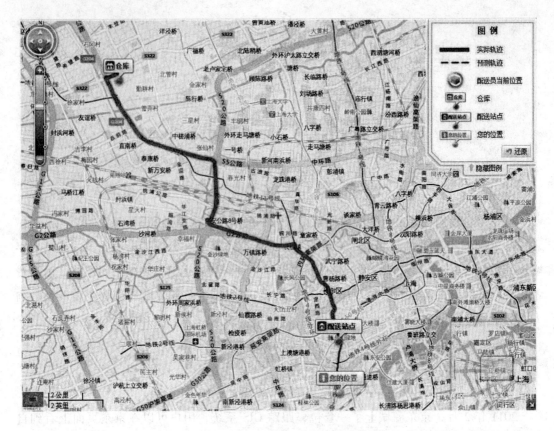

图 1 - 6 - 1　京东 GIS 系统示意

本系统功能还在继续优化中，未来可以准确（误差 10 分钟内）在地图上标明您的包裹到货时间等信息，另外，配送员即时服务系统也同步上线，可以实现：

（1）现场价格保护返还，以后无须和呼叫中心确认，京东配送员可以现场实现价格保护服务。

（2）在送货过程中，客户无须任何页面操作即可实现退换货服务。

（3）现场实现订单完成状态，客户可以更快进行产品评价、晒单等。

友情提醒：本系统刚刚上线，受天气、信号等影响，包裹的确切位置可能会有所偏差。请大家谅解！祝大家购物愉快！

京东商城在电子商务企业中第一个使用了 GIS 系统，这使用户感到很新奇。京东商城副总裁张某介绍，这个 GIS 系统是物联网的典型应用，是一种可视化物流的实现。传统的线下店，用户可以看到、摸到商品，眼见为实的体验是电子商务无法代替的。而这种可视化物流可以消除用户线上线下的心理差距，用户可以适时感知到自己的订单，是一种提升了的用户体验。

【案例思索】

1. 京东商城的包裹跟踪（GIS）系统有哪些好处？

2. GIS 系统怎样实现了物流的可视化？

【本章思考】

GIS 的应用对人们的生活产生了哪些影响？

【身边的案例】

我们日常生活中的衣食住行，都可以依靠 GIS 准确定位自己需要到达的方位，无论是餐厅、商店、房屋或是出行路线。例如，我们利用谷歌地图（Google Maps）可以看到三种视图：一是矢量地图（传统地图），可提供政区和交通以及商业信息；二是不同分辨率的卫星照片（俯视图）；三是地形视图，可以显示地形和等高线。

【知识结构】（见下页图）

第一节 GIS 概述

地理学的发展与人类生产活动中的技术进步有密切关系，计算机技术、空间技术和自动化技术等现代高新技术的应用，为信息时代地理学的发展，展示出更加广阔的前景。信息时代的地理学，对地理信息的采集、管理、分析提出了更高的要求，于是 GIS 应运而生，从而使地理学向精密科学迈进。GIS 技术、RS（遥感）技术和 GPS 技术三者有机结合（称之为 3S 技术），使 GIS 应用的深度和广度达到一个新水平，构成地理学日臻完善的技术体系。

一、GIS 的定义与特点

（一）GIS 的定义

地理信息系统（Geographic Information System，GIS），是一种特定的十分重要的空间信息系统，它是在计算机硬、软件系统支持下，对整个或部分地球表层（包括大气层）空间中的有关地理分布数据进行采集、储存、管理、运算、分析、显示和描述的技术系统。

GIS 是空间数据和属性数据的综合体，如图 1 - 6 - 2 所示。其中，空间数据是以点、线、面等方式采用编码技术对空间物体进行特征描述及其物体间建立相互联系的数据集。空间特征包含三个方面的内容：位置信息、属性信息和时间信息。

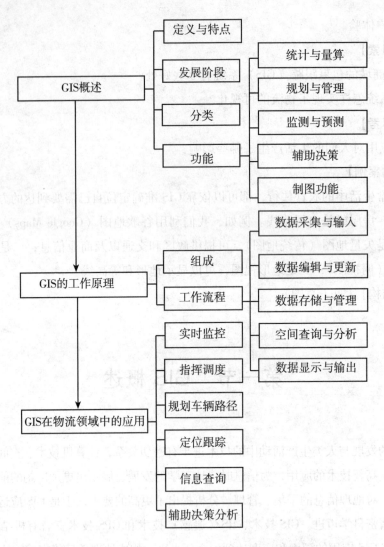

图 1 - 6 - 2 空间数据和属性数据

（二）GIS 的特点

1. GIS 的物理外壳是计算机化的技术系统

该系统由若干相互关联的子系统构成，如数据采集子系统、数据管理子系统、数据处理和分析子系统、可视化表达与输出子系统等。这些子系统的构成直接影响着 GIS 的硬件平台、系统功能和效率、数据处理的方式和产品输出的类型。

2. GIS 的操作对象是空间数据

所谓地理实体指的是在人们生存的地球表面附近的地理图层（大气图、水图、岩石图、生物图）中可相互区分的事物和现象，即地理空间中的事物和现象。在 GIS 中，所操作的只能是实体的数据，它们都有描述其质量、数量、时间特征的属性数据，也有其非属性的数据——空间数据。

空间数据即由点、线、面这三类基本要素组成的地理实体。地理实体数据的最根本特点是每一个数据都按统一的地理坐标进行编码，实现对其定位、定性、定量和拓扑关系的描述，即空间特征数据和属性特征数据统称为地理数据。

3. GIS 具有数据综合、模拟与分析评价能力

GIS 的技术优势在于数据综合、模拟与分析评价能力，可以得到常规方法难以得到的重要信息。总的来说，GIS 具有独特的地理空间分析能力、快速的空间定位搜索和复杂的查询功能、强大的图形创造和可视化表达手段，以及地理过程的演化模拟和空间决策支持功能等。其中，通过地理空间分析可以产生常规方法难以获得的重要信息，实现在系统支持下的地理过程动态模拟和决策支持，这既是 GIS 的研究核心，也是 GIS 的重要贡献。

【边学边想】

GIS 与一般的计算机应用系统有哪些异同点？

二、GIS 的发展阶段

（一）起始发展阶段（20 世纪 60 年代）

1963 年由加拿大测量学家 R. F. Tomlinson 提出并建立的世界上第一个地理信息系统是称为加拿大地理信息系统（CGIS）。

1963 年美国哈佛大学城市建筑和规划师 Howard T. Fisher 设计和建立了 SYMAP 系统软件。

1966 年美国成立了城市和区域信息系统协会（URISA），1968 年国际地理联合会（IGU）设立了地理数据收集委员会（CGDSP）。

1968 年国际地理联合会（IGU）设立了地理数据收集委员会（CGDSP）。

1969 年，ESRI（Environmental Systems Research Institute，环境系统研究所）建立，是世界最大的地理信息系统技术提供商。

1969 年，Intergraph 公司建立。

此时，受计算机发展的水平限制，GIS 侧重于机助制图，且 GIS 组织机构多。

（二）发展巩固阶段（20 世纪 70 年代）

各国对 GIS 的研究均投入了大量人力、物力、财力。不同规模、不同专题的信息系统得到很大发展。从 1970 年到 1976 年美国地质调查局发展了 50 多个地理信息系统，GIS 受到政府、商业和学校的普遍重视。

（三）推广应用阶段（20 世纪 80 年代）

GIS 在全世界范围内全面推广应用，应用领域不断扩大，开始用于全球性的问题。开展 GIS 工作的国家更为广泛，国际合作日益加强。GIS 软件开发具有突破性的进展，仅 1989 年市场上有报价的软件达 70 多个。代表性的有 ARC/INFO（美国）、GENAMAP（澳大利亚）、SPANS（加拿大）、MAPINFO（美国）、MGE（美国）、System 9（瑞士/美国）、ERDAS（美国）。

（四）蓬勃发展阶段（20 世纪 90 年代以后）

随着地理信息产生的建立和数字化信息产品在全世界的普及，GIS 已成为确定性的产业。GIS 已渗透到各行各业，涉及千家万户，成为人们生产、生活、学习和工作中不可缺少的工具和助手。

三、GIS 的分类

（一）按内容分类

GIS 按内容可分为应用型地理信息系统和地理信息系统工具两大类。

1. 应用型地理信息系统

应用型地理信息系统具有具体应用目标、特定的数据、特定的规模和特定的服务对象。通常，应用型地理信息系统是在地理信息系统工具的支持下建立起来的，这样可以节省大量的软件开发费用，缩短系统的建立周期，提高系统的技术水平，使开发人员能把精力集中于应用模型的开发，且有利于标准化的实行。

应用型地理信息系统又可以分为专题地理信息系统和区域地理信息系统。

（1）专题地理信息系统：是以某一专业、任务或现象为主要内容的 GIS，为特定的专门目的服务，如森林动态监测信息系统、农作物估产信息系统、水土流失信息系统和土地管理信息系统等。

（2）区域地理信息系统：主要以区域综合研究和全面信息服务为目标。区域可以是行政区，如国家级、省级、市级和县级等区域信息系统；也可以是自然区域，如黄土高原区、黄淮海平原区和黄河流域等区域信息系统；还可以是经济区域，如京津唐区和沪宁杭区等区域信息系统。

2. 地理信息系统工具

地理信息系统工具是一组包括 GIS 基本功能的软件包。一般包括图形图像数字化、存储管理、查询检索、分析运算和多种输出等地理信息系统的基本功能，但是没有具体的应用目标，只是供其他系统调用或用户进行二次开发的操作平台。因为，在应用地理信息系统解决实际问题时，有大量软件开发任务，有了工具型 GIS，只要在工具型 GIS 中加入地理空间数据，加上专题模型和界面，就可以开发成为一个应用型的 GIS 了。

（二）按用途分类

GIS 按用途的不同可分为多种地理信息系统，如自然资源查询信息系统、规划与评价信息系统和土地管理信息系统。

（三）其他分类

GIS 按存储数据的范围大小，可划分为全球的、区域的和局部的三种。

GIS 按表达空间维数，分为 2 维 GIS 和 3 维 GIS。通常 GIS 研究地球表层的若干要素的分布，属 2～2.5 维 GIS，布满整个三维空间建立的 GIS，才是真 3 维 GIS。一般也将数字位置模型（2 维）和数字高程模型（1 维）的结合称为 2+1 维或 2.5 维 GIS。

GIS 按是否直接存储时间尺度，分为静态 GIS 和动态 GIS。如果考虑时间维度，也称为时态 GIS 或动态 GIS，否则为静态 GIS。

四、GIS 的功能

由于 GIS 本身的综合性，决定了它具有广泛的用途。GIS 在各方面的应用主要是通过系统中的多要素空间数据、各种数学模型以及应用软件来实现。

（一）统计与量算

利用 GIS 将多种数据源信息汇集在一起，通过系统的统计和叠置分析功能，按多种边界和属性条件，提供区域多种条件组合形式的资源统计和进行原始数据的快速再现。

（二）规划与管理

规划与管理是 GIS 应用的一个重要方面。GIS 通过对跨地域的资源数据进行处理、分析，并将空间和信息结合起来，揭示其中隐含的模式，发现其内在的规律和发展趋势，

使用户在短时间内对资源数据有一个直观和全面的了解。区域规划和城市规划中涉及诸多方面和众多因素，如人口、交通、经济、文化、教育、金融和基础设施等多个地理变量和大量数据。GIS 技术能够进行多要素分析，它具有为规划部门快速提供大量信息的能力。

（三）监测与预测

在 GIS 中，监测是借助遥感遥测数据的收集，利用 GIS 对环境污染、森林火灾、洪水灾情等进行监视推测，为环境治理和救灾抢险决策提供及时准确的信息。

预测主要采用统计方法，通过分析历史资料和建立数学模型，对事物进行定量分析，并对事物的未来做出判断和预测，例如洪水预报模型。

（四）辅助决策

GIS 在其多要素空间数据库的支持下，通过构建一系列决策模型，并对这些决策模型进行比较分析，为各部门决策提供科学的依据，辅助政府部门决策的制定。GIS 技术已经被用于辅助完成一些任务，例如：为计划调查提供信息，为解决领土争端提供信息服务，以最小化视觉干扰为原则设置路标等。所有的这些数据都可以用地图的形式简洁而清晰的显示出来，或者出现在相关的报告中，使决策的制定者不必再浪费精力在分析和理解数据上。GIS 快速的结果获取，使多种方案和设想可以得到高效的评估。

（五）制图功能

制图功能是 GIS 最重要的一种功能，对多数用户来说，也是用得最多的一种功能。GIS 的综合制图功能包括专题地图制作，在地图上显示出地理要素，并赋予数值范围，同时可以放大和缩小以表现不同的细节层次。GIS 不仅可以为用户输出全要素图，而且可以根据用户需要分层输出各种专题地图，以显示不同要素和活动的位置，或有关属性内容。例如，矿产分布图、城市交通图、旅游图等。通常这种含有属性信息的专题地图主要有多边形图、线状图、点状图等三种基本形式，也可由这几种基本图形综合组成各种形式和内容的专题图。

总之，随着社会的进步，科技的发展，GIS 的应用将越来越广泛，必将产生巨大的经济效益和社会效益。

【边学边想】

GIS 的应用领域有哪些？

第二节 GIS 的工作原理

一、GIS 的组成

完整的 GIS 主要由五个部分组成，即系统硬件、系统软件、空间数据、应用模型和应用人员，如图 1-6-3 所示。

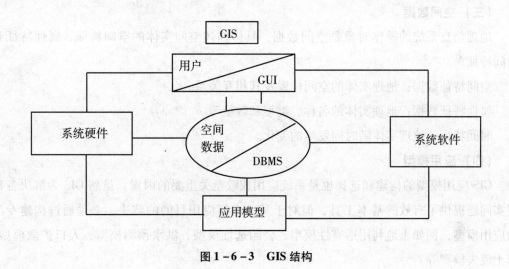

图 1-6-3　GIS 结构

（一）系统硬件

GIS 系统硬件主要包括 GIS 主机、GIS 外部设备和 GIS 网络设备。

1. GIS 主机

GIS 主机分为工作站/服务器和微型计算机，主流是各种工作站/服务器。

2. GIS 外部设备

（1）输入设备：图形数字化仪、图形扫描仪、解析和数字摄影测量设备等。

（2）输出设备：各种绘图仪、图形显示终端和打印机等。

3. GIS 网络设备

GIS 网络设备包括布线系统、网桥、路由器和交换机等。

（二）系统软件

1. GIS 专业软件

GIS 专业软件指具有丰富功能的通用 GIS 软件，它包含了处理地理信息的各种功能，可作为其他应用系统建设的平台。

2. 数据库软件

数据库软件除了在 GIS 专业软件中用于支持复杂空间数据的管理软件外，还包括服务于以非空间属性数据为主的数据库系统。

3. 系统管理软件

系统管理软件主要指计算机操作系统，如 MS – DOS、Unix、Windows 98 等。

（三）空间数据

地理信息系统的操作对象是空间数据，具体描述空间实体的空间特征、属性特征和时间特征。

空间特征数据：地理实体的空间位置及其相互关系。

属性特征数据：地理实体的名称、类型和数量等。

时间特征：地理实体随时间发生的变化。

（四）应用模型

GIS 应用模型的构建和选择也是系统应用成败至关重要的因素，虽然 GIS 为解决各种现实问题提供了有效的基本工具，但对于某一专门应用目的的解决，必须通过构建专门的应用模型，例如土地利用适宜性模型、公园选址模型、洪水预测模型、人口扩散模型、水土流失模型等。

（五）应用人员

GIS 应用人员包括系统开发人员和 GIS 技术的最终用户，他们的业务素质和专业知识是 GIS 工程及其应用成败的关键。

二、GIS 的工作流程

在建立一个实用的 GIS 过程中，从数据准备到系统完成，必须经过各种数据转换，每个转换都有可能改变原有的信息。一般的 GIS 工作流程包括数据的采集与输入、数据的编辑与更新、数据的存储与管理、空间查询与分析以及数据的显示与输出。GIS 的工作流程，如图 1 - 6 - 4 所示。

（一）数据采集与输入

数据采集与输入，即在数据处理系统中将系统外部的原始数据传输给系统内部，并

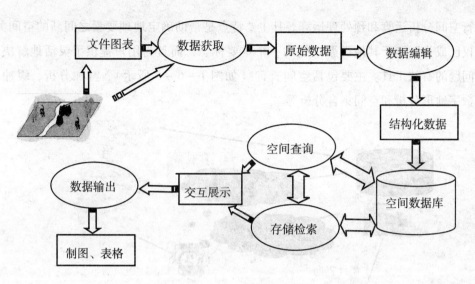

图 1 - 6 - 4   GIS 的工作流程

将这些数据从外部格式转换为系统便于处理的内部格式的过程。主要有图形数据输入，如管网图输入；栅格数据输入，如遥感图像的输入；测量数据输入，如全球定位系统（GPS）数据的输入；属性数据输入，如数字和文字的输入等。

（二）数据编辑与更新

数据编辑主要包括图形编辑和属性编辑。属性编辑主要与数据库管理结合在一起完成，图形编辑主要包括拓扑关系建立、图形编辑、图形装饰、图幅拼接、图形变换、投影变换、误差校正等功能。数据更新即以新的数据项或记录来替换数据文件或数据库中相对应的数据项或记录，它是通过删除、修改、插入等一系列操作来实现的。

由于地理信息具有动态变化的特征，人们所获取的数据只反映地理事务某一瞬间或一定时间范围内的特征，随着时间的推进，数据会随之改变。因此，数据更新是 GIS 建立地理数据的时间序列，满足动态分析的前提，是对自然现象的发生和发展做出科学合理的预测预报的基础。

（三）数据存储与管理

数据存储是将数据以某种格式记录在计算机内部或外部存储介质上。其存储方式与数据文件的组织密切相关。数据管理是处理数据存取和数据运行的各种管理控制。空间数据管理是 GIS 数据管理的核心。

（四）空间查询与分析

空间查询与分析是 GIS 的核心，是 GIS 区别于其他信息系统的本质特征，主要是对数

据执行空间分析运算和预处理运算。其主要特点是帮助确定地理要素之间新的空间关系，它不仅已成为区别于其他类型系统的一个重要标志，而且为用户提供了灵活地解决各类专门问题的有效工具。主要包括空间查询（如图 1 - 6 - 5 所示）、叠加分析、缓冲区分析、数字地形分析和空间集合分析等。

图 1 - 6 - 5　空间查询实例

（五）数据显示与输出

数据显示是中间处理过程和最终结果的屏幕显示。通常以人机交互方式来选择显示的对象与形式，对于图形数据根据要素的信息量和密集程度，可选择放大或缩小显示。输出是将 GIS 的产品通过输出设备（包括显示器、绘图机、打印机等）输出。GIS 不仅可以输出全要素地图，也可以根据用户需要，分层输出各种专题地图、各类统计图、图表、数据和报告等。

【边学边想】

GIS 还有哪些延伸的新技术？

第三节　GIS 在物流领域中的应用

GIS 在物流中主要用于货物的跟踪和车辆的运输管理。GIS 技术和其他技术相结合，可实现汽车和自动搬运车的无人驾驶。具体地说，GIS 在物流领域的应用主要表现在以下方面。

一、实时监控

经过 GSM 网络的数字通道，将信号输送到车辆监控中心，监控中心通过差分技术换算位置信息，然后通过 GIS 将位置信号用地图语言显示出来，货主、物流企业可以随时了解车辆的运行状况、任务执行和安排情况，使得不同地方的流动运输设备变得透明而且可控。另外，还可以通过远程操作，断电锁车、超速报警对车辆行驶进行实时限速监管、偏移路线预警、疲劳驾驶预警、危险路段提示、紧急情况报警、求助信息发送等安全管理保障驾驶员、货物、车辆及客户财产安全。

二、指挥调度

客户经常会因突发性的变故而在车队出发后要求改变原订计划；有时公司在集中回程期间临时得到了新的货源信息；有时几个不同的物流项目要交叉调车。在上述情况下，监控中心借助于 GIS 就可以根据车辆信息、位置、道路交通状况向车辆发出实时调度指令，用系统的观念运作企业业务，达到充分调度货物及车辆的目的，降低空载率，提高车辆运作效率。如为某条供应链服务，则能够发挥第三方物流的作用，把整个供应链上的业务操作变得透明，为企业供应链管理打下基础。

三、规划车辆路径

目前主流的 GIS 应用开发平台大多集成了路径分析模块，运输企业可以根据送货车辆的装载量、客户分布、配送订单、送货线路交通状况等因素设定计算条件，利用该模块的功能，结合真实环境中所采集到的空间数据，分析客、货流量的变化情况，对公司的运输线路进行优化处理，可以便利地实现以费用最小或路径最短等目标为出发点的运输路径规划。

四、定位跟踪

GIS 结合 GPS 技术实现货物实时快速的定位，这对于现代物流的高效率管理来说是非常核心的关键。在主控中心的电子地图上选定跟踪车辆，将其运行位置在地图画面上保存，精确定位车辆的具体位置、行驶方向、瞬间时速，形成直观的运行轨迹。并任意放大、缩小、还原、换图，可以随目标移动，使目标始终保持在屏幕上，利用该功能可对车辆和货物进行实时定位、跟踪，满足掌握车辆基本信息、对车辆进行远程管理的需要。

五、信息查询

货物发出以后，受控车辆所有的移动信息均被存储在控制中心计算机中——有序存档、方便查询；客户可以通过网络实时查询车辆运输途中的运行情况和所处的位置，了解货物在途中是否安全，是否能快速有效地到达。接货方只需要通过发货方提供的相关资料和权限，就可通过网络实时查看车辆和货物的相关信息，掌握货物在途中的情况以及大概的到达时间。以此来提前安排货物的接收，存放以及销售等环节，使货物的销售链可提前完成。

六、辅助决策分析

在物流管理中，GIS 会提供历史的、现在的、空间的、属性的等全方位信息，并集成各种信息进行销售分析、市场分析、选址分析以及潜在客户分析等空间分析。另外，GIS与 GPS 的有效结合，再辅以车辆路线模型、最短路径模型、网络物流模型、分配集合模型和设施定位模型等，可构建高度自动化、实时化和智能化的物流管理信息系统，这种系统不仅能够分析和运用数据，而且能为各种应用提供科学的决策依据，使物流变得实时并且成本最优。

知识要点回顾

【主要概念】

GIS 空间数据 地理实体 地理信息系统工具

【动手动脑】

1. 请用 Google - earth 找出自己的家乡所在地区（最好能找出具体哪一座房子或建筑是自己的家），同时介绍 1 个家乡的风景名胜（配上景观照片）。以上均给出 Google - earth 的屏幕截图，在图上标注地点并配文字说明，并谈谈 Google - earth 与 GIS 有何内在联系。

2. 选取一个具体的 GIS 应用案例或解决方案，较为深入地分析 GIS 在其中的作用和价值，不少于 3000 字。

第七章 GPS 技术

你知道我们的距离是如此之近吗——GPS 系统

广东振戎能源有限公司是广东省的一家大型 LPG 燃气供应商，拥有 4 座气运码头，100 多个储气仓库，大型槽罐车 30 多辆，瓶装气运输车辆 200 多辆，营业网点上千个，遍布珠三角的广州、深圳、东莞、中山、珠海和佛山等城市，每天的运输量十分繁忙。公司制定了严格的运输作业流程，但是远距离的司机不严格执行，公司也无法进行有效的监管。

在交通运输领域，如何有效地加强对车辆的监管、提高调度效率呢？

【案例导入】

广东振戎能源 GPS 系统

1. 高效的车辆监控调度工具

振戎能源在成功实施了 GPS 系统后，改变了车辆在行驶过程中疏散不易集中管理的状况。过去一旦车辆出勤，与公司将处于脱离的状态，公司很难了解到车辆当前的确切位置和行驶数据，也无法将调度信息实时地下达给车辆。而司机也容易在一个陌生的地区迷失方向，遇到意外情况无法及时通知公司而获得援助。

GPS 系统成为公司和车辆联系的纽带，公司能够在监控中心的电子地图上清晰地观察到所有车辆的位置、速度、行驶状态是否正常。车辆陷入困境时，系统能够主动或者司机手动向监控中心发送求助信息，司机、车辆以及车载物品的安全具有了充分的保障。同时，无论车辆分布何处，都能够及时接受到来自监控中心的调度命令，真正让公司实现"运筹帷幄，决胜千里"的愿望。

2. 先进的信息化管理方法

GPS 系统还促进了振戎能源管理的信息化程度，使管理的规章制度具有真正的可执行性。过去公司对车辆的管理更多地体现在对司机行为的约束上，却无法通过管理为司机提供更多的服务。拥有 GPS 系统之后，公司的管理将真正体现出服务的功能，司机能

够得到来自监控中心的天气、路况、医疗等丰富的信息服务，甚至包括车辆保险到期的提示。

车辆行驶的全程都在监控中心的监控之下，如果行驶过程中发生违规或者交通事故纠纷，数据库中的历史数据将能够作为有力的证据，这会促使司机在行驶过程中严格遵守规章制度。公司中关于车辆的所有信息都可以通过信息化的手段进行管理，使管理信息化的同时，还增进了管理的服务功能和管理制度的可行性。GPS 系统不但为公司提供一个监控调度工具，更提供了一种先进的管理方法和理念。

3. 降低运营成本，提高了公司效益的途径

GPS 系统强大的监控调度功能和管理功能极大地降低了振戎能源的运营成本，提高了公司的效益。公司需要对需求快速地做出反应，才能够适应市场经济的需要。作为物流企业，一旦某个地区产生货运需求，通过 GPS 系统能够将单据派发到该地区附近的配送中心，同时获得该地区内本公司车辆分布的情况，任务立即就可以下达到这些车辆。这样提高了公司车辆的使用率，降低空载情况，从而达到降低运营成本提高效益的目的。

4. 实时获取决策支持数据的手段

振戎能源的决策者经常为无法获得准确的决策支持数据而烦恼。拥有 GPS 系统能够为决策者提供丰富的公司运营数据，并且数据的准确性有保证。GPS 系统将通过可视化的方式将数据呈现给公司的管理者和决策者，为公司做出正确的决策提供有力支持。

【案例思索】

1. 振戎能源为什么要实施 GPS 系统？

2. GPS 系统帮助振戎能源改善了哪些问题？

3. 为什么 GPS 系统的应用体现了一种先进的信息化管理思想？

【本章思考】

你认为 GPS 技术的应用会对现代物流的发展产生什么样的影响？

【身边的案例】

以 GPS 为代表的卫星导航应用产品，能很容易地提供位置、速度和时间信息，成为现代信息社会的重要信息来源。并且，由于它功能强大、使用方便、价格合适，所以能很好地与其他系统结合，形成大量的新应用、新产品，迅速地进入我们日常工作、学习、生活和娱乐中，比如车载导航系统、智能手机上的 GPS 导航等。

【知识结构】

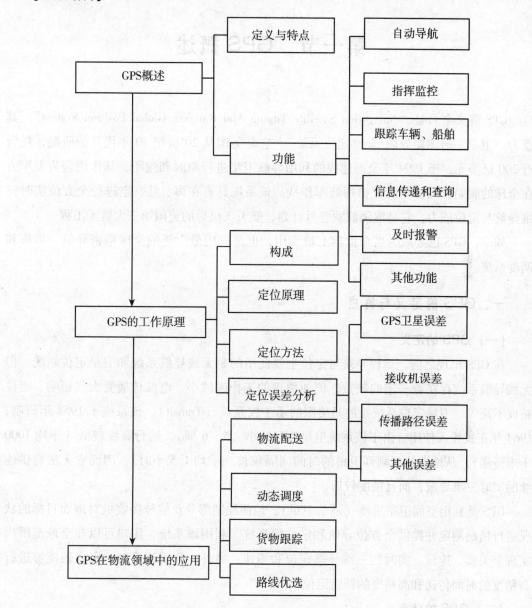

第一节 GPS 概述

GPS 英文全名是 "Navigation Satellite Timing And Ranging/Global Position System"，其意为 "卫星测时测距导航/全球定位系统"。它是美国从 20 世纪 70 年代开始研制，耗资近 200 亿美元，于 1994 年全面建成的利用导航卫星进行测时和测距，其作用是为美军方在全球的舰船、飞机导航并指挥陆军作战。该系统具有在海、陆、空进行全方位实时三维导航与定位能力，它是继阿波罗登月计划、航天飞机后的美国第三大航天工程。

如今，GPS 已经成为当今世界上最实用，也是应用最广泛的全球精密导航、指挥和调度系统。

一、GPS 的定义与特点

(一) GPS 的定义

在 GPS 出现之前，远程导航与定位主要使用的是无线导航系统和卫星定位系统。但无线导航系统存在着一定的缺点，例如覆盖的工作区域小、电波传播受大气影响、定位精度不高等。卫星定位系统指的是美国的子午仪系统（Transit），该系统于 1958 年研制，1964 年正式投入使用。由于该系统卫星数目较小（5~6 颗），运行高度较低（平均 1000 千米传递），从地面站观测到卫星的时间间隔较长（平均 1.5 小时），因而它无法提供连续的实时三维导航，而且精度较低。

GPS 是利用空间卫星星座（通信卫星）、地面控制部分及信号接收机对地面目标的状况进行精确测定并提供全方位导航和定位的系统。利用该系统，用户可以在全球范围内实现全天候、连续、实时的三维导航定位和测速；另外，利用该系统，用户还能够进行高精度的时间传递和高精度的精密定位。

(二) GPS 的特点

GPS 的特点有：高精度、全天候、高效率、多功能、操作简便、应用广泛等。

1. 定位精度高

利用 GPS 系统可以获得动态目标的高精度的坐标、速度和时间信息等，随着技术水平的提高，定位精度还将进一步提高。

2. 定位快速、高效

随着 GPS 系统软件的不断更新，实时定位所需时间越来越短。目前，20 千米以内相对静态定位，仅需15~20 分钟；快速静态相对定位测量时，当每个流动站与基准站相距在15km 以内时，流动站观测时间只需 1~2 分钟，然后可随时定位，每站观测只需几秒钟。目前 GPS 接收机的一次定位和测速工作在 1 秒甚至更短的时间内便可完成。

3. 功能多样、应用广泛

GPS 系统不仅具有定位导航的功能，还具有跟踪、监控、测绘等功能。作为军民两用的系统，尤其是在民用领域应用广泛。GPS 系统还可用于测速、测时，测速的精度可达 0.1m/s，测时的精度可达几十毫微秒。

4. 可测算三维坐标

通常所用的大地测量方式是将平面与高程采用不同方法分别施测。GPS 可同时精确测定测站点的三维坐标，目前 GPS 水准可满足四等水准测量的精度。

5. 操作简单

随着 GPS 接收机不断改进，自动化程度越来越高，简化了操作步骤，使用起来更方便；接收机的体积越来越小，重量越来越轻，在很大程度上减轻了使用者劳动强度和工作压力，使工作变得更加轻松。

6. 全天候，不受天气影响

由于 GPS 卫星数目较多且分布合理，所以在地球上任何地点均可连续同时观测到至少 4 颗卫星，从而保障了全球、全天候连续实时导航与定位的需要。目前 GPS 观测可在一天 24 小时内的任何时间进行，不受阴天黑夜、起雾刮风、下雨下雪等气候的影响。

【边学边想】

GPS 和 GIS 有什么区别？

二、GPS 的功能

美国在 GPS 设计时提供两种服务。一种为精密定位服务（PPS），利用精码（军码）定位，提供给军方和得到特许的用户使用，定位精度可达 10 米。另一种为标准定位服务（SPS），利用粗码（民码）定位，提供给民间及商业用户使用。目前 GPS 民码单点定位精度可以达到 25 米，测速精度 0.1 米/秒，授时精度 200 纳秒。

GPS 作为军民两用的系统，其应用范围极广。在军事上，GPS 已成为自动化指挥系统、先进武器系统的一项基本保障技术，应用于各种兵种。在民用上，其应用领域包括陆地运输、海洋运输、民用航空、通信、测绘、建筑、采矿、农业、电力系统、医疗应

用、科研、家电、娱乐等。具体说来，GPS 的功能主要有以下几个方面。

（一）自动导航

GPS 的主要功能就是自主导航，可用于武器导航、车辆导航、船舶导航、飞机导航、星际导航和个人导航。GPS 利用接收终端向用户提供位置、时间信息，也可结合电子地图进行移动平台航迹显示、行驶线路规划和行驶时间估算，对军事而言，可提高部队的机动作战和快速反应能力，在民用上也可以提高民用运输工具的运载效率，节约社会成本。

（二）指挥监控

GPS 的导航定位和数字短报文通信基本功能可以有机结合，利用系统特殊的定位体制，将移动目标的位置信息和其他相关信息传送至指挥所，完成移动目标的动态可视化显示和指挥指令的发送，实现移动目标的指挥监控。

（三）跟踪车辆、船舶

为了随时掌握车辆和船舶的动态，需根据地面计算机终端实时显示车辆、船舶的实际位置，了解货运情况，实施有效的监控和快速运转。

（四）信息传递和查询

利用 GPS，管理中心可为车辆、船舶提供相关的气象、交通、指挥等信息，还可将行进中车辆、船舶的动态信息传递给管理中心，实现信息的双向交流。

（五）及时报警

通过使用 GPS，及时掌握运输装备的异常情况，接收求救信息和报警信息，并迅速传递到地面管理中心，从而实行紧急救援。

（六）其他功能

GPS 还广泛应用在天文台、通信系统基站、电视台的精确定时，道路、桥梁、隧道的施工中，大量采用 GPS 设备进行工程测量，野外勘探及城区规划中的勘探测绘等。

【边学边想】

GPS 有哪些最新的应用和发展？

第二节　GPS 的工作原理

一、GPS 的构成

　　GPS 由三大部分构成：空间部分——GPS 卫星星座；地面控制部分——地面监控系统；用户设备部分——GPS 信号接收机。其中，空间部分由卫星星座构成；地面控制部分由地面卫星控制中心进行管理；用户部分则由军用和民用研发厂商开发、销售、服务。空间部分和地面控制部分目前均由美国国防部掌握。GPS 典型应用系统的构成，如图 1 - 7 - 1 所示。

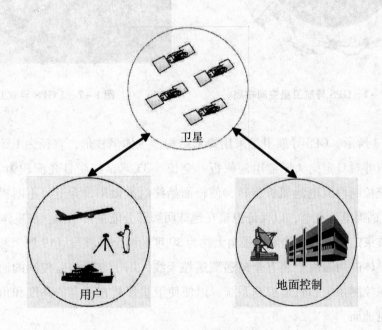

图 1 - 7 - 1　GPS 典型应用系统的构成

（一）GPS 卫星星座

　　GPS 空间部分目前共有 30 颗、4 种型号的导航卫星，其中 6 颗为技术试验卫星。24 颗导航卫星位于距地表 20200 千米的上空，分布在 6 个轨道平面内，每个近似圆形的轨道平面内各有 4 颗卫星均匀分布，可以保证在全球任何地点、任何瞬间至少有 4 颗卫星同时出现在用户视野中。即每台 GPS 接收机无论在任何时刻，在地球上任何位置都可以同时接收到最少 4 颗 GPS 卫星发送的空间轨道信息。接收机通过对接收到的每颗卫星的定位信息的解算，便可确定该接收机的位置，从而提供高精度的三维（经度、纬度、高度）定位导航及信息，具有在时间上连续的全球导航能力。GPS 导航卫星空间布局，如图 1 - 7 - 2 所示。

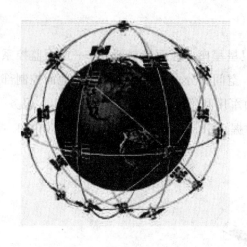

图 1 - 7 - 2　GPS 导航卫星空间布局

图 1 - 7 - 3 GPS 导航卫星

如图 7 - 3 所示，GPS 导航卫星采用蜂窝结构，主体呈柱形，直径为 1.5 米。卫星两侧装有两块双叶对日定向太阳能电池帆板，全长 5.33 米，接受日光面积为 7.2 平方米。对日定向系统控制两翼电池帆板旋转，使板面始终对准太阳，为卫星不断提供电力，并给三组 15Ah 镉镍电池充电，以保证卫星在地球阴影部分能正常工作。在星体底部装有 12 个单元的多波束定向天线，能发射张角大约为 30 度的两个 L 波段（19 厘米和 24 厘米波）的信号。在星体的两端面上装有全向遥测遥控天线，用于与地面监控网的通信。此外卫星还装有姿态控制系统和轨道控制系统，以便使卫星保持在适当的高度和角度，准确对准卫星的可见地面。

（二）地面监控系统

地面监控系统是整个系统的中枢，由美国国防部 JPO 管理。GPS 卫星是一动态已知点，每个卫星的位置是依据卫星发射的星历（描述卫星运动及其轨道的参数）计算得到的。每颗 GPS 卫星所播发的星历，是由地面监控系统提供的。卫星上的各种设备是否正常工作，以及卫星是否一直沿着预定轨道运行，都要由地面设备进行监测和控制。

地面监控系统的另一重要作用是保持各颗卫星处于同一时间标准——GPS 时间系统。

这就需要地面站监测各颗卫星的时间，求出钟差。然后由地面注入站发给卫星，卫星再由导航电文发给用户设备。

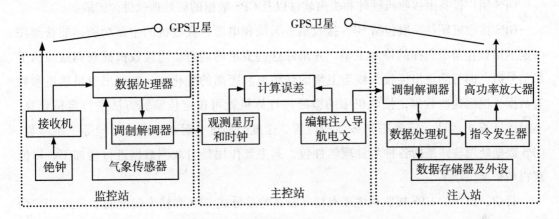

图1-7-4 GPS地面监控系统作业原理

GPS工作卫星的地面监控系统如图1-7-4所示，包括一个主控站、五个卫星监测站和三个信息注入站。

1. 主控站

1个主控站，设在美国本土科罗拉多·平士（Colorado Springs）的联合空间执行中心。主控站拥有大型电子计算机，收集各监测站测得的伪距、卫星时钟和工作状态等综合数据，计算各卫星的星历、时钟改正、卫星状态、大气传播改正等，然后将这些数据按一定的格式编写成导航电文，并传送到注入站。

2. 卫星监测站

5个卫星监测站，分别位于夏威夷、亚森欣岛、迪亚哥加西亚、瓜加林岛和科罗拉多泉，是在主控站直接控制下的数据自动采集中心。这些卫星监测站监控GPS卫星的运作状态及它们在太空中的精确位置，并负责传送卫星瞬时常数（Ephemera's Constant）、时脉偏差（Clock Offsets）的修正量，再由卫星将这些修正量提供给GPS接收器便于定位。

3. 信息注入站

3个信息注入站，现分别设在印度洋、南大西洋和南太平洋。注入站的主要设备包括1台直径为3.6米的天线，1台C波段发射机和1台计算机。主要任务是在主控站的控制下将主控站推算和编制的卫星星历、钟差、导航电文和其他控制指令等注入相应卫星的存储系统，并检测正确性。

整个GPS的地面监控部分，除主控站外均无人值守。各站间用现代化的通信网络联

系起来，在原子钟和计算机的精确控制下，各项工作实现了高度的自动化和标准化。

（三）GPS用户设备

GPS用户设备由接收机硬件和机内软件以及GPS数据的后处理软件包组成。

GPS接收机硬件一般包括GPS接收机、天线和电源，接收机的主要功能是捕获到按一定卫星截止角所选择的待测卫星，并跟踪这些卫星的运行。当接收机捕获到跟踪的卫星信号后，即可测量出接收天线至卫星的伪距离和距离的变化率，解调出卫星轨道参数等数据。根据这些数据，接收机中的微处理计算机就可按定位解算方法进行定位计算，实时地计算出运动（或静态）载体的位置、速度、高度、运动方向、时间等三维参数。GPS数据处理软件是指各种后处理软件包，其主要作用是对观测数据进行精加工，以便获得精密定位结果。

目前，商用的GPS接收机主要有精度较高的差分式GPS和精度较低的手持式GPS两种，而且现在手机也开始带有GPS功能。GPS卫星接收机根据用途分为车载式（如图1-7-5所示）、船载式、机载式、星载式、弹载式；根据型号分为测地型（如图1-7-6所示）、全站型、定时型、手持型（如图1-7-7所示）、集成型（如图1-7-8所示）；按使用环境可分为中低动态接收机和高动态接收机等。

图1-7-5　车载式卫星接收机

图1-7-6　测地型卫星接收机

二、GPS的定位原理

GPS定位的基本原理是根据高速运动的卫星瞬间位置作为已知的起算数据，采用空间距离后方交会的方法，确定待测点的位置，原理如图1-7-9所示。

图 1－7－7 手持式卫星接收机（相机与 GPS）　　　　图 1－7－8 集成型接收机

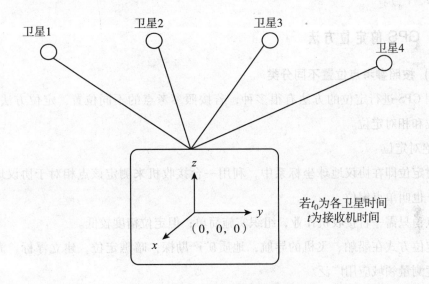

若 t_0 为各卫星时间
t 为接收机时间

图 1－7－9 GPS 定位原理图

其特点就是利用平均 20200km 高空均匀分布在 6 个轨道上的 24 颗卫星，发射测距信号 C/A 码及 L1、L2 载波，用户通过接收机接受这些信号测量卫星至接收机之间的距离。由于卫星的瞬时坐标是已知的，利用三维坐标中的距离公式，利用 3 颗卫星，就可以组成 3 个方程式，解出观测点的位置 (x, y, z)。考虑到卫星的时钟与接收机时钟之间的误差，实际上有 4 个未知数，x、y、z 和钟差，因而需要引入第 4 颗卫星，形成 4 个方程式进行求解，从而得到观测点的经纬度和高程（一般地形条件下可见 4～12 颗卫星）

待测点坐标计算公式：

$$[(x_1 - x)^2 + (y_1 - y)^2 + (z_1 - z)^2]^{1/2} + c(x_{t_1} - V_{t_0})^2 = d_1$$

$$[(x_2 - x)^2 + (y_2 - y)^2 + (z_2 - z)^2]^{1/2} + c(x_{t_2} - V_{t_0})^2 = d_2$$

$$[(x_3 - x)^2 + (y_3 - y)^2 + (z_3 - z)^2]^{1/2} + c(x_{t_3} - V_{t_0})^2 = d_3$$

$$[(x_4 - x)^2 + (y_4 - y)^2 + (z_4 - z)^2]^{1/2} + c(x_{t_4} - V_{t_0})^2 = d_4$$

上述 4 个方程式中待测点坐标 x，y，z 和 V_{t_0} 为未知参数，x，y，z 为待测点坐标的空间直角坐标。x_i，y_i，z_i（$i = 1$，2，3，4）分别为卫星 1、卫星 2、卫星 3、卫星 4 在 t 时刻的空间直角坐标，可由卫星导航电文求得，V_{t_0} 为接收机的钟差。其中 $d_i = V_{t_i}$（$i = 1$，2，3，4）。d_i（$i = 1$，2，3，4）分别为卫星 1，卫星 2，卫星 3，卫星 4 到接收机之间的距离。V_{t_i}（$i = 1$，2，3，4）分别为卫星 1，卫星 2，卫星 3，卫星 4 的信号到达接收机所经历的时间（卫星钟的钟差），c 为 GPS 信号的传播速度（即光速），最后求解方程，得（x，y，z，V_{t_0}）。

三、GPS 的定位方法

（一）按照参考点位置不同分类

利用 GPS 进行定位的方法有很多种，若按照参考点的不同位置，定位方法可分为：绝对定位和相对定位。

1. 绝对定位

绝对定位即在协议地球坐标系中，利用一台接收机来测定该点相对于协议地球质心的位置，也叫单点定位。

特点：只需一台接收机作业，组织实施简单；但定位精度较低。

该定位方式在船舶、飞机的导航，地质矿产勘探，暗礁定位，建立浮标，海洋捕鱼及低精度测量领域应用广泛。

2. 相对定位

相对定位即在协议地球坐标系中，利用两台以上的接收机测定观测点至某一地面参考点（已知点）之间的相对位置，也就是测定地面参考点到未知点的坐标增量。

特点：由于各站同步观测同一组卫星，误差对各站观测量的影响相同或大体相同，对各站求差（线性组合）可以消除或减弱这些误差的影响，从而提高了相对定位的精度；但是内外组织实施较复杂。

该定位方式主要应用于大地测量、工程测量、地壳形变监测等领域。

（二）按照接收机运动状态不同分类

若按用户接收机在作业中的运动状态不同，GPS 定位方法可分为：静态定位和动态定位。

1. 静态定位

静态定位：在定位过程中，将接收机安置在测站点上并固定不动。严格说来，这种静止状态只是相对的，通常指接收机相对于其周围点位没有发生变化，或变化极其缓慢，以致在观测期内可以忽略。

特点：观测的时间较长，有大量的重复观测；定位的可靠性强、精度高。

该定位方式主要应用于测定板块运动、监测地壳形变、大地测量、精密工程测量、地球动力学及地震监测等领域。

2. 动态定位

动态定位：在定位过程中，接收机处于运动状态。

特点：可以实时地测得运动载体的位置，多余观测量少，定位精度低。

该定位方式目前广泛应用于飞机、船舶、车辆的导航中。

在 GPS 绝对定位和相对定位中，又都包含静态和动态两种方式，即动态绝对定位、静态绝对定位、动态相对定位和静态相对定位。

四、GPS 的定位误差分析

在利用 GPS 进行定位时，即使信号再精准，GPS 仍会因各种自然或干扰因素产生误差使我们所得的结果与实际有所偏差。造成 GPS 卫星信号的误差原因有很多，从卫星之间的距离到自然界的物理因素的干扰，再到接收器内部误差，都有可能造成 GPS 产生信号误差，具体而言，主要包括：GPS 卫星的误差、接收机误差、传播路径误差以及其他不确定的因素。

（一）GPS 卫星误差

1. 卫星轨道误差

在进行 GPS 定位时，计算在某时刻 GPS 卫星位置所需的卫星轨道参数是通过各种类型的星历提供的，但不论采用哪种类型的星历，所计算出的卫星位置都会与其真实位置有所差异，这就是所谓的卫星轨道误差。

2. 卫星时钟误差

卫星非常的精密复杂，可以计算出一些像原子钟那样极微小的讯息、信息，但是即使是这样的精准装置，仍会有一些微小的误差产生。虽然会持续监控卫星的定位，但并不是每一秒都处于被监视的状态之中，这期间一旦有微小的定位误差或卫星星历的误差产生，便会影响到接收器在定位计算时的准确性。

（二）接收机误差

接收机误差主要有接收机钟差，接收机天线相位中心偏差，接收机软硬件误差，天

线相对旋转产生的误差。接收机钟差是指 GPS 接收机所使用的钟的钟面时与 GPS 标准时之间的差异。接收机天线相位中心偏差是 GPS 接收机天线的标称相位中心与其真实的相位中心之间存在差异。同时，在进行 GPS 定位时，定位结果还会受到控制与处理软硬件的影响。

（三）传播路径误差

1. 大气层延迟

大气层延迟包括电离层延迟和对流层延迟。电离层延迟是由于地球周围的电离层对电磁波的折射效应，使得 GPS 信号的传播速度发生变化，这种变化称为电离层延迟。对流层延迟的出现是由于地球周围对流层对电磁波的折射效应，使 GPS 信号的传播速度发生变化，如图 1 - 7 - 10 所示。

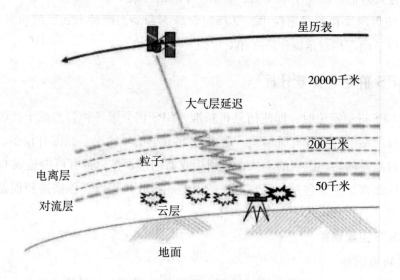

图 1 - 7 - 10 GPS 信号传播示意

2. 多路径效应

多路径效应是由于接收机周围环境的影响，使得接收机所接收到的卫星信号中还包含有反射和折射信号的影响。

（四）其他误差

GPS 定位的结果还会受到人为因素的影响，用户在数据处理过程中操作不当也会引起定位结果的误差。如数据处理软件算法不完善，固体潮、海水负荷等都可能引起偏差。

【边学边想】

怎样减小 GPS 的定位误差？

第三节 GPS 在物流领域中的应用

目前，GPS 技术备受人们关注，其中一个重要的原因是 GPS 的诸多功能在物流领域的运用已被证明是卓有成效的，尤其是在货物配送领域中。由于货物配送过程是实物的空间位置转移过程，所以在货物配送过程中，对可能涉及的货物的运输、仓储、装卸、送递等处理环节，对各个环节涉及的问题如运输路线的选择、仓库位置的选择、仓库的容量设置、合理装卸策略、运输车辆的调度和投递路线的选择都可以通过运用 GPS 的导航功能、车辆跟踪、信息查询等功能进行有效的管理和决策分析，这无疑将有助于配送企业有效地利用现有资源，降低消耗，提高效率。

具体来看，GPS 在物流领域中主要有以下应用。

一、物流配送

GPS 将车辆的状态信息（包括位置、速度、车厢内温度等）以及客户的位置信息快速、准确地反映给物流系统，由特定区域的配送中心统一合理地对该区域内所有车辆做出快速地调度。这样便大幅度提高了物流车辆的利用率，减少了空载车辆的数量和空载的时间，从而减少物流公司的运营成本，提高物流公司的效率和市场竞争能力，同时增强物流配送的适应能力和应变能力。

二、动态调度

利用 GPS，操作人员可通过在途信息的反馈，在车辆未返回车队前即做好待命计划，提前下达运输任务。这样可以减少等待时间，加快车辆周转，以提高重载率，减少空车时间和空车距离，充分利用运输工具的运能，提前预设车辆信息及精确的抵达时间，用户根据具体情况合理安排回程配货，为运输车辆排解后顾之忧。

三、货物跟踪

通过 GPS 和电子地图系统，可以实时了解车辆位置和货物状况（车厢内温度、空载或重载），真正实现在线监控，避免以往在货物发出后难以知情的被动局面，提高货物的安全性。货主可以主动、随时了解到货物的运动状态信息以及货物运达目的地的整个过

程，增强物流企业和货主之间的相互信任。

四、路线优选

GPS 的地理分析功能可以快速地为驾驶人员选择合理的物流路线，以及这条路线的一些信息，所有可供调度的车辆不用区分本地或是异地都可以统一调度。配送货物目的地的位置和配送中心的地理数据结合后，产生的路线将是整体的最优路线。

总之，GPS 是近年来物流领域内开发的最具有开创意义的高新技术之一，必然会在物流领域中得到越来越广泛的应用。相信随着我国物流业的发展，以及高等级公路的快速修建和 GPS 技术应用研究的逐步深入，其在物流领域中的应用也会更加广泛和深入，并发挥出更大的作用。

知识要点回顾

【主要概念】

GPS　卫星星座　GPS 接收机　GPS 定位误差

【动手动脑】

1. 归纳我们日常生活中用到 GPS 的产品，分析它们的应用功能以及为我们带来了哪些方便，并写出一篇不少于 1500 字 GPS 应用总结。

2. 结合所学专业，描述一个具体的 GPS 应用实例，不少于 3000 字。

第二篇　物流信息管理

第二篇　系统设计员管理

项目一　仓储作业

引　言

仓储作业管理是为了更好地利用所具有的仓储资源而提供高效的仓储服务所进行的计划、控制、组织和协调过程。仓储在企业生产及相关物流中发挥着极其重要的作用，合理高效的现代仓储管理更是重中之重。良好的仓储管理不仅能保证企业生产的连续进行，还能促进资源合理利用，优化配置，从而降低企业成本，提高企业经济效益。本章内容将围绕仓储管理各关键作业环节，以信息管理方式展开进行详细介绍，以达到掌握运输作业流程，熟悉信息化管理手段的教学目标。

运输作业管理的总体流程，如图2－1－1所示。

流程一　信息系统初始化

一、环境准备

1. 场地：物流综合实训室

信息系统初始化流程是熟悉系统构成，了解系统基础数据，对库房信息进行基础维护的重要操作项目，该作业流程在综合实训室中进行即可。

2. 设施设备

实训中所用到的设备和设施如表2－1－1所示。

表2－1－1　　　　　　　　　　　实训所用设备和设施

序号	设备类别	详细信息
1	软件	仓储管理系统
2	硬件	计算机

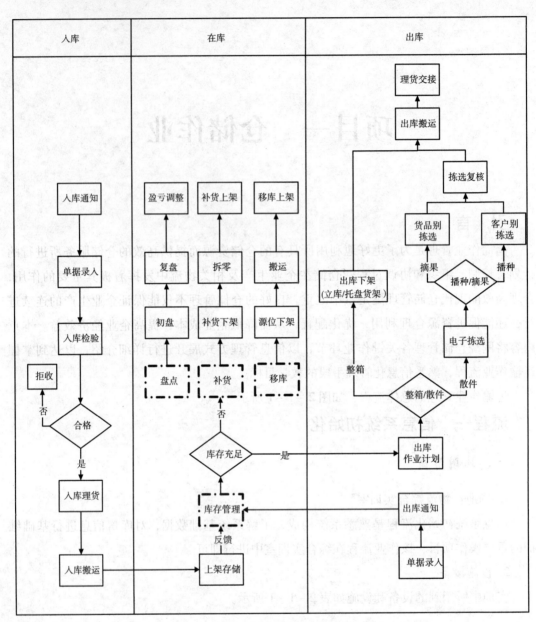

图 2 - 1 - 1 运输作业管理总体流程

3. 单据

信息系统初始化所用到的信息内容包括人员信息、客户信息、货品信息、仓库类型、存储类型等仓库基础信息。

二、任务发布

北京万盛物流公司（简称万盛物流）是从事仓储、运输及配送综合服务的第三方物流公司。公司坐落在北京市大兴区华裕隆流园 A 区 20 号。先进的仓储设施及运输设备能为客户提供优质、高效的物流服务，同时还能提供信息技术物流服务。该第三方物流公司与厂商、批发商、零售商、分销集成商、贸易代理商等共同追求综合成本效益、实现物流一元化管理、创造物流附加值、实现全过程的流通管理，追求双赢依存、共同发展。

近期万盛物流与大客户北京欧乐科技（欧乐科技）有限公司签订了第三方物流服务合同。请模拟系统信息员角色，在仓储子模块系统中将仓储基础信息按一定顺序正确、快速录入系统。

1. 人员安排（如表 2 – 1 – 2 所示）

表 2 – 1 – 2　　　　　　　　　人员安排

预设岗位	司机姓名	身份证号	出生日期	工作日期	电话	住址	所属类型
库管员	蔡定军	110217197911096905	1979 年11 月 9 日	2009 年1 月 3 日	15300897862	北京市通州区新华大街 4 号	本公司
搬运工	董洪峰	130135197609284501	1976 年9 月 28 日	2009 年2 月 12 日	13939028579	北京市朝阳区北路 13 号	本公司
理货员	冯国平	370403197605224858	1976 年5 月 22 日	2008 年11 月 24 日	15243599300	北京市海淀区学院路 90 号	本公司
拣货员	侯斌	330102197812082304	1978 年12 月 8 日	2009 年1 月 12 日	15928957475	北京市海淀区学院北路 2 号	本公司
叉车司机	苟志良	120104197612183847	1976 年12 月 18 日	2007 年11 月 3 日	13428595890	北京市大兴区黄村 5 号	本公司

2. 客户信息

（1）客户信息管理（如表 2 – 1 – 3 所示）。

表 2 - 1 - 3   客户信息

项目	内容（托运人）
客户单位名称	北京欧乐科技有限公司
客户简称	北京欧乐
拼音码	BJOL
客户经理	张铭羽
客户经理电话	15811053836
联系人	钱永利
联系人电话	13782736502
联系人 E - mail	qianyl@ ol. com
客户地址	北京市通州区马驹桥开发区 111 号
客户邮编	101224
行业属性	制造业
企业规模	大

（2）客户信用管理（如表 2 - 1 - 4 所示）。

表 2 - 1 - 4   客户信用评估项目设置

序号	评估项目	备注
1	不良记录	如果客户曾经有过不良记录，如曾经欠款不还等，信用等级应降低
2	支付能力	有些客户尽管回款率高，但由于其支付能力有限而必须降低信用等级
3	贡献度	对客户公司的贡献能力
4	销售额	周期时间内的销售额，资金能力
5	声誉度	在市场以及客户中的口碑

3. 仓库类型（如表 2 - 1 - 5 所示）

表 2 - 1 - 5   仓库类型

库房名称	库房类型	所在区域	长	宽	高
海星 1 号	普通库房	华北	100 米	50 米	9 米

4. 储区类型

表 2 – 1 – 6　　　　　　　　　　　　仓库各存储区概况　　　　　　　　　　　单位：个

区名称	区编码	层数	列数	排数	货位数
立库存储区	Z00991	5	2	10	100
托盘货架区	Z00992	2	4	6	48
栈板货架区	Z00993	3	1	8	24
电子拣选区	Z00994	2	1	12	24
平堆区	Z00995	1	5	10	50
补货暂存区	Z00996	1	3	1	3
赠品存储区	Z00997	1	3	1	3

5. 货品信息（如表 2 – 1 – 7 所示）

表 2 – 1 – 7　　　　　　　　　　　　　　货物基础信息

序号	货物名称	型号/编码	条码	包装规格 （毫米×毫米×毫米）	物流单元 （箱）	产品规格 （个）
1	酸奶机	TPHJQ001	9787880622355	500×400×220	24	1×1
2	净水器	TPHJQ002	9787799917542	1000×250×180	20	1×1
3	咖啡机	TPHJQ003	9787799912714	600×400×220	20	1×1
4	取暖器	TPHJQ004	9787799510521	600×300×220	24	1×1
5	电烤箱	TPHJQ005	9787799912707	450×300×200	32	1×1
6	电炸锅	TPHJQ006	9787885273156	480×320×200	28	1×1
7	电磁炉	TPHJQ007	9787883203872	440×240×180	50	1×1
8	蒸汽拖把	TPHJQ008	9787798966879	700×300×220	16	1×1
9	冰箱	BXSM5091	9787880701203	1500×550×600	0	1×1
10	洗衣机	XYJQ5092	9787798928860	900×500×490	0	1×1
11	3D 电视	3DTV5093	9787799418261	150×40×100	0	1×1
12	热水器	RSHQ5094	9787880452648	350×360×700	0	1×1
13	燃气灶	PRQZ5095	9787799418148	900×360×400	0	1×1
14	文具盒	ZBHJQ001	9787880457681	600×400×220	20	1×5

6. 补货管理

电子拣选区 Z00994 - A00006 贝壳袖扣，初始库存 5 个，补货点设置为 6 个，最大库存为 10。

7. 仓储费用

（1）客户租用费用（如表 2 - 1 - 8 所示）。

表 2 - 1 - 8　　　　　　　　　　客户租用费用设置

库房	区编码	结算标准	结账类型	结账日	费率	增量费率
海星 1 号	Z00992	按库位数量	月结	每月 20 日	0.2	0.3

（2）客户租房费用（如表 2 - 1 - 9 所示）。

表 2 - 1 - 9　　　　　　　　　　客户租房费用

库房	租用面积	租用体积	租用个数	增量值
海星 1 号	30	0	0	10

（3）客户占用费用设置（如表 2 - 1 - 10 所示）。

表 2 - 1 - 10　　　　　　　　　　客户占用费用

货品类型	货品编码	计费标准	时间标准	费率
电器	酸奶机	按件	按年	0.2

三、操作流程

系统信息初始化的具体作业流程如图 2 - 1 - 2 所示。

步骤一：人力资源信息处理

进入第三方物流信息管理系统中的【基础管理系统】，在【基础信息管理】模块下的【人力资源管理】下点击【新增】，录入新增人力信息。以表 2 - 1 - 11 所列为例。

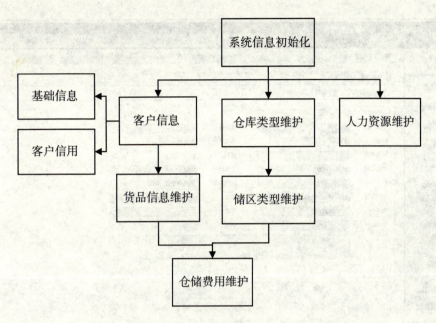

图 2 - 1 - 2 　系统信息初始化流程

表 2 - 1 - 11 　　　　　　　　　　　　人力资源信息

预设岗位	司机姓名	身份证号	出生日期	工作日期	电话	住址	所属类型
库管员	蔡定军	110217197911096905	1979年11月9日	2009年1月3日	15300897862	北京市通州区新华大街4号	本公司

1. 基本信息设定

录入【基本信息】如图，其中【区别码】可使用员工证件上的编号，也可同系统的人员编号码，本例中设定区别码为：07001。录入结束后点击【提交】，如图 2 - 1 - 3 所示。

2. 人员工种设定

基本信息录入结束后，选择【人员工种】，点击【增加】，如图 2 - 1 - 4 所示。

点击【工种类型】，选择【库管员】，如图 2 - 1 - 5 所示。

设置员工的经验类型，点击【确定】，即可完成工种类型设定，如图 2 - 1 - 6 所示。

点击【提交】即可完成该条人力资源信息的录入，如图 2 - 1 - 7 所示。

对于已经录入的人员信息，可以返回【人力资源管理】界面，进行查询、修改等操作。

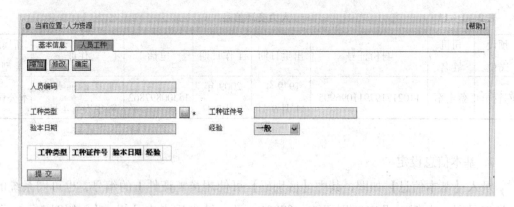

图 2 - 1 - 3　人力基本信息

图 2 - 1 - 4　人员工种设定

步骤二：客户信息处理

进入第三方物流信息管理系统中的【基础管理系统】，在【客户管理】模块下的【客户信息管理】下点击【新增】，录入新增客户信息。

1. 客户信息表录入

新增客户信息，点击【新增】根据客户的资料填写【客户信息表】，如图 2 - 1 - 8 所示。客户信息录入结束后点击【提交】。对于已经录入的人员信息，可以返回【人力资源管理】界面，进行查询、修改等操作。（相关【客户信息管理】信息的录入的方法和流程同本例）

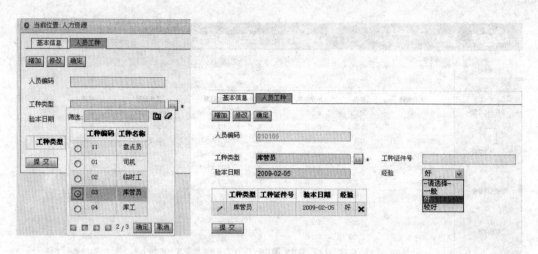

图 2 - 1 - 5　人员工种类型设定

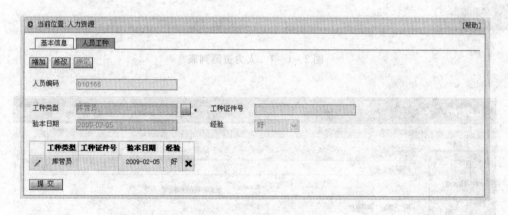

图 2 - 1 - 6　工种信息提交

2. 客户信用处理

（1）客户信用评估项目设置。客户信用管理主要对客户的支付、销售、声誉等情况进行统计和衡量。如图 2 - 1 - 9 所示。

（2）客户信用评估。根据客户在上述 5 项评估指标中的表现情况打分，如图 2 - 1 - 10 所示（每一项都是百分制）。

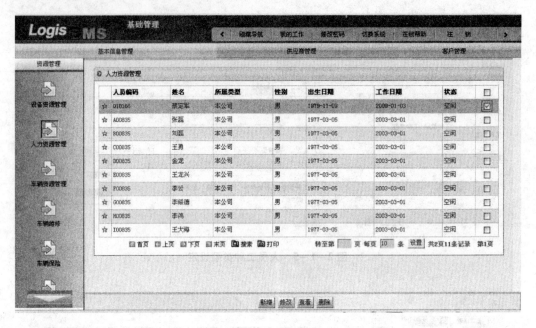

图 2 - 1 - 7　人力资源列表

图 2 - 1 - 8　客户信息维护

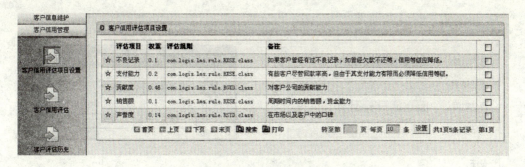

图 2 – 1 – 9 客户信用评价

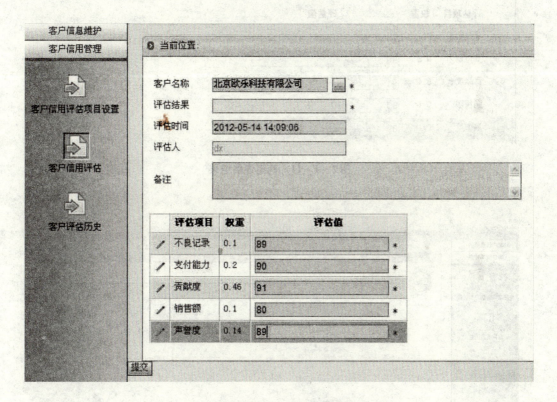

图 2 – 1 – 10 评估结果

点击【提交】系统会自动核算客户的信用评估结果，如图 2 – 1 – 11 所示。

点击【确定】，评估结果就会显示在列表位置中，系统会提示您的评价成功，如图 2 – 1 – 12所示。

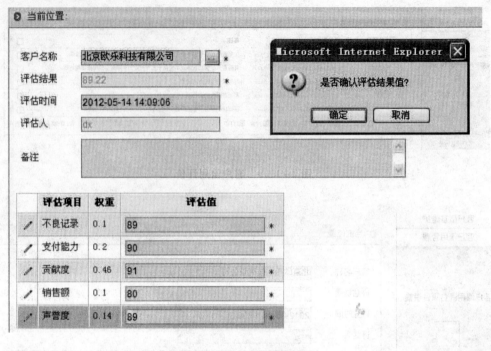

图 2 – 1 – 11　确定评估结果

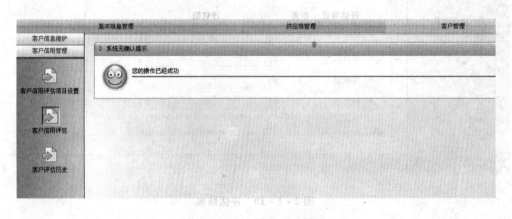

图 2 – 1 – 12　操作成功提示

（3）客户评估历史查询。对于已经成功评价的客户信用度，可以通过【客户评估历史】查询。勾选要查询的客户，点击【查询】，如图 2 – 1 – 13 所示。

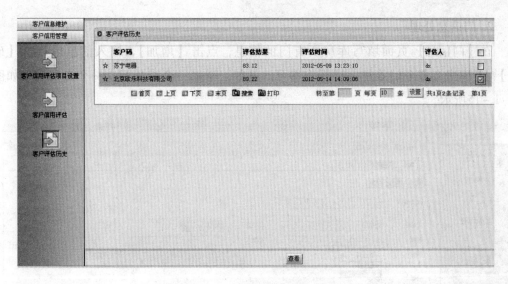

图 2 - 1 - 13 客户评估历史查询

步骤三：库房信息处理

仓库管理部分要在【仓储管理系统】中操作实现。

1. 库房基本信息处理

选择【仓储管理】下的【基础管理】，点击【库房管理】，新增库房信息，如图 2 - 1 - 14 所示。点击【提交】即可完成并保存此次操作。

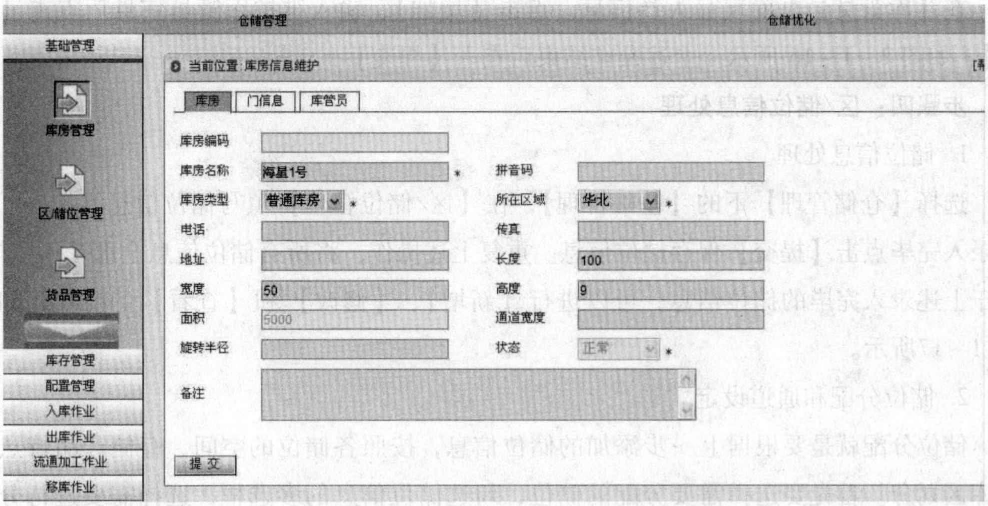

图 2 - 1 - 14 库房基本信息维护

2. 门信息处理

在【门信息】页面填写库房所有门的信息，点击【增加】，输入信息后点击【确定】，若库房有多个门重复上述操作即可。例如，增加一个进货门、一个出货门，如图2－1－15所示。

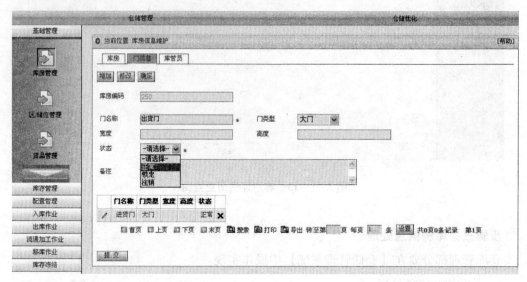

图2－1－15　库房门信息维护

3. 库管员信息处理

在【库管员】页面填写人员信息。点击【增加】，输入维护库管员信息后点击【确定】，如图2－1－16所示。上述操作结束后点击【提交】。

步骤四：区/储位信息处理

1. 储位信息处理

选择【仓储管理】下的【基础管理】，在【区/储位管理】填写储位信息维护表，信息录入完毕点击【提交】保存储位信息。重复上述操作，将所有储位信息全部录入完毕。对于上述录入完毕的储位信息，可以进行【新增】、【修改】和【查看】的操作，如图2－1－17所示。

2. 储位分配和通道设定

储位分配就是要根据上一步添加的储位信息，按照各储位的空间、存储产品特点进行库区划分。首先要选择需要分配的储位，勾选储位信息的多选框，选择需要进行分配的储位，如图2－1－18所示。

点击【分配储位】，进入储位设置界面。设置货架数（排数）、层数、截面数（列

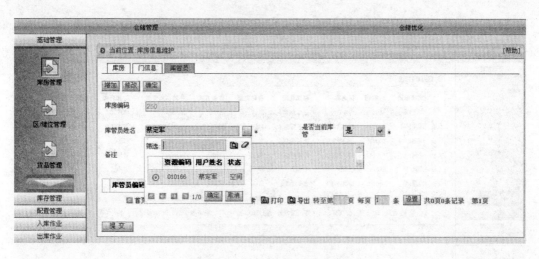

图 2 - 1 - 16　库管员信息维护

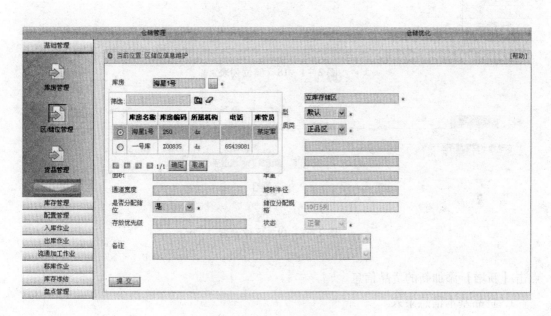

图 2 - 1 - 17　区储位管理维护

数）、通道号的信息，如图 2 - 1 - 19 所示。

　　点击【生成】即可完成储位的分配，如图 2 - 1 - 20 所示。

　　点击【保存】即可完成储位的分配，并返回储位管理界面，可以查看储位分布情况，如图 2 - 1 - 21 所示。

　　步骤五：货品信息处理

　　在仓储管理【基础管理】模块下的【货品管理】界面进行货品信息录入和维护工作。

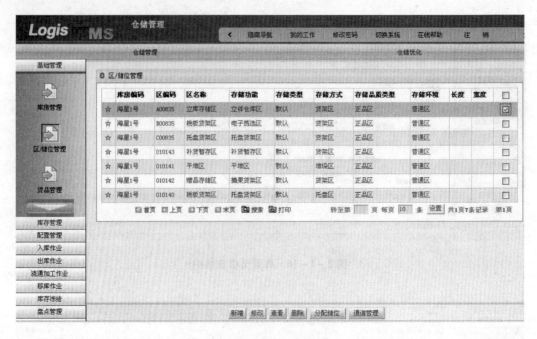

图 2 – 1 – 18　储位列表

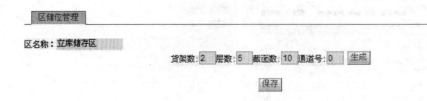

图 2 – 1 – 19　区位设置

点击【新增】添加新的货品信息。

1. 货品基本信息录入

在【货品】界面选择【客户名称】，通过单选框选择需要添加货品的客户名称，点击【确定】完成设置，如图 2 – 1 – 22 所示。

录入货品的相关信息，点击【提交】即可保存录入的相应信息，如图 2 – 1 – 23 所示。

2. 货品数量对照

进入【货品数量对照】页面，点击【增加】录入数量、长、宽、高信息，如图 2 – 1 – 24所示。

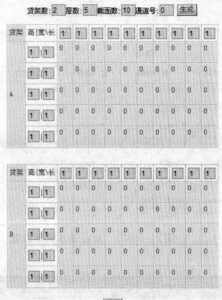

图 2 – 1 – 20　储区分布示意

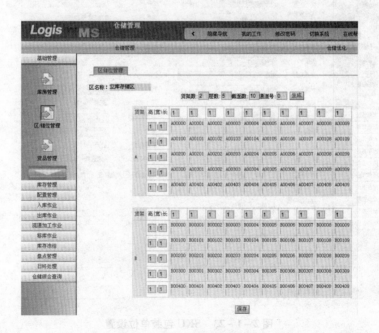

图 2 – 1 – 21　储区分布结果

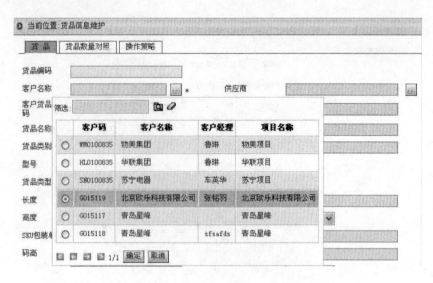

图 2-1-22　货品基本信息设置

图 2-1-23　SKU 包装单位设置

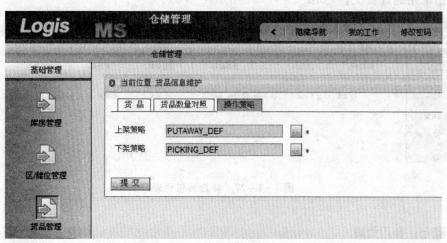

图 2 - 1 - 24　货品数量对照维护

3. 操作策略选择

在【操作策略】界面，可以选择上架、下架策略，【提交】即可。如图 2 - 1 - 25 所示。

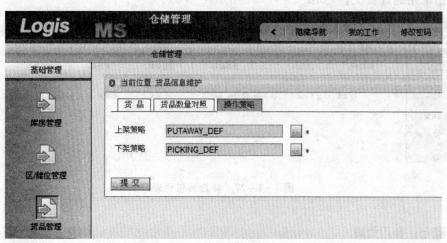

图 2 - 1 - 25　货品拣选策略维护

步骤六：补货信息处理

在【配置管理】下选择【补货设置】，填选库房、区位相关信息，如图 2 - 1 - 26 所示。

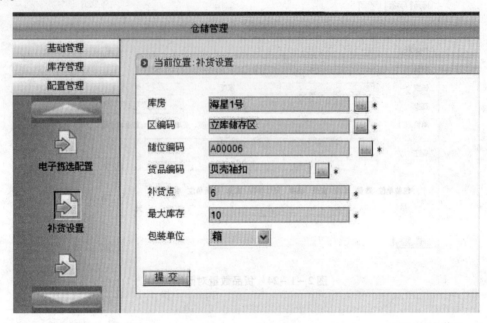

图 2 - 1 - 26　补货设置界面

点击下角的【提交】，如图 2 - 1 - 27 所示。

图 2 - 1 - 27　补货信息列表

步骤七：费用处理

仓储费用的管理在【商务结算】系统中操作完成。

1. 客户租用费用处理

点击【费用管理】下的【客户租用费用设置】，点击【新增】，进入新增设定费用信息，如图 2 – 1 – 28 所示。

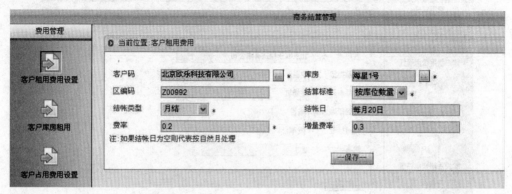

图 2 – 1 – 28　客户租用费用设置

2. 客户租房费用处理

点击【费用管理】下的【客户租房费用设置】，点击【新增】，进入新增设定费用信息，如图 2 – 1 – 29 所示。

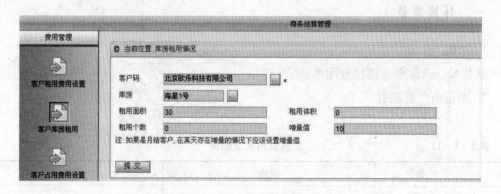

图 2 – 1 – 29　库房租用费用设置

3. 客户占用费用处理

点击【费用管理】下的【客户占用费用设置】，点击【新增】，进入新增设定费用信息，如图 2 – 1 – 30 所示。

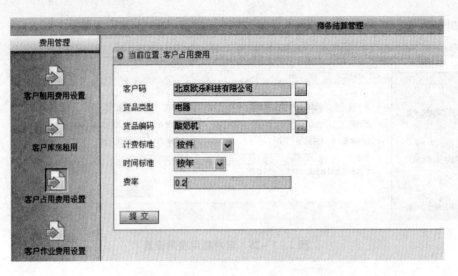

图 2 - 1 - 30 客户占用费用设置

流程二 商品入库管理

一、环境准备

1. 单据

送货单、入库单、储位分配单。

2. 岗位角色及职责

表 2 - 1 - 12   岗位角色及职责

序号	岗位角色	职责	备注
1	信息员（客服人员）	订单信息录入	若实训人员较多，可另设验收员、搬运员、理货员等岗位；或者可以安排多个仓管员进行配合作业。
2	仓管员	货物验收、入库作业及入库单据填写	
3	送货员	货物送达、入库交接处理	

二、任务发布

万盛物流公司接到客户欧乐科技的入库作业任务，将有三批货物送抵海星 1 号仓库，进行入库作业处理，具体入库的货品、数量等信息如表 2 - 1 - 13 所示。

表 2 - 1 - 13　　　　　　　　　　　入库货品信息

客户名称		北京欧乐科技				库房	海星 1 号			
入库方式		送货				订单来源	E - mail			
批次	货品	型号	条码	数量	单位	包装规格（毫米×毫米×毫米）	产品规格	托盘货品量	储区储位	
12002	蒸汽拖把	TPHJQ008	9787798966879	16	箱	700×300×220	1×1	20	托盘货架区	

　　上述入库货品的储位信息可以结合实训库房内的实际情况进行更改，只要保证货品待上架的储位为空即可。

　　储位存放配置信息如表 2 - 1 - 14 所示。

表 2 - 1 - 14　　　　　　　　　　　储位存放配置信息

货品名称	蒸汽拖把
库房	海星 1 号
区编码	托盘货架区
起始储位	B00100
结束储位	B00100
包装单位	箱
托盘货品量	16
储位托盘量	1

任务要求：

　　（1）实训教师在授课前须维护必要的基础信息，所需维护信息包括：货品信息、储位存放规格信息。此外，还需打印并粘贴货品条码、托盘标签；检查储位标签是否完好，对于破损储位标签需要重新打印；打印入库单、送货单、储位分配单。

　　（2）信息员分别将三笔入库订单进行入库单据的录入及作业任务的生成。

　　（3）送货员将货物送达仓库，并与仓管员进行入库交接。

　　（4）仓管员对入库货品进行验收、入库作业，配合使用手持终端进行无纸化入库作

业，将货品上架到指定货位。

三、操作流程

货物入托盘货架区的具体作业流程，如图2-1-31所示。

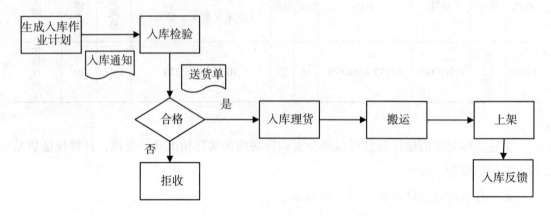

图2-1-31 货物入托盘货架区流程

步骤一：入库订单处理

信息员接到客户入库订单后，会生成入库作业计划并传递给仓库，由仓管员打印入库单处理后续入库作业任务。

入库作业首先需要录入订单，并对订单进行处理，这样手持终端才能接收到作业任务，以进行后续的理货、上架操作。

进入【订单管理】系统，根据实训任务要求，【新增】入库订单，分别对订单信息、订单入库信息及订单货品进行维护，如图2-1-32、图2-1-33、图2-1-34所示。

图2-1-32 订单信息

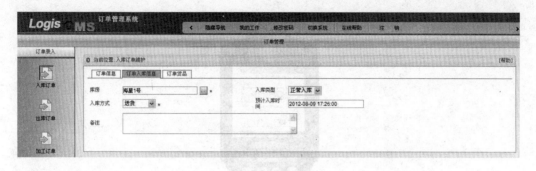

图 2 – 1 – 33　订单入库信息

图 2 – 1 – 34　订单货品

保存订单后生成作业计划，并打印入库单，以备入库交接时使用。入库单的打印操作在【仓储管理】—【入库作业】—【入库预处理】模块下进行。

步骤二：入库交接处理

入库单打印完成后，仓管员与送货员进行货物验收。仓管员会检查货品外包装是否有破损，货物品类、数量是否与入库通知单相符合。仓管员确认实收蒸汽拖把 16 箱，与订单数量、品类、质量相符，可确认入库。

步骤三：入库货品整理

入库交接完成后，仓管员（理货员）会将入库的货品堆码到托盘上，进行入库理货的操作。入库的 16 箱蒸汽拖把刚好可以码放在一个托盘上。

货品在托盘上理货完成后，仓管员会利用手持终端进行组托作业。

仓管员用指定的用户名和密码登录手持终端系统，并选择指定的库房，如图 2 – 1 –35 所示。

图 2 – 1 – 35　手持终端用户登录

　　登录手持终端系统后，进入其应用操作主功能界面，如图 2 – 1 – 36 所示。选择【入库作业】，进入到入库作业的操作界面，如图 2 – 1 – 37 所示。

图 2 – 1 – 36　手持终端主功能界面

图 2 – 1 – 37　入库操作功能界面

　　入库操作首先需要对入库货品进行理货清点，因此首先选择【入库理货】点击进入，可以看到手持已经接收到综合业务平台发送过来的入库订单，如图 2 – 1 – 38 所示。

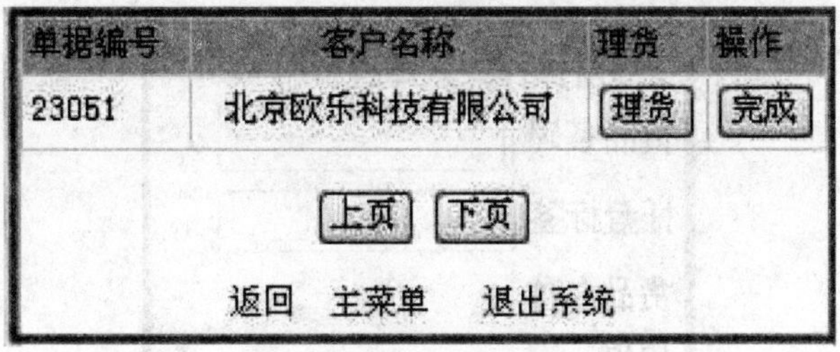

单据编号	客户名称	理货	操作
23051	北京欧乐科技有限公司	理货	完成

上页　下页

返回　主菜单　退出系统

图 2 - 1 - 38　入库理货模块

　　点击【理货】，进入图 2 - 1 - 39 所示界面。利用手持终端采集货品条码信息，信息采集成功后，系统自动提示此货物的入库目标储存区域，再利用手持系统扫描托盘标签，如图 2 - 1 - 40 所示。

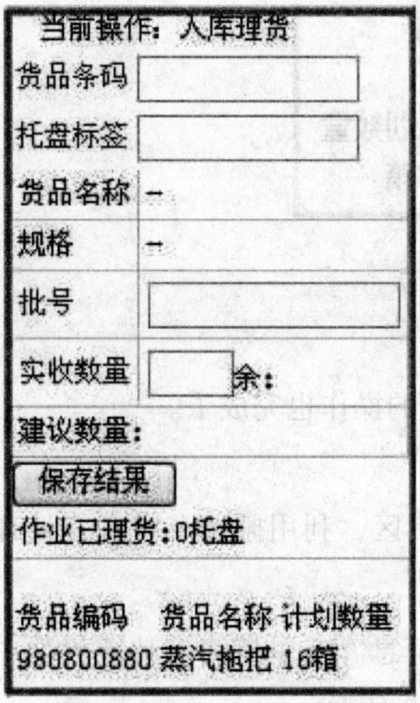

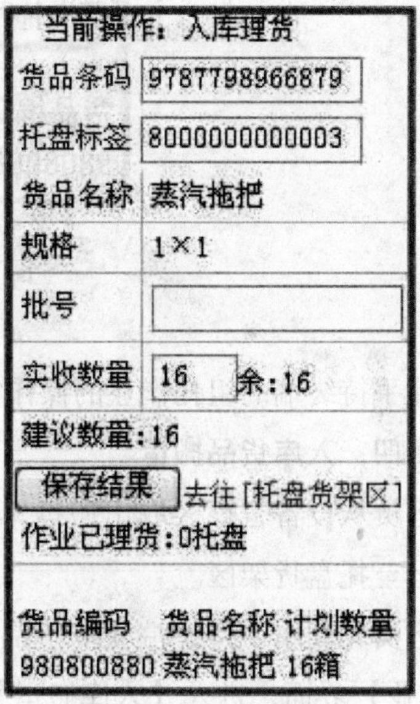

当前操作：入库理货
货品条码 _____
托盘标签 _____
货品名称 —
规格 —
批号 _____
实收数量 ___ 余：
建议数量：
保存结果
作业已理货：0托盘

货品编码　货品名称 计划数量
980800880 蒸汽拖把 16箱

当前操作：入库理货
货品条码 9787798966879
托盘标签 8000000000003
货品名称 蒸汽拖把
规格 1×1
批号 _____
实收数量 16 余：16
建议数量：16
保存结果 去往[托盘货架区]
作业已理货：0托盘

货品编码　货品名称 计划数量
980800880 蒸汽拖把 16箱

图 2 - 1 - 39　手持入库操作界面　　图 2 - 1 - 40　货品、托盘扫描操作

　　手持终端扫描过托盘编码后，会将货品名称、规格、实收数量的信息显示出来，用户只需核对实收数量与订单入库数量是否一致即可。点击【保存】系统会在【保存结果】的下方显示已理货完成，理货操作至此完成，如图 2 - 1 - 41 所示。

217

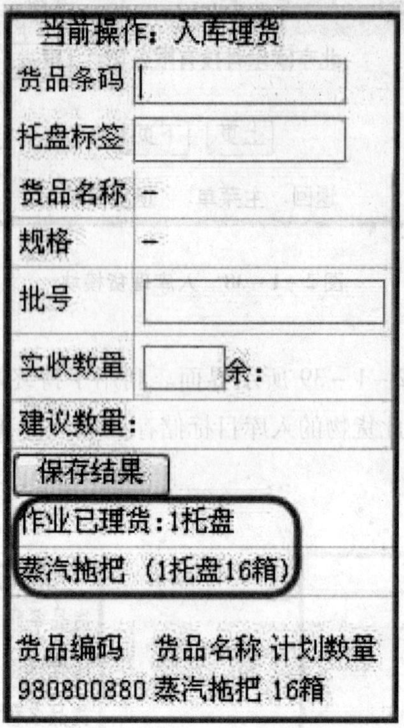

当前操作：入库理货

货品条码

托盘标签

货品名称 —

规格 —

批号

实收数量 ☐ 余：

建议数量：

保存结果

作业已理货：1托盘

蒸汽拖把 （1托盘16箱）

货品编码 货品名称 计划数量
980800880 蒸汽拖把 16箱

图2－1－41 理货完毕

至此手持终端的组托作业的操作完成，入库理货的操作也完成了。

步骤四：入库货品搬运

搬运员从设备暂存区取出搬运车，行至入库理货区，利用搬运车将理货处理完毕的货物搬运至托盘货架区。

搬运员先利用手持终端获取货品需搬运区域的信息。在手持终端功能界面中，选择【入库作业】界面，进入【入库搬运】，如图2－1－42所示。

在图2－1－42界面，点击【入库搬运】，进入图2－1－43所示界面。

利用手持终端采集托盘标签，信息采集成功后，手持终端系统自动提示需搬运的货品名称、货品数量及目标地点等信息，如图2－1－44所示。

点击【确认搬运】，进入图2－1－45所示界面。

拉动搬运车前进至托盘货架交接区。

步骤五：入库货品上架

搬运员将货物搬运到托盘货架交接区后，卸下货物，将搬运车归位，并从设备暂存

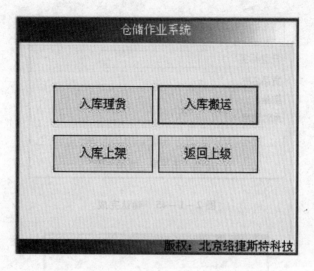

图2-1-42 入库作业主要功能按钮

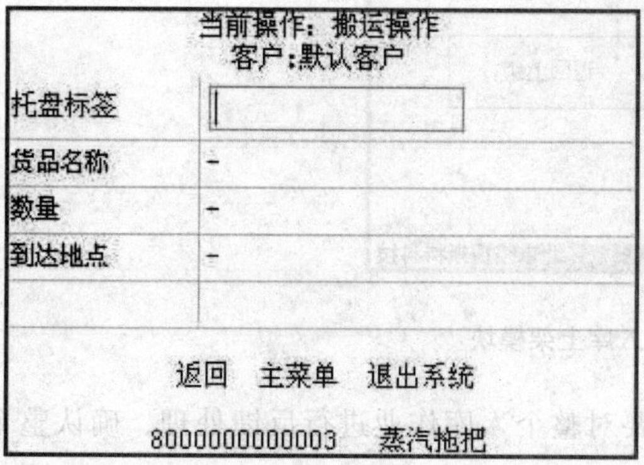

图2-1-43 入库搬运

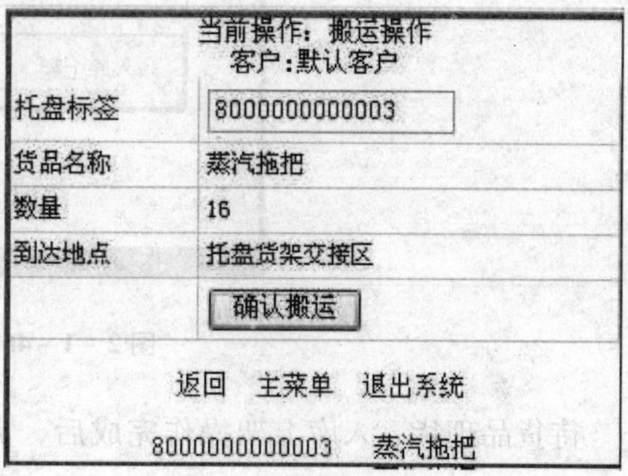

图2-1-44 采集托盘信息并确认

区取出堆高车放置于交接区。

搬运员首先需要利用手持终端获得待上架货品的储位信息。在手持终端主功能界面找到【入库上架】，如图2-1-46所示。

在图2-1-46中，点击【入库上架】，进入图2-1-47所示。

可以看到待上架货物"蒸汽拖把"的信息。利用手持终端采集托盘标签信息，信息采集成功后，手持终端系统自动提示货品及目标储位等信息，如图2-1-48所示。

根据提示的储位信息，找到提示的储位。利用手持终端扫描储位标签，再点击【确认上架】，进入图2-1-49所示界面。

点击【确认上架】完成手持上架操作后，将货盘货物放在货架上。

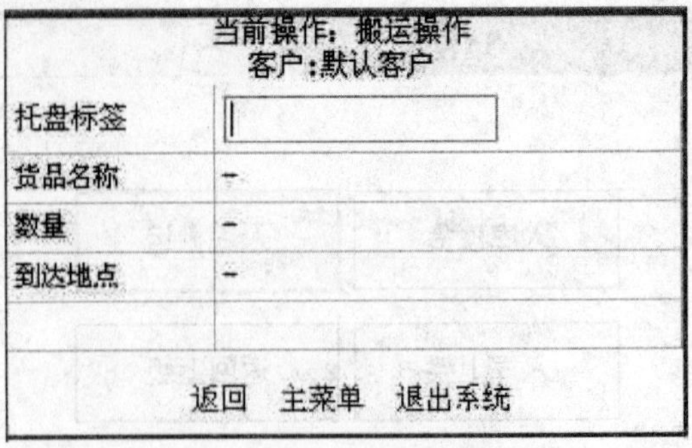

当前操作：搬运操作
客户：默认客户

托盘标签	
货品名称	-
数量	-
到达地点	-

返回　主菜单　退出系统

图2-1-45　确认完成

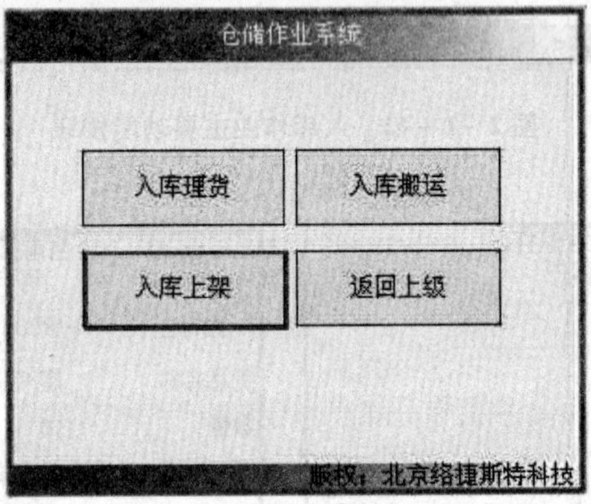

仓储作业系统

入库理货　　　入库搬运

入库上架　　　返回上级

版权：北京络捷斯特科技

图2-1-46　入库上架模块

待货品理货、入库上架操作完成后，需要对整个入库作业进行反馈处理，确认整个入库操作已经完成。

返回到【入库作业】界面，选择【入库理货】进入到入库理货界面。在该界面中可以看到入库订单，如图2-1-50所示。

在图2-1-50中，点击【完成】完成入库操作的反馈操作。至此，手持终端在入库环节的应用已操作完毕。

待货物入库上架操作完毕后，搬运员需将设备归为放置妥当。

流程三　在库作业管理

一、环境准备

1. 单据

空白移库单（如表2-1-15所示）、盘点单（如表2-1-16所示）。

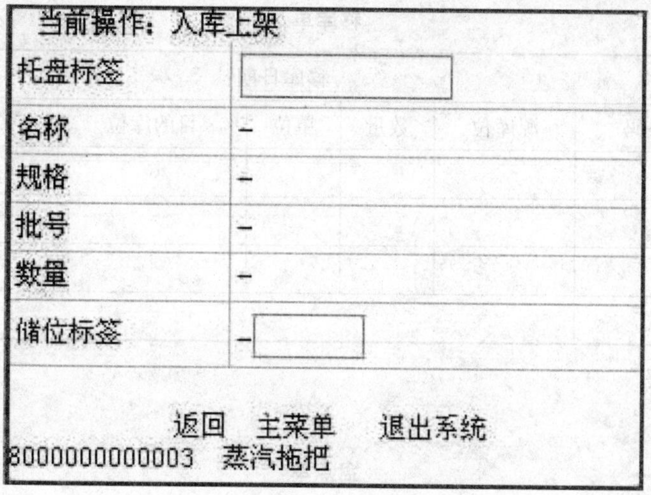

图 2 - 1 - 47　入库上架

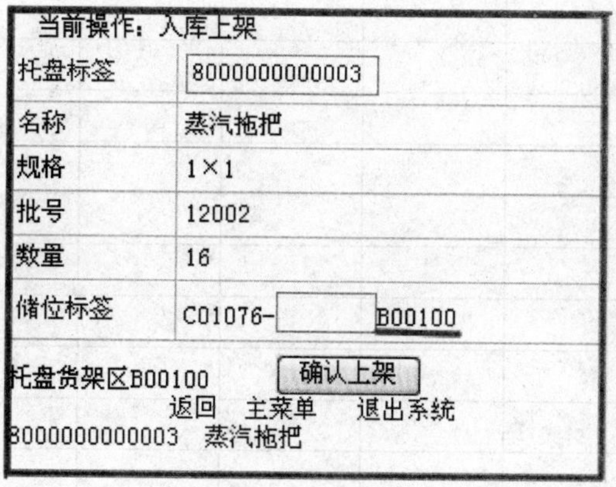

图 2 - 1 - 48　确认上架

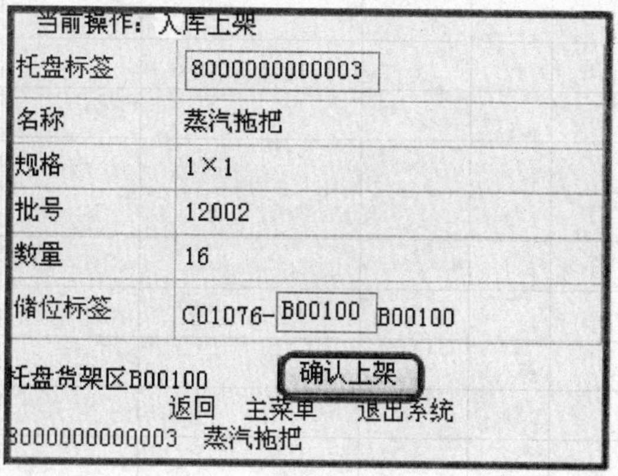

图 2 - 1 - 49　上架完成

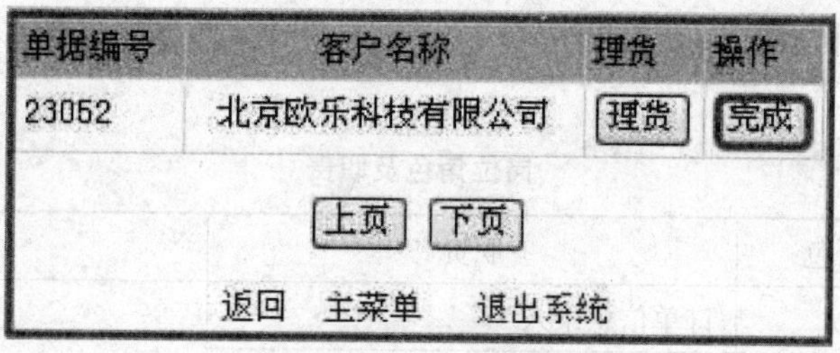

图 2 - 1 - 50　理货界面

表 2 - 1 - 15   移库单

单号：L000012111   移库日期：

货物名称	条码	源库位	数量	单位	目的库位	备注
总计						

制单人：张丽媛   仓库主管：

表 2 - 1 - 16   盘点单

盘点日期：   年 月 日   页数：第一页，共二页

序号	储位	货物名称	条码	产品规格	单位	初盘数量	复盘数量	确认数量	备注

初盘员：   复盘员：

2. 岗位角色及职责（如表 2 - 1 - 17 所示）

表 2 - 1 - 17   岗位角色及职责

序号	岗位角色	职责	备注
1	信息员	订单信息录入	
2	仓管员	货物上、下架，搬运，单据处理	可增加搬运员角色
3	盘点员	负责清点托盘货架区货品数量	

二、任务发布

任务一：移库作业

仓管员根据货物出入库频率对仓库内各储区的货物进行了优化管理，以提高出入库速度。从而决定将托盘货架区 A00102 储位名称为咖啡机（条码为 9787799912714，数量为 20 箱）的货物移至托盘货架区 B00100 储位，如表 2 - 1 - 18 所示。

表 2 - 1 - 18　　　　　　　　　　　　　　移库指令

移库日期：2012 年 10 月 22 日

货物名称	条码	源库位	数量	单位	目的库位	备注
咖啡机	9787799912714	托盘货架区 A00102	20	箱	托盘货架区 B00100	

总计：

任务二：盘点作业

仓库主管对近期库房的出入库单据进行整理时发现，近期托盘货架区的出入库作业量较大，为了保证库存货品与系统数据的统一性、准确性，仓库主管发出了一个盘点作业指令，要求仓管员对托盘货架区进行盲盘，并对库存差异情况进行盈亏调整。

请根据上述描述，打印盘点单据，完成盘点作业任务。

三、操作流程

任务一：移库作业

移库的具体作业流程，如图 2 - 1 - 51 所示。

步骤一：移库作业单处理

信息员将移库指令录入到仓储管理系统中，生成移库作业计划，提交给仓管部门。

登录【仓储管理】系统，选择【移库作业】，进入移库作业列表，见图 2 - 1 - 52 所示。

点击图 2 - 1 - 52 下方的【新增】按钮，进入到移库作业单填写界面。填写好需要移库的库房信息：填写库房，移至库房。

在下方的"源—库存条目"列表中，查询需要移库货品的库存情况。选择客户编码，填选待移库货品名称"咖啡机"，点击【查询库存】，系统就会按查询条件过滤出可以移

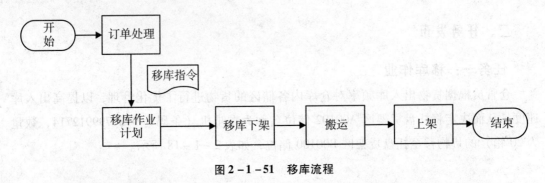

图 2 – 1 – 51　移库流程

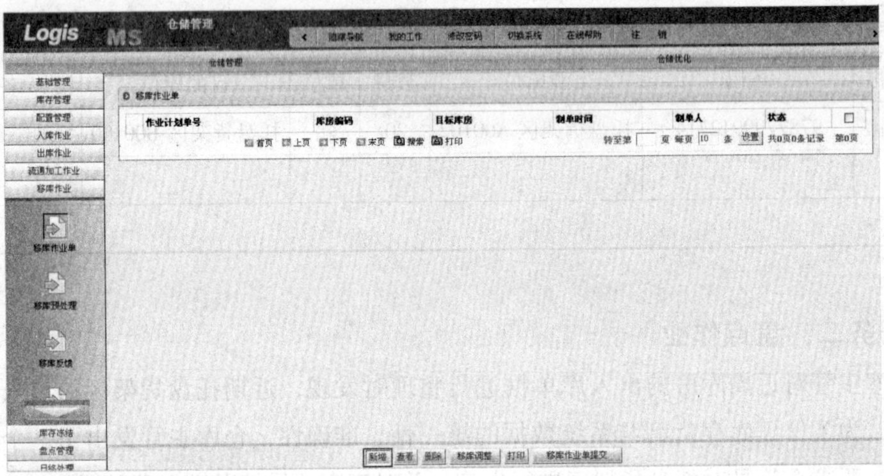

图 2 – 1 – 52　移库作业列表

动的库存货品，如图 2 – 1 – 53 所示。

　　备注：在进行库存查询时，也可以通过输入【区编码】、【储位编码】的信息进行选择，需要注意的是，在选择源储位【区编码】时，要根据源储区的名称进行选择，即寻找储区名称为"托盘货架区"的区域。设定好储区后，直接寻找"A00102"储位即可。

　　根据库存货品的库存量确定移库量，点击要移库的货品右侧的上移箭头（⬆），将货品移动到移库条目区域，如图 2 – 1 – 54 所示。

　　在移库目标区域，【选择】"目标储位"信息，如图 2 – 1 – 55 所示。

　　确定移库的目标区域后，点击图【保存】按钮，进入图 2 – 1 – 56 所示界面。

　　勾选正确的作业计划单号对应的订单，点击图 2 – 1 – 56 中的【移库作业单提交】按钮，进入图 2 – 1 – 57 所示界面。

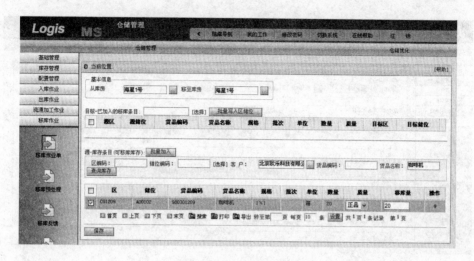

图 2 – 1 – 53　查询库存

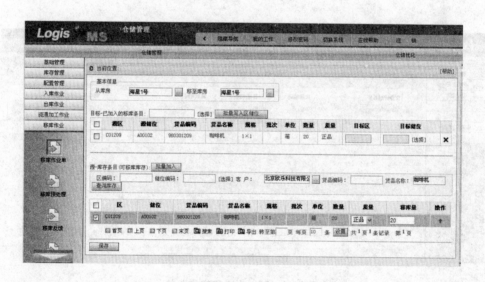

图 2 – 1 – 54　移库列表

步骤二：移库预处理

仓管员接到移库作业任务后，需要通过移库预处理操作，了解移库作业的基本信息、拣货情况、上架和资源调度情况。

仓管员登录【仓储管理】系统，在【移库作业】任务中选择【移库预处理】，如图 2 – 1 – 58 所示。

勾选正确的作业计划单号对应的订单，点击图 2 – 1 – 58 中的【调度】按钮，进入图 2 – 1 – 59 所示界面。

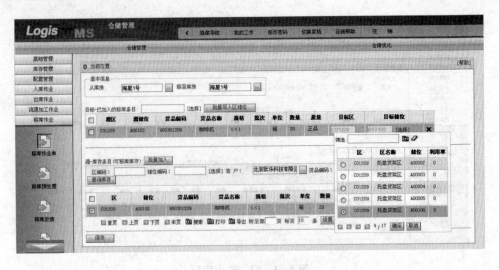

图 2 - 1 - 55 选择移库目标区域

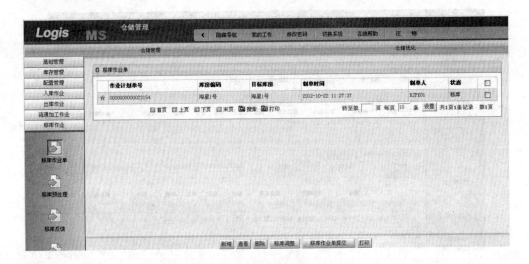

图 2 - 1 - 56 生成移库作业单

进入移库调度界面，在基本信息中查看移库作业的源区域和目标区域是否设定正确，如图 2 - 1 - 60 所示。

在图 2 - 1 - 60 中，查看并确认移库单的基本信息、拣货情况、上架情况和资源调度后，点击【调度完成】按钮。

步骤三：移库操作

仓管员根据移库作业计划，从设备暂存区取出堆高车，移动至托盘货架区的主通道。找到作业任务要求移库下架的储位"A00102"，将"咖啡机"从储位上下架处理。利用

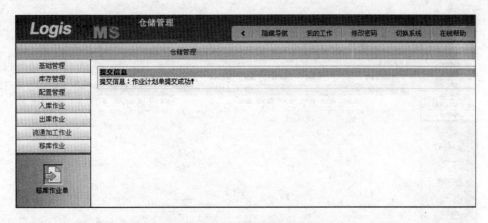

图 2 - 1 - 57 提交移库作业单

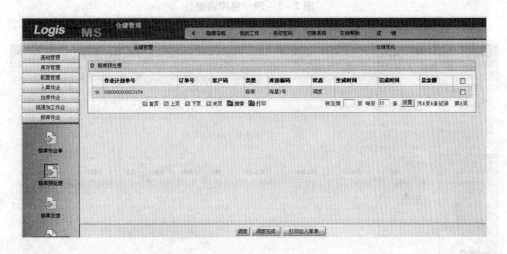

图 2 - 1 - 58 移库预处理

堆高车将货物上架至 B00100 货位。

步骤四：移库反馈

待移库作业操作完毕后，仓管员需要登录【仓储管理】系统，进行移库作业反馈，填写移库作业单。

在【仓储管理】系统中，点击左侧任务栏中的【移库作业】，选择【移库反馈】，进入如图 2 - 1 - 61 所示界面。

勾选正确的作业计划单号对应的订单，点击图 2 - 1 - 61 中的【作业计划单反馈】按钮，进入图 2 - 1 - 62 所示界面。

在图 2 - 1 - 62 中，查看并确认移库单的基本信息、拣货情况、上架情况和资源调度

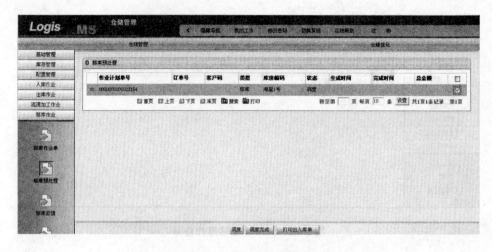

图 2 - 1 - 59 移库调度

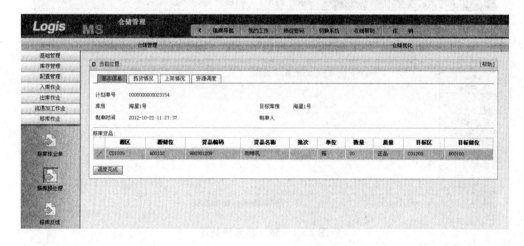

图 2 - 1 - 60 移库基本信息

后，点击【反馈完成】按钮。仓管员需要填写移库作业单，需要填写的内容和填写好的移库单如图 2 - 1 - 63 所示。

任务二：盘点作业

盘点的具体作业流程，如图 2 - 1 - 64 所示。

步骤一：盘点作业计划生成

信息员接到仓库主管的盘点作业指令后，需要在仓储系统中生成盘点作业计划，并打印空白的盘点作业单，并将盘点单和作业计划同时传递给仓库作业部门。

信息员登录【仓储管理】系统中，选择左侧任务栏中的【盘点管理】，进入到盘点作

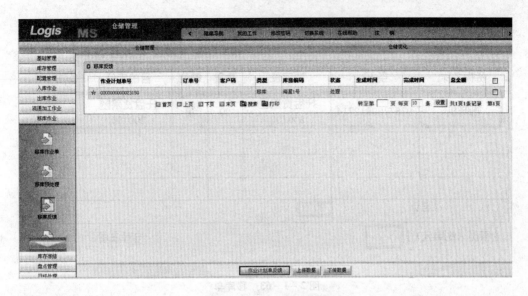

图 2 - 1 - 61 移库反馈

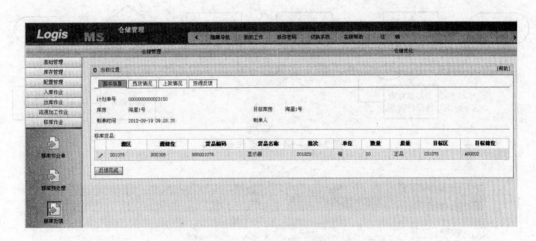

图 2 - 1 - 62 反馈完成

业列表中, 如图 2 - 1 - 65 所示。

【新增】一个盘点任务, 填写盘点的库房、储位、负责人等信息。如图 2 - 1 - 66 所示。

订单填写无误后, 点击下方的【保存订单】按钮, 进入图 2 - 1 - 67 所示界面。

勾选该盘点作业单, 点击【提交处理】按钮, 完成生成盘点作业计划的操作。

步骤二: 实物盘点

盘点员接到信息员发送过来的盘点作业任务后, 拿着空白的盘点单和手持终端到达

移库单

单号：L000012111			移库日期：	2012 年 10 月 22 日		
货物名称	条码	源库位	数量	单位	目的库位	备注
咖啡机	9787799912714	托盘货架区 A00102	20	箱	托盘货架区 B00100	
总计		20				

仓管员（制单人）： ×××× 　　　　　　　　　　　　　　仓库主管：

图 2 – 1 – 63　移库单

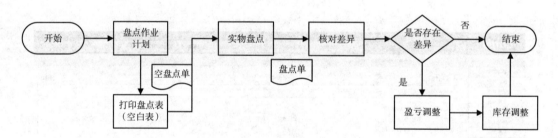

图 2 – 1 – 64　盘点作业流程

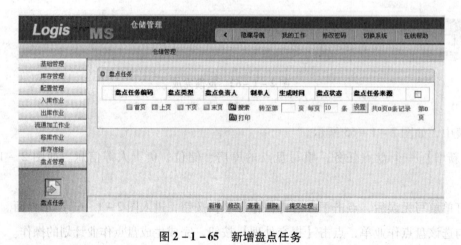

图 2 – 1 – 65　新增盘点任务

"托盘货架区"根据盘点任务将该区域的货品清点、记录。盘点员登录到手持终端，进入

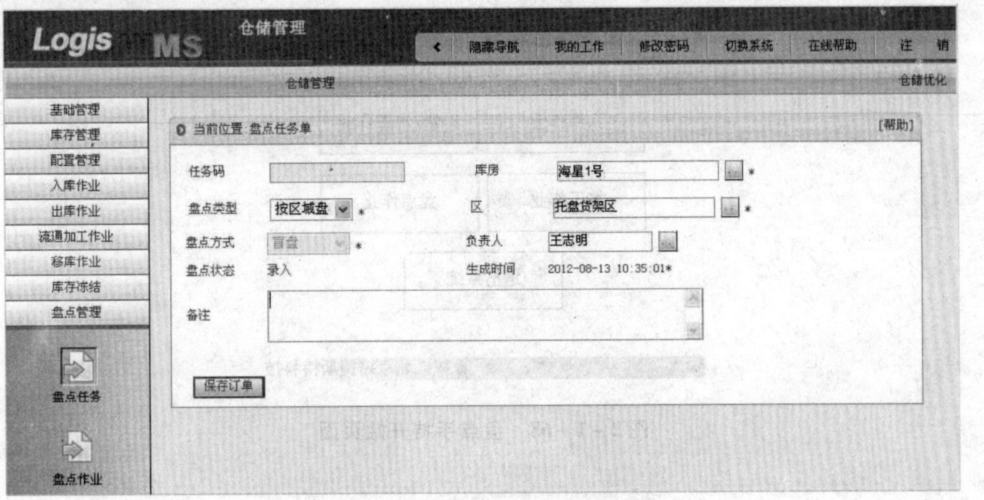

图 2 - 1 - 66   盘点任务基本信息

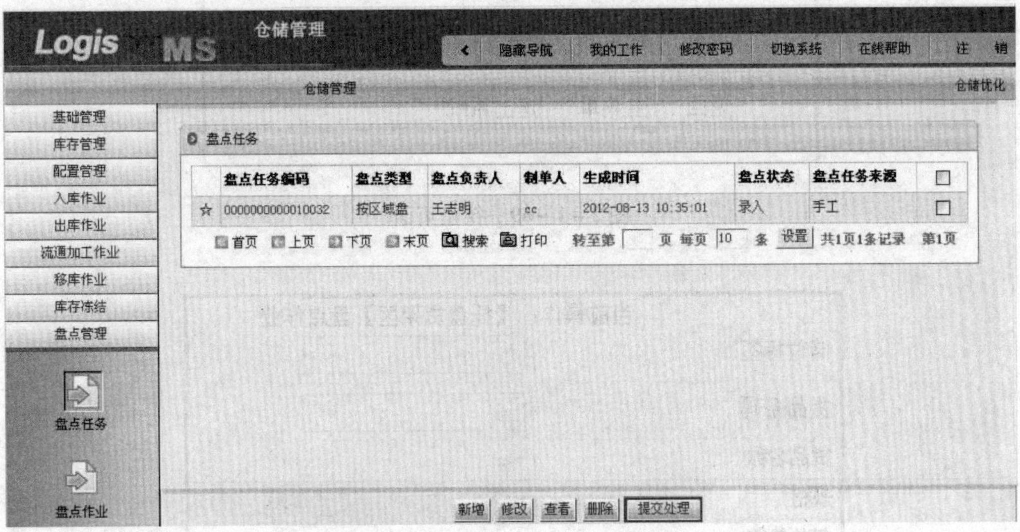

图 2 - 1 - 67   盘点任务提交处理

图 2 - 1 - 68 所示界面。

  点击【盘点作业】，进入待盘点任务表，进入图 2 - 1 - 69 所示界面。

  点击待操作任务对应的【盘点】按钮，进入图 2 - 1 - 70 所示界面。

  盘点员利用手持终端扫描储位标签，再扫描储位上的货品条码信息。系统会自动显示出该货品的名称、规格等信息，如图 2 - 1 - 71 所示。

  盘点员清点该储位上货品的数量，将库存数量填写到【实际数量】中，该货品盘点

仓储作业系统
入库作业
补货/出库作业
加工作业
盘点作业
退出系统
版权：北京络捷斯特科技

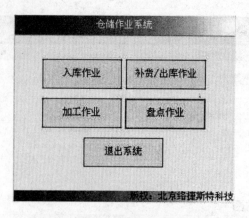

图 2-1-68　盘点手持开始页面

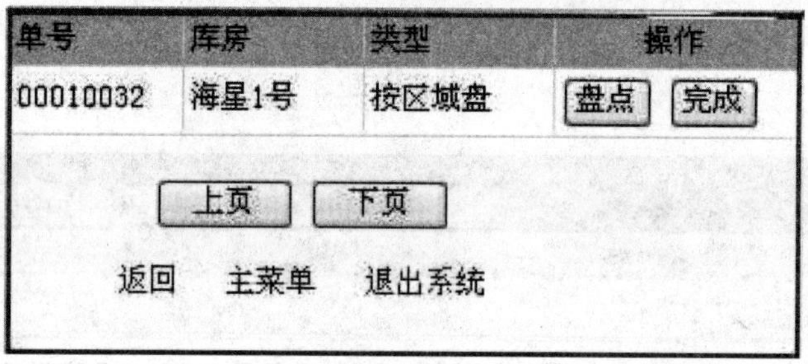
单号
库房
类型
操作
00010032
海星1号
按区域盘
盘点
完成
上页
下页
返回
主菜单
退出系统

图 2-1-69　待盘页面

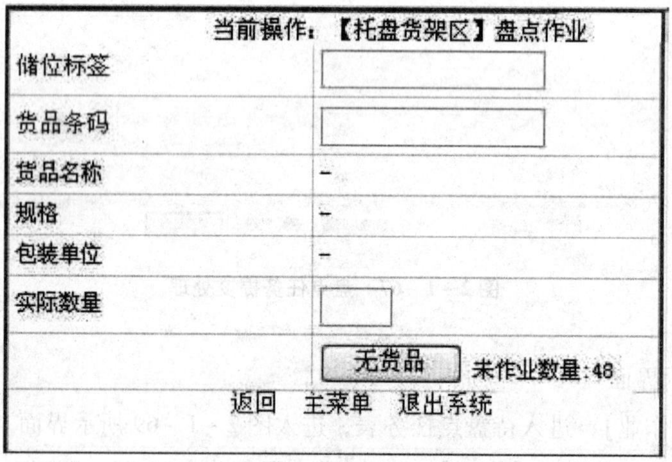
当前操作：【托盘货架区】盘点作业
储位标签
货品条码
货品名称
规格
包装单位
实际数量
无货品
未作业数量:48
返回
主菜单
退出系统

图 2-1-70　盘点开始

完毕后点击【保存】。重复上述盘点操作，进行其他货位的盘点。如果在某一个货位上没

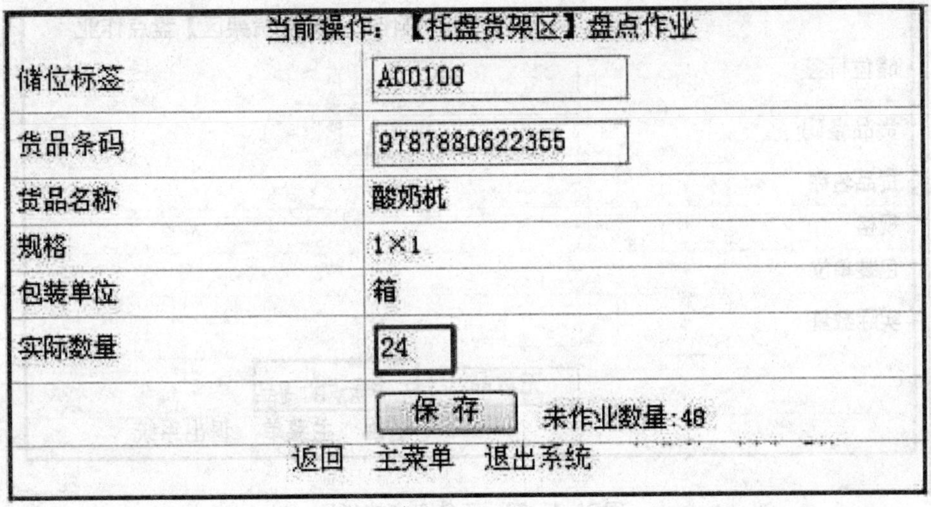

当前操作：【托盘货架区】盘点作业	
储位标签	A00100
货品条码	9787880622355
货品名称	酸奶机
规格	1×1
包装单位	箱
实际数量	24
保 存　　未作业数量：48	
返回　主菜单　退出系统	

图 2 - 1 - 71　读取信息

有任何货品，则扫描该储位标签后，直接点击【无货品】即可，如图 2 - 1 - 72 所示。

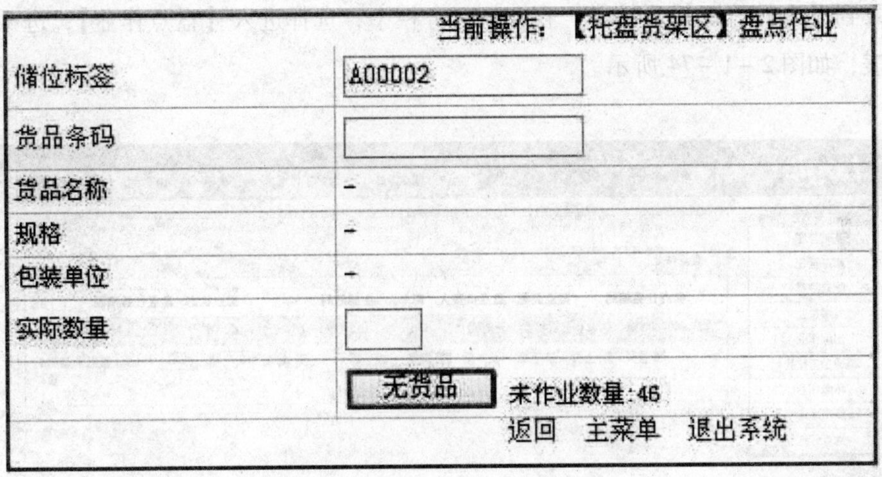

当前操作：【托盘货架区】盘点作业	
储位标签	A00002
货品条码	
货品名称	-
规格	-
包装单位	-
实际数量	
无货品　　未作业数量：46	
返回　主菜单　退出系统	

图 2 - 1 - 72　无货品盘点界面

待该盘点任务全部盘点完成后，手持终端系统会提示无待盘点的货品，如图 2 - 1 - 73 所示。

返回到盘点作业界面，先不要点击【完成】按钮。

盘点员将盘点后的结果需要反馈到仓储管理系统中，进行盘点反馈及盈亏处理。

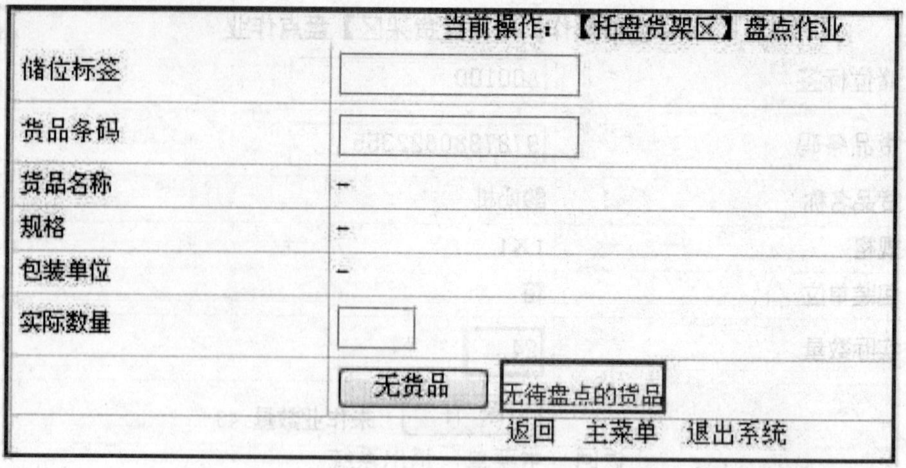

图 2 - 1 - 73　无待盘点的货品

步骤三：盘点作业反馈

盘点员将盘点作业的结果反馈到仓储管理系统中。

登录到【仓储管理】系统中，在左侧任务栏中，选择进入【盘点作业】，进入到盘点作业列表，如图 2 - 1 - 74 所示。

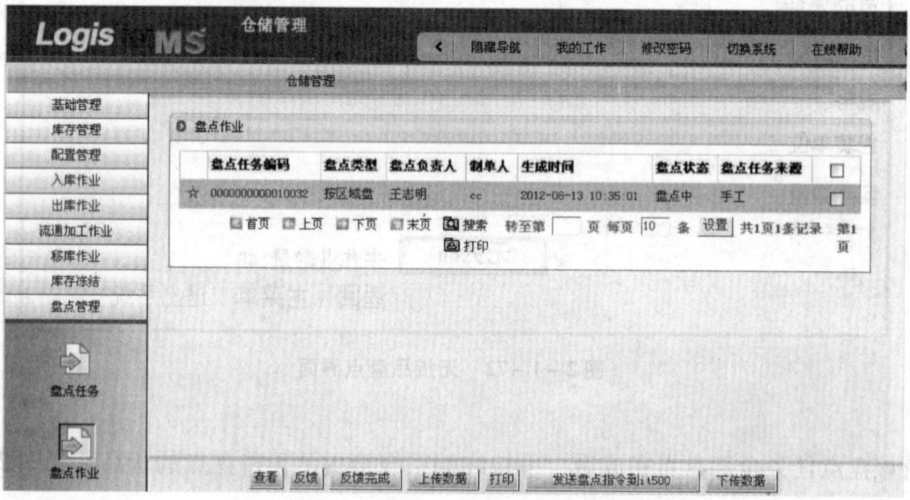

图 2 - 1 - 74　盘点作业反馈

点击作业列表下方的【反馈】按钮，进入图 2 - 1 - 75 所示界面。

在图 2 - 1 - 75 中右侧的"实际数量"即为盘点员在仓库中盲盘时得到的实际货品数

图 2 – 1 – 75　盘点单

量，即通过手持终端传递回来的盘点数量。盘点员根据"盘点单"填写正品、次品的数量，如图 2 – 1 – 76 所示。

图 2 – 1 – 76　盘点单录入

实盘数据反馈完毕后，点击【反馈完成】按钮，进入图 2 – 1 – 77 所示界面。

步骤四：盘点差异处理

盘点员将盘点的实际情况反馈到【仓储管理】系统后，仓管员会对盘点结果进行查

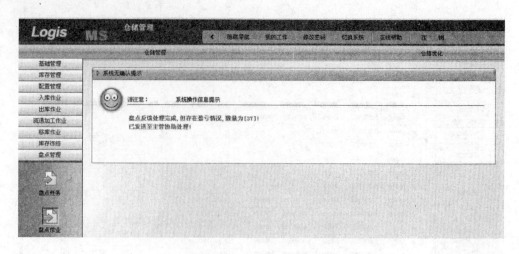

图 2 - 1 - 77　反馈完成

看，针对于存在差异的盘点结果进行复查、核实，最后对差异情况进行调整，以调整库存情况。

仓管员登录到【仓储管理】系统，在【盘点管理】作业任务下选择【盘点调整】，如图 2 - 1 - 78 所示。

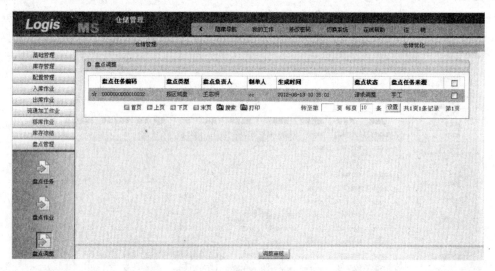

图 2 - 1 - 78　调整审核

点击【调整审核】按钮，进入图 2 - 1 - 79 所示界面。

根据任务规定的盘点差异处理办法为：根据实盘数量对系统库存进行盈亏调整。

在图 2 - 1 - 79 中，选择盈亏调整选项，然后点击【下一步】按钮，进入图 2 - 1 - 80 所示界面。

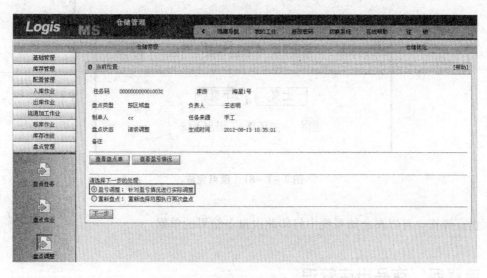

图 2 - 1 - 79 盈亏调整

图 2 - 1 - 80 调整确认

由于存在差异的情况为正次品的情况，因此，在进行差异调整时需要选择"正次"调整。即在图 2 - 1 - 80 中，调整类型选择为"正次"，然后点击【调整确认】按钮，完成盘点差异调整。

待差异调整完毕后，仓管员可以登录到手持终端，进入到盘点作业列表中，点击【完成】，如图 2 - 1 - 81 所示。

237

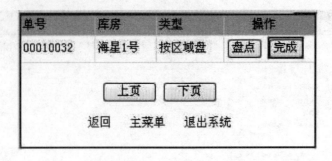

图 2 - 1 - 81　盘点完成

结束盘点操作。可以在仓储系统中打印此次盘点结果的单据。

流程四　商品出库管理

一、环境准备

1. 单据

出库通知单、提货单。

2. 岗位角色及职责（见表 2 - 1 - 19）

表 2 - 1 - 19　　　　　　　　　　　　　岗位角色及职责

序号	岗位角色	职责
1	信息员	订单信息录入
2	仓管员	出库理货、单据交接
3	搬运员	货物下架、搬运作业

二、任务发布

万盛物流的仓储部客服人员接收到客户欧乐科技的两笔出库通知，出库通知单如表 2 - 1 - 20 所示。

表 2 – 1 – 20　　　　　　　　　　　　出库通知单

仓库名称：　海星 1 号　　　　　　　　　　　　　　　　　　　　2012 年 8 月 10 日

采购订单号	201208100007			
客户指令号	20120810007	订单来源		E – mail
客户名称	北京欧乐科技有限公司	质量		正品
出库方式	自提	出库类型		正常
序号	货品编号	名称	单位	包装规格（毫米 × 毫米 × 毫米）	申请数量	实发数量	备注
1	9787885273156	电炸锅	箱	480 × 320 × 200	28		
合　　　　计					28		

制单人：李蜜　　　　　提货人：刘宇宏　　　　　　　　仓管员：

待出库货品信息如表 2 – 1 – 21 所示。

表 2 – 1 – 21　　　　　　　　　　待出库货品信息

客户名称		北京欧乐科技有限公司	库房		海星 1 号		
货品	条码	托盘标签	储位存放数量	单位	包装规格（毫米 × 毫米 × 毫米）	产品规格	储区储位
电炸锅	9787885273156	8000000000087	28	箱	480 × 320 × 200	1 × 1	托盘货架区 A00105

上述出库货品的储位信息可以结合实训库房内的实际情况进行更改，只要保证货品待下架货品与储位信息一致即可。

任务要求：根据上述信息，完成出库通知的出库作业任务。

三、操作流程

货物整托出库流程如图 2 – 1 – 82 所示。

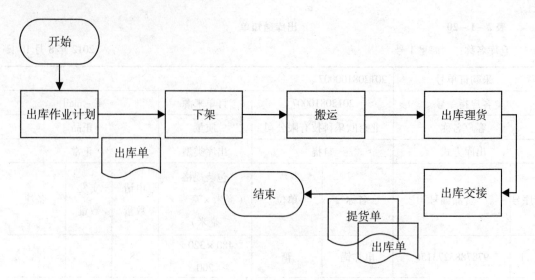

图 2 - 1 - 82   货物整托出库流程

步骤一：出库订单处理

无纸化整托出库作业首先要在物流综合业务平台中新建出库订单，再利用手持终端完成拣货、下架、搬运的操作。

信息员接到客户的出库通知后，进入【订单管理】系统，创建一个新的出库订单。

在左侧【订单录入】下，点击【新增】出库订单，分别对订单信息、订单入库信息及订单货品进行维护，如图 2 - 1 - 83、图 2 - 1 - 84 和图 2 - 1 - 85 所示。

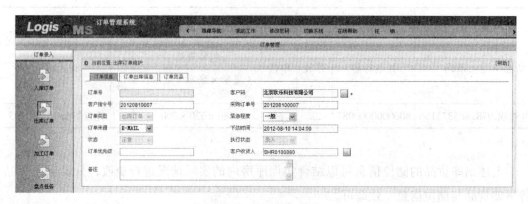

图 2 - 1 - 83   订单信息

保存订单后返回到出库订单列表，勾选订单【生成作业计划】。信息员需打印出库单，并将出库单移交给仓管员。

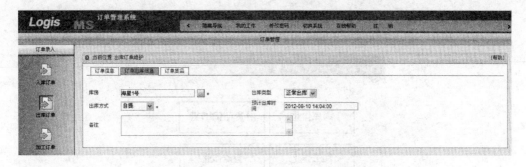

图 2 - 1 - 84 订单出库信息

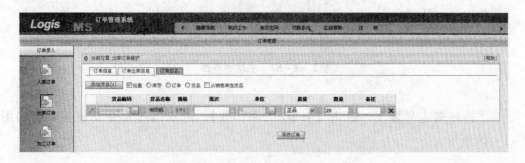

图 2 - 1 - 85 订单货品

步骤二：出库作业启动

仓管员接到出库作业计划后，利用手持终端启动出库作业任务。仓管员登录手持终端系统，并选择指定的库房，如图 2 - 1 - 86 所示。

图 2 - 1 - 86 手持终端用户登录

物流信息技术与管理

进入其应用操作主功能界面，如图2-1-87所示。

图2-1-87　主功能界面

在手持终端主界面上，点击【补货/出库作业】，进入出库作业功能界面，如图2-1-88所示。

图2-1-88　出库作业功能界面

在图2-1-88中，点击【出库理货】，进入到待理货作业任务栏中，如图2-1-89所示。

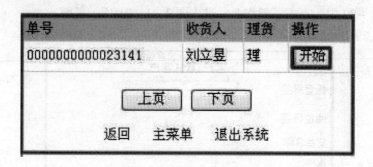

图 2 - 1 - 89　出库理货开始

点击【开始】，启动出库理货作业。点击开始后，系统会将【开始】按钮变成【完成】。表明该业务已经开始启动。

【注意】此时不可以点击【完成】否则就无法进行后续的作业任务。

出库作业启动后，仓管员会将下架、搬运的作业任务交由搬运员完成。

步骤三：下架作业操作

1. 下架信息读取

搬运员接到下架搬运的任务后，登录到手持终端，读取下架任务信息。

在【补货/出库】功能界面下，如图 2 - 1 - 90 所示。

图 2 - 1 - 90　出库作业界面

在图 2 - 1 - 90 中，点击下架作业，进入图 2 - 1 - 91 所示界面。

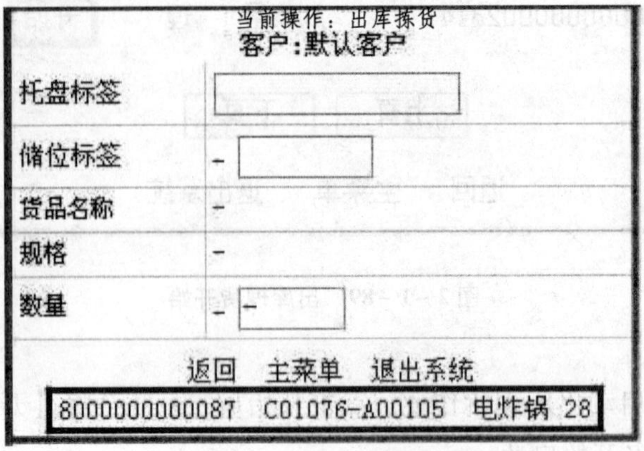

当前操作：出库拣货	
客户：默认客户	
托盘标签	
储位标签	-
货品名称	-
规格	-
数量	-
返回　主菜单　退出系统	
8000000000087　C01076-A00105　电炸锅 28	

图 2 - 1 - 91　出库下架

在手持终端下方会显示待下架的货物名称、下架数量、存放储位和托盘标签信息。

2. 货品下架

搬运员从设备暂存区取出叉车，启动叉车将叉车停至图 2 - 1 - 91 提示货架前，如图 2 - 1 - 92 所示。

图 2 - 1 - 92　叉车停放

搬运员找到 A00105 储位，利用手持终端采集储位上托盘标签信息，信息采集成功后，手持终端系统将自动显示默认拣货数量，如图 2－1－93 所示。

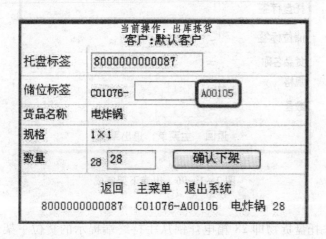

图 2－1－93 托盘扫描

利用手持终端采集储位信息，如图 2－1－94 所示。确认下架数量，核对无误后，点击【确认下架】，如图 2－1－95 所示。

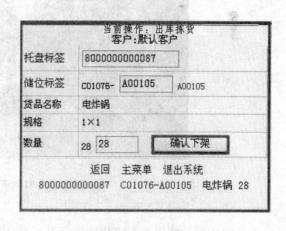

图 2－1－94 手持下架操作　　　　　图 2－1－95 手持下架操作

待手持终端下方没有操作提示信息，表示当前出库下架作业已经确认，如图 2－1－96 所示。

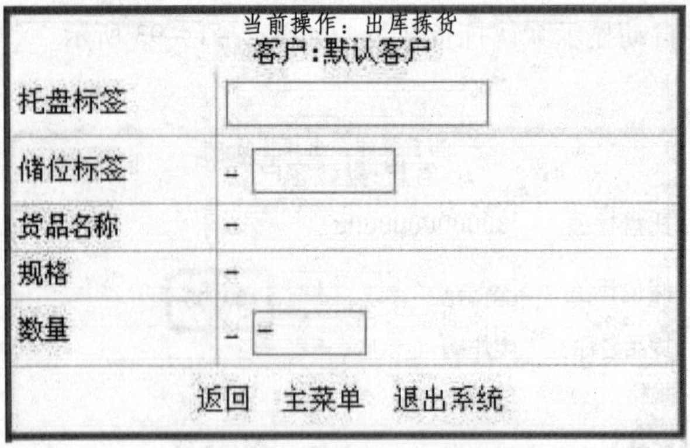

当前操作：出库拣货
客户：默认客户

托盘标签	
储位标签	—
货品名称	—
规格	—
数量	— —

返回　主菜单　退出系统

图 2 - 1 - 96　出库下架完成

利用叉车将一托盘货物即 28 箱电炸锅从手持终端提示的货位下架，如图 2 - 1 - 97 所示。

图 2 - 1 - 97　下架操作

下架完成后，使用叉车将货物搬运至托盘货架交接区，并将其放回设备暂存区。

步骤四：搬运作业操作

1. 搬运信息读取

下架后货物需要从托盘货架的交接区搬运至出库理货区，进行出库理货清点。

搬运员需要通过手持终端读取搬运信息，进入到【补货/出库】功能界面，如图

2-1-98 所示。

图 2-1-98 出库作业界面

点击【搬运作业】，进入图 2-1-99 所示界面。

图 2-1-99 搬运操作界面

手持终端的下方会自动提示出需要进行搬运作业的货品名称、托盘信息。利用手持终端采集托盘标签信息，如图 2-1-100 所示。

247

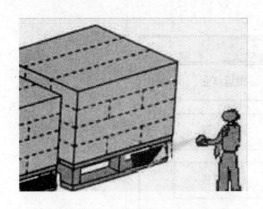

当前操作：搬运操作	
客户：默认客户	
托盘标签	8000000000087
货品名称	电炸锅
数量	28
到达地点	出库理货区
确认搬运	
返回　主菜单　退出系统	
8000000000087　　电炸锅	

图 2 – 1 – 100　搬运操作界面　　　　　图 2 – 1 – 101　采集托盘标签信息并确认

信息采集成功后，如图 2 – 1 – 101 所示。点击【确认搬运】。

2. 货品搬运

从设备暂存区将电动搬运车取出。利用电动搬运车将一托盘电炸锅从托盘货架交接区搬运至出库理货区，如图 2 – 1 – 102 所示。

图 2 – 1 – 102　搬运操作

搬运作业完成后将搬运车放回设备暂存区。

步骤五：出库理货确认

搬运员将一托盘货物放置到出库理货区后，仓管员会根据手持终端的出库理货提示开始进行出库理货确认。

仓管员登录到手持终端出库作业界面，如图2-1-103所示。

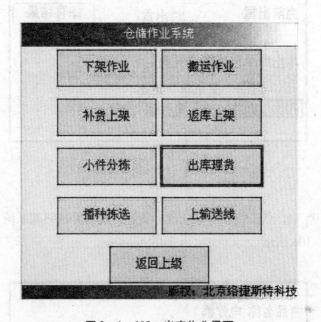

图2-1-103 出库作业界面

点击【出库理货】，进入图2-1-104所示界面。

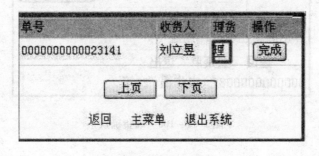

图2-1-104 理货

点击【理】，进行出库理货清点，进入图2-1-105所示界面。

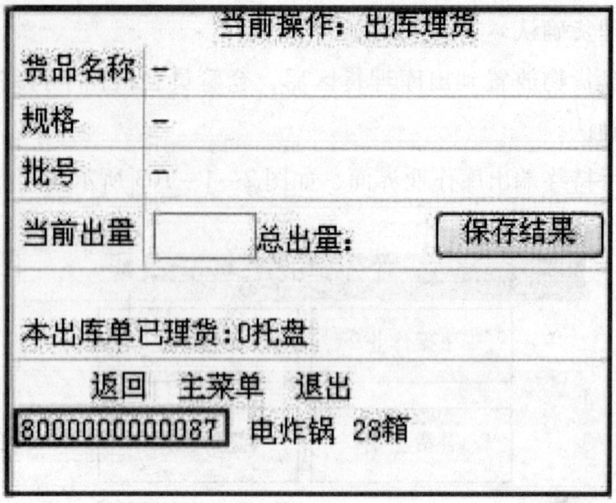

图 2 – 1 – 105　出库理货

在图 2 – 1 – 105 中，点击待理货的托盘标签号，此时手持终端系统自动显示默认理货数量，如图 2 – 1 – 106 所示。

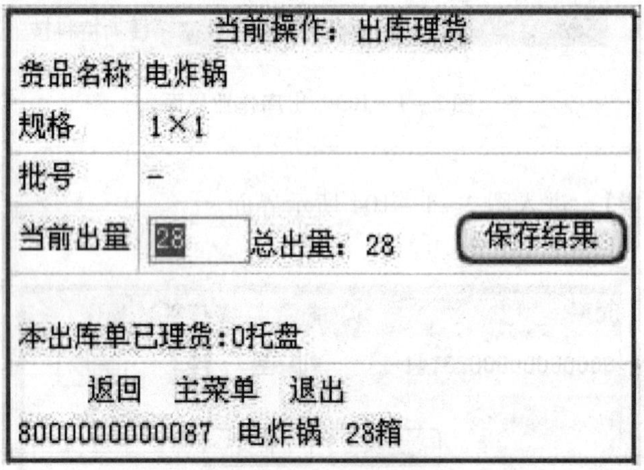

图 2 – 1 – 106　理货确认

仓管员清点托盘上的货品数量，核对出库理货的数量，确认理货数量正确无误后，点击【保存结果】，进入图 2 – 1 – 107 所示界面。

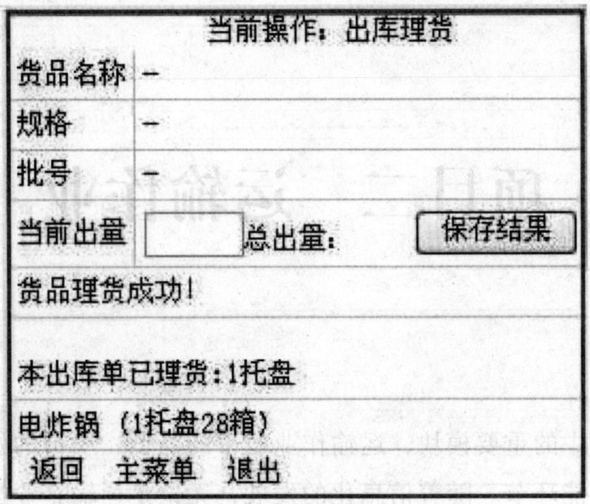

图 2 – 1 – 107 出库理货完成

　　界面下方会提示已理货操作完成的信息。点击【返回】回到出库理货界面（见图 2 – 1 – 105），点击【完成】确定完成出库理货作业。

　　出库理货完成后，需要给手持终端发送一个出库任务结束的命令，返回到图 2 – 1 – 105 界面，点击【完成】。

　　步骤六：出库交接处理

　　提货员根据提货单核查货物，核查时仓管员在一旁监察。提货员主要核对的内容有：货物名称、数量是否正确，检查外包装是否完好或者是否倒置。经核查，出库货物与提货单及出库单数量一致，均为正品。

　　货物核查完毕后，仓管员根据实际出库情况填写出库单实发数量并签上自己的名字，然后主动与提货员交接，要求提货员在出库单相应位置签字确认。

　　同时，仓管员按照提货员的要求在提货单相应位置签字确认。

项目二 运输作业

引 言

运输是物流管理中的重要模块，运输作业效率的高低，质量的好坏将直接影响到物流企业的各项其他功能环节。随着信息化的发展，无论是运输企业还是第三方物流企业都开始重视其运输作业的信息化程度，以流程性更顺畅、操作更便捷、信息反馈更及时的运输系统对其运输作业过程进行有效的信息化管理是运输作业管理的总体发展趋势。本章内容将围绕运输作业各关键作业环节信息管理方式展开进行详细介绍，以达到掌握运输作业流程，熟悉信息化管理手段的教学目标。

运输作业管理的总体流程，如图 2-2-1 所示。

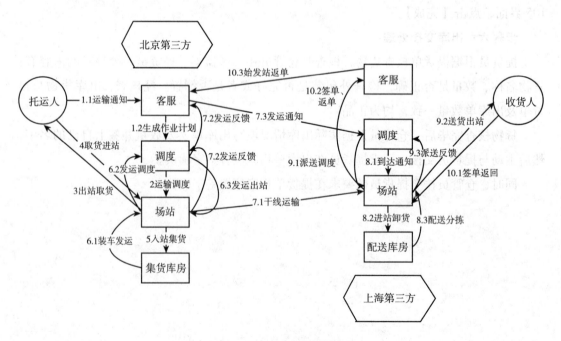

图 2-2-1 运输作业管理的总体流程

流程一　信息系统的初始化

一、环境准备

1. 场地：物流综合实训室

信息系统初始化流程是熟悉系统构成，了解系统基础数据，对运输信息进行基础维护的重要操作项目，该作业流程在综合实训室中进行即可。

2. 设施设备

实训中所用到的设备和设施，如表 2 – 2 – 1 所示。

表 2 – 2 – 1　　　　　　实训中所用到的设备和设施

序号	设备类别	详细信息
1	软件	运输管理系统
2	硬件	计算机

3. 单据

信息系统初始化所用到的信息内容包括分供方信息、分供方报价、路运报价、车辆类型、人员安排、客户信息、运力、路由等基础信息。

二、任务发布

北京万盛物流公司（简称万盛物流）近期与大客户北京欧乐科技有限公司（简称北京欧乐）签订了第三方物流服务合同。

模拟系统信息员角色，在运输子模块系统中将运输基础信息按一定顺序正确、快速录入系统。

1. 分供方信息

（1）供应商管理（如表 2 – 2 – 2 所示）。

表 2 – 2 – 2　　　　　　供应商信息

项目	内容（始发站）	内容（目的站）
合作单位名称	北京腾达物流公司	上海齐风物流公司
合作单位类型	分供方	分供方

项目	内容（始发站）	内容（目的站）
合作单位简称	腾达物流	齐风物流
联系人	王庆	赵卓
联系人电话	13900012345	13507741253
传真	08 - 62483749	021 - 54678890
邮编	101000	200116
合作单位地址	北京市大兴区龙羽物流园 B 区 5 号	上海市浦东新区中新路 39 号

（2）供应商信用评估项目设置（如表 2 - 2 - 3 所示）。

表 2 - 2 - 3　　　　　　　　　　供应商信用评估项目设置

序号	评估项目	备注
1	按时到达率	供应商出货的按时抵达率
2	货物合格率	供应商货物的合格率
3	在途及时反馈率	供应商货物在途的反馈能力
4	末端交接满意率	客户对供应商的满意度
5	按时出货率	供应商的按时出货率

2. 分供方报价（如表 2 - 2 - 4 所示）

表 2 - 2 - 4　　　　　　　　　　分供方报价

起始地	目的地	里程（公里）	最低限价（元）	最高限价（元）	分级报价（元/千克）该报价已复核			
					L1, 50.0	L51.0, 100.0	L100.0, 1000.0	L1000, 99999
北京	北京	0	150	100000	78	90	120	147
北京	天津	118	150	100000	78	90	120	147
北京	石家庄	285	150	100000	78	90	120	147
北京	保定	147	150	100000	78	90	120	147
北京	邢台	419	150	100000	78	90	120	147
北京	秦皇岛	288	150	100000	78	90	120	147

起始地	目的地	里程（公里）	最低限价（元）	最高限价（元）	分级报价（元/千克）该报价已复核			
					L1, 50.0	L51.0, 100.0	L100.0, 1000.0	L1000, 99999
北京	唐山	183	150	100000	78	90	120	147
北京	邯郸	474	150	100000	78	90	120	147
北京	廊坊	74	150	100000	78	90	120	147
北京	太原	503	150	100000	78	90	120	147
北京	青岛	668	150	100000	78	90	120	147
北京	济南	439	150	100000	78	90	120	147
北京	淄博	448	150	100000	78	90	120	147
北京	潍坊	563	150	100000	78	90	120	147
北京	日照	710	150	100000	78	90	120	147
北京	临沂	668	150	100000	78	90	120	147
北京	烟台	855	150	100000	78	90	120	147
北京	威海	943	150	100000	78	90	120	147
北京	呼和浩特	578	150	100000	78	90	120	147
北京	大连	873	150	100000	78	90	120	147
北京	沈阳	741	150	100000	78	90	120	147
北京	丹东	907	150	100000	78	90	120	147
北京	营口	659	150	100000	78	90	120	147
北京	长春	1065	150	100000	78	90	120	147
北京	哈尔滨	1303	150	100000	78	90	120	147
北京	郑州	722	150	100000	78	90	120	147
北京	包头	741	150	100000	78	90	120	147
北京	西安	1252	150	100000	78	90	120	147
北京	上海	1325	150	100000	95	110	147	185
北京	苏州	1255	150	100000	95	110	147	185
北京	南京	1065	150	100000	95	110	147	185
北京	南通	1163	150	100000	95	110	147	185
北京	昆山	1314	150	100000	95	110	147	185
北京	扬州	1013	150	100000	95	110	147	185

起始地	目的地	里程 （公里）	最低限价 （元）	最高限价 （元）	分级报价（元/千克）该报价已复核			
					L1，50.0	L51.0，100.0	L100.0，1000.0	L1000，99999
北京	镇江	1032	150	100000	95	110	147	185
北京	常熟	1125	150	100000	95	110	147	185
北京	常州	1116	150	100000	95	110	147	185
北京	无锡	1200	150	100000	95	110	147	185
北京	张家港	1106	150	100000	95	110	147	185
北京	江阴	1065	150	100000	95	110	147	185
北京	宜兴	1200	150	100000	95	110	147	185
北京	杭州	1409	150	100000	95	110	147	185
北京	嘉兴	1394	150	100000	95	110	147	185
北京	绍兴	1475	150	100000	95	110	147	185
北京	义乌	1730	150	100000	95	110	147	185
北京	宁波	1651	150	100000	95	110	147	185
北京	合肥	1085	150	100000	95	110	147	185
北京	武汉	1278	150	100000	95	110	147	185
北京	黄石	1379	150	100000	95	110	147	185
北京	荆州	1408	150	100000	95	110	147	185
北京	襄樊	1208	150	100000	95	110	147	185
北京	宜昌	1459	150	100000	95	110	147	185
北京	南昌	1642	150	100000	95	110	147	185
北京	温州	1867	150	100000	95	110	147	185
北京	广州	2479	150	100000	95	110	147	185
北京	深圳	2642	150	100000	95	110	147	185
北京	东莞	2540	150	100000	95	110	147	185
北京	中山	2573	150	100000	95	110	147	185
北京	佛山	2313	150	100000	95	110	147	185
北京	江门	2254	150	100000	95	110	147	185
北京	惠州	2635	150	100000	95	110	147	185
北京	珠海	2629	150	100000	95	110	147	185

起始地	目的地	里程（公里）	最低限价（元）	最高限价（元）	分级报价（元/千克）该报价已复核			
					L1, 50.0	L51.0, 100.0	L100.0, 1000.0	L1000, 99999
北京	汕头	2411	150	100000	95	110	147	185
北京	肇庆	2589	150	100000	95	110	147	185
北京	湛江	2826	150	100000	95	110	147	185
北京	茂名	2783	150	100000	95	110	147	185
北京	阳江	2386	150	100000	95	110	147	185
北京	清远	2155	150	100000	95	110	147	185
北京	乌鲁木齐	3759	150	100000	115	133	178	220
北京	兰州	1810	150	100000	115	133	178	220
北京	银川	1207	150	100000	115	133	178	220
北京	南宁	3734	150	100000	115	133	178	220
北京	桂林	2251	150	100000	115	133	178	220
北京	成都	2170	150	100000	115	133	178	220
北京	重庆	2164	150	100000	115	133	178	220
北京	长沙	1684	150	100000	115	133	178	220
北京	贵阳	2661	150	100000	115	133	178	220
北京	昆明	3276	150	100000	115	133	178	220
北京	福州	2204	150	100000	115	133	178	220
北京	泉州	2400	150	100000	115	133	178	220
北京	厦门	2517	150	100000	115	133	178	220
北京	海口	3065	150	100000	115	133	178	220

3. 路运报价（如表 2 - 2 - 5 所示）

表 2 - 2 - 5　　　　　　　　　　路运报价

起始地	目的地	里程（公里）	最低限价（元）	最高限价（元）	分级报价（元/千克）该报价已复核			
					L1, 50.0	L51.0, 100.0	L100.0, 1000.0	L1000, 99999
北京	北京	0	150	100000	100	115	158	197
北京	天津	118	150	100000	100	115	158	197

续　表

起始地	目的地	里程 （公里）	最低限价 （元）	最高限价 （元）	分级报价（元/千克）该报价已复核			
					L1，50.0	L51.0，100.0	L100.0，1000.0	L1000，99999
北京	石家庄	285	150	100000	100	115	158	197
北京	保定	147	150	100000	100	115	158	197
北京	邢台	419	150	100000	100	115	158	197
北京	秦皇岛	288	150	100000	100	115	158	197
北京	唐山	183	150	100000	100	115	158	197
北京	邯郸	474	150	100000	100	115	158	197
北京	廊坊	74	150	100000	100	115	158	197
北京	太原	503	150	100000	100	115	158	197
北京	青岛	668	150	100000	100	115	158	197
北京	济南	439	150	100000	100	115	158	197
北京	淄博	448	150	100000	100	115	158	197
北京	潍坊	563	150	100000	100	115	158	197
北京	日照	710	150	100000	100	115	158	197
北京	临沂	668	150	100000	100	115	158	197
北京	烟台	855	150	100000	100	115	158	197
北京	威海	943	150	100000	100	115	158	197
北京	呼和浩特	578	150	100000	100	115	158	197
北京	大连	873	150	100000	100	115	158	197
北京	沈阳	741	150	100000	100	115	158	197
北京	丹东	907	150	100000	100	115	158	197
北京	营口	659	150	100000	100	115	158	197
北京	长春	1065	150	100000	100	115	158	197
北京	哈尔滨	1303	150	100000	100	115	158	197
北京	郑州	722	150	100000	100	115	158	197
北京	包头	741	150	100000	100	115	158	197
北京	西安	1252	150	100000	100	115	158	197
北京	上海	1325	150	100000	135	140	197	215
北京	苏州	1255	150	100000	135	140	197	215

起始地	目的地	里程（公里）	最低限价（元）	最高限价（元）	分级报价（元/千克）该报价已复核			
					L1，50.0	L51.0，100.0	L100.0，1000.0	L1000，99999
北京	南京	1065	150	100000	135	140	197	215
北京	南通	1163	150	100000	135	140	197	215
北京	昆山	1314	150	100000	135	140	197	215
北京	扬州	1013	150	100000	135	140	197	215
北京	镇江	1032	150	100000	135	140	197	215
北京	常熟	1125	150	100000	135	140	197	215
北京	常州	1116	150	100000	135	140	197	215
北京	无锡	1200	150	100000	135	140	197	215
北京	张家港	1106	150	100000	135	140	197	215
北京	江阴	1065	150	100000	135	140	197	215
北京	宜兴	1200	150	100000	135	140	197	215
北京	杭州	1409	150	100000	135	140	197	215
北京	嘉兴	1394	150	100000	135	140	197	215
北京	绍兴	1475	150	100000	135	140	197	215
北京	义乌	1730	150	100000	135	140	197	215
北京	宁波	1651	150	100000	135	140	197	215
北京	合肥	1085	150	100000	135	140	197	215
北京	武汉	1278	150	100000	135	140	197	215
北京	黄石	1379	150	100000	135	140	197	215
北京	荆州	1408	150	100000	135	140	197	215
北京	襄樊	1208	150	100000	135	140	197	215
北京	宜昌	1459	150	100000	135	140	197	215
北京	南昌	1642	150	100000	135	140	197	215
北京	温州	1867	150	100000	135	140	197	215
北京	广州	2479	150	100000	135	140	197	215
北京	深圳	2642	150	100000	135	140	197	215
北京	东莞	2540	150	100000	135	140	197	215
北京	中山	2573	150	100000	135	140	197	215

续　表

起始地	目的地	里程 （公里）	最低限价 （元）	最高限价 （元）	分级报价（元/千克）该报价已复核			
					L1，50.0	L51.0，100.0	L100.0，1000.0	L1000，99999
北京	佛山	2313	150	100000	135	140	197	215
北京	江门	2254	150	100000	135	140	197	215
北京	惠州	2635	150	100000	135	140	197	215
北京	珠海	2629	150	100000	135	140	197	215
北京	汕头	2411	150	100000	135	140	197	215
北京	肇庆	2589	150	100000	135	140	197	215
北京	湛江	2826	150	100000	135	140	197	215
北京	茂名	2783	150	100000	135	140	197	215
北京	阳江	2386	150	100000	135	140	197	215
北京	清远	2155	150	100000	135	140	197	215
北京	乌鲁木齐	3759	150	100000	155	163	200	245
北京	兰州	1810	150	100000	155	163	200	245
北京	银川	1207	150	100000	155	163	200	245
北京	南宁	3734	150	100000	155	163	200	245
北京	桂林	2251	150	100000	155	163	200	245
北京	成都	2170	150	100000	155	163	200	245
北京	重庆	2164	150	100000	155	163	200	245
北京	长沙	1684	150	100000	155	163	200	245
北京	贵阳	2661	150	100000	155	163	200	245
北京	昆明	3276	150	100000	155	163	200	245
北京	福州	2204	150	100000	155	163	200	245
北京	泉州	2400	150	100000	155	163	200	245
北京	厦门	2517	150	100000	155	163	200	245
北京	海口	3065	150	100000	155	163	200	245

4. 车辆类型信息（如表 2 - 2 - 6 所示）

表 2 - 2 - 6　　　　　　　　　车辆类型信息

车牌号	品牌	车型	长（米）	宽（米）	高（米）	体积（立方米）	核载（吨）	所属机构
京 MH1234	东风	9.6 米单桥，全封闭	9.6	2.4	3	69	10	分供方
京 AP2461	解放	9.6 米单桥，全封闭	9.6	2.4	3	69	10	分供方
沪 M93836	东风	9.6 米单桥，全封闭	9.6	2.4	3	69	10	分供方

5. 人员安排信息（如表 2 - 2 - 7 所示）

表 2 - 2 - 7　　　　　　　　　人员安排信息

预设岗位	司机姓名	身份证号	出生日期	工作日期	验本日期	电话	住址	所属类型
取货司机	王志明	110217197907012467	1979 年 7 月 1 日	2009 年 3 月 20 日	2009 年 1 月 1 日	13911019642	北京市朝阳区北路 101 号	腾达物流
干线司机	刘立新	110217197803204008	1978 年 3 月 20 日	2009 年 7 月 21 日	2009 年 1 月 2 日	13511178436	北京市丰台区颐景园 3 号	腾达物流
送货司机	葛玉东	110217197902174007	1979 年 2 月 17 日	2009 年 4 月 3 日	2009 年 1 月 4 日	13710035479	上海市普陀区河北路 10 号	齐风物流
始发站货运员	杨朝来	110217197506201173	1975 年 6 月 20 日	2009 年 5 月 18 日	—	15210774954	北京市通州区	本公司
目的站货运员	陈金棠	310114197609044431	1976 年 9 月 4 日	2010 年 6 月 21 日	—	13669259348	上海市虹口区	本公司

6. 客户信息

客户（收发货客户）信息，如表 2 - 2 - 8 所示。

表 2 - 2 - 8　　　　　　　　　客户信息

项目	内容（托运人）	内容（收货人）
客户单位名称	北京欧乐科技有限公司	上海美嘟科技有限公司
客户简称	北京欧乐	上海美嘟
拼音码	BJOL	SHMD

续 表

项目	内容（托运人）	内容（收货人）
客户经理	张铭羽	李瑾泓
客户经理电话	15811053836	13611028316
联系人	钱永利	刘立昱
联系人电话	13782736502	13411072672
联系人 E – mail	qianyl@ ol. com	liuly@ md. com
客户地址	北京市通州区马驹桥开发区 111 号	上海市普陀区古浪路 34 号
客户邮编	101224	201000
行业属性	制造业	批发和零售贸易
企业规模	大	大
取货/收货人地址	北京市通州区马驹桥开发区 111 号	上海市普陀区古浪路 34 号

7. 运力、路由信息

（1）运力信息（如表 2 – 2 – 9 所示）。

表 2 – 2 – 9　　　　　　运力信息

运力类型	运力来源	目的地	车辆类型	司机
公路	腾达物流	上海站	9.6 单桥，全封闭 （长×宽×高：9.6 米 ×2.4 米 ×3 米，10 吨）	刘立新

（2）取派运力。始发站取货运力信息（如表 2 – 2 – 10 所示）。

表 2 – 2 – 10　　　　　　始发站取货运力信息

运力来源	车牌号	司机	车辆类型
腾达物流	京 MH1234	王志明	9.6 单桥，全封闭（长×宽×高：9.6 米 ×2.4 米 ×3 米，10 吨）

（3）路由信息（如表2－2－11所示）。

表2－2－11　　　　　　　　　　　路由信息

项目名称	始发站	目的站	运输方式	路由描述	里程（公里）	
欧乐科技	北京	上海	公路	北京到上海	1490	

三、操作流程

信息系统初始化流程如图2－2－2所示。

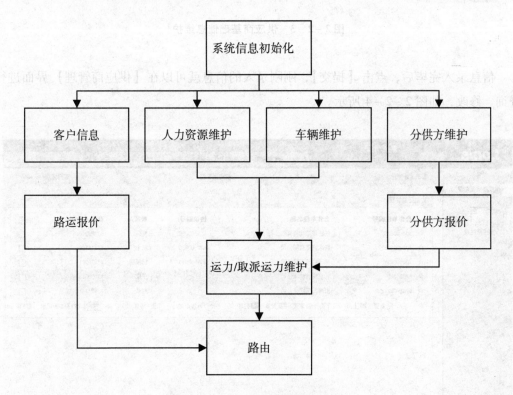

图2－2－2　信息系统初始化流程

步骤一：供应商信息处理

在【基础管理】系统的【供应商管理】模块下，完成下述操作。

1. 供应商信息处理

在【供应商档案管理】界面下，点击【新增】，录入新增供应商信息，如图2－2－3

所示。

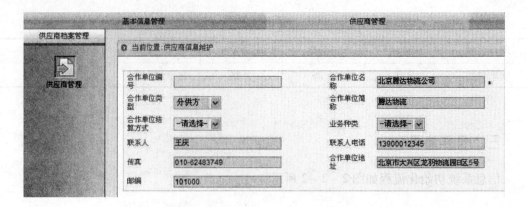

图 2 - 2 - 3　供应商基础信息维护

信息录入完毕后，点击【提交】，刚刚录入的信息就可以在【供应商管理】界面进行查询、修改，如图 2 - 2 - 4 所示。

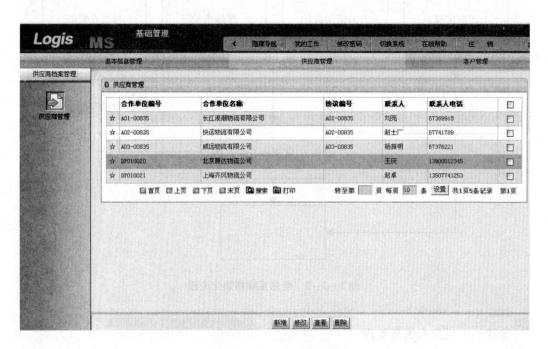

图 2 - 2 - 4　供应商列表

264

2. 供应商信用处理

在【供应商管理】模块下的【供应商信用管理】界面，点击【供应商信用评估项目设置】可以查询供应商评价原则和权重设置，如图 2-2-5 所示。

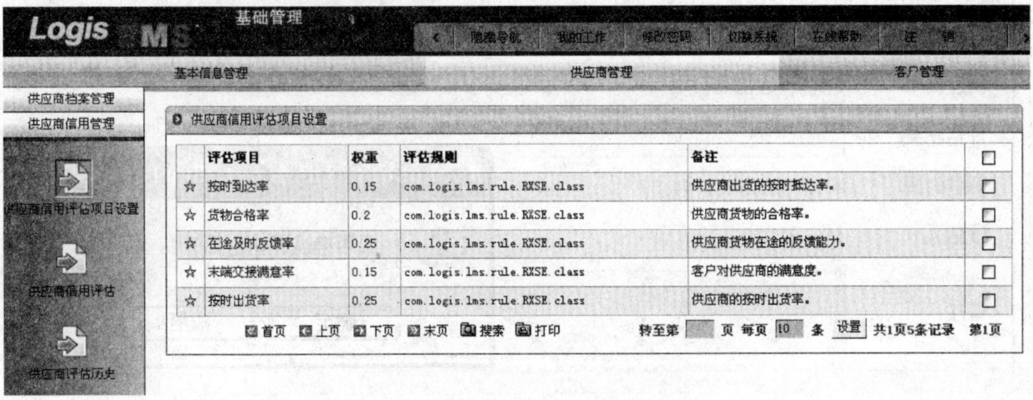

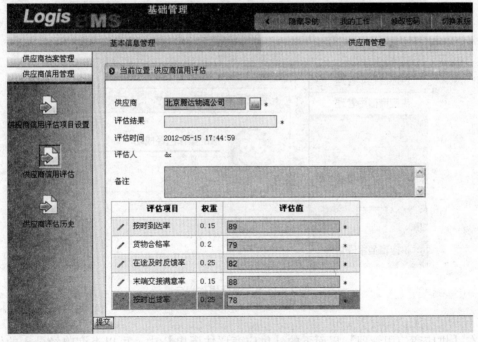

图 2-2-5　供应商信用评估

选择【供应商信用管理】界面下【供应商信用评估】，弹出供应商评价界面，选择需要评价的供应商名称，对评估各项的表现情况进行打分（百分制），如图 2-2-6 所示。

图 2-2-6　供应商评估分值

点击【提交】系统可以自动对供应商的评价得分进行核算，并弹出对话框让用户确认评价得分，如图2-2-7所示。

图2-2-7 评估结果确认

点击【确定】，即可以完成此次供应商评价过程，系统会提示用户的评价结果已被录入，如图2-2-8所示。

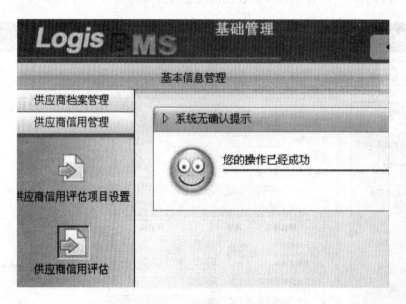

图2-2-8 评估操作提示

在【供应商信用管理】界面下的【供应商评估历史】中，可以查询曾经录入的供应商评估信息，勾选需要查询的供应商，点击【查看】进入评价结果，如图2-2-9所示。

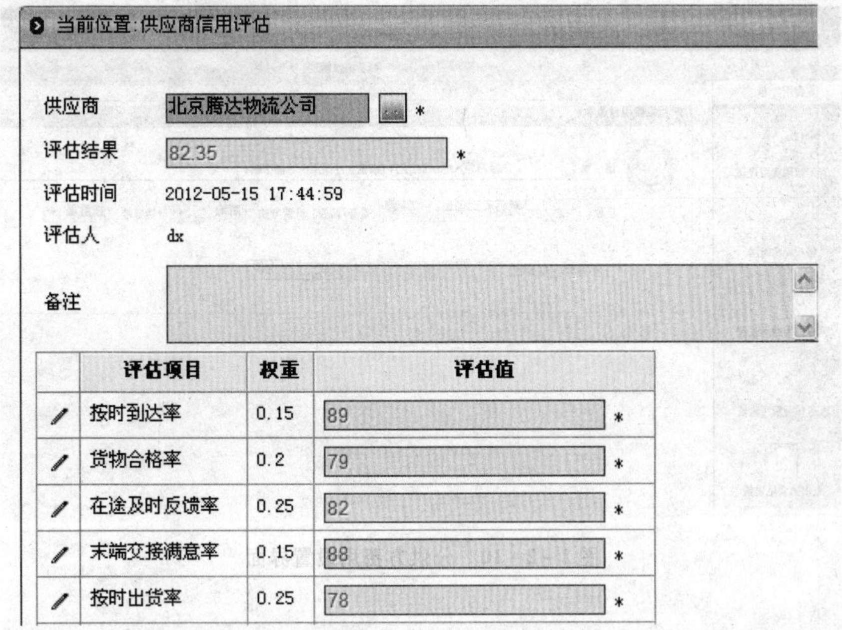

图 2 - 2 - 9　评估结果查询

步骤二：分供方信息处理

分供方费用设置及审核过程的操作要在【商务结算】系统中操作完成。

1. 分供方费用处理

在【商务结算管理】模块中点击【费用管理】选择【分供方费用设置】，进入分供方费用设置界面，如图 2 - 2 - 10 所示。

再根据界面提示导入分供方费用文件，点击【浏览】选择费用文件，点击【上传】至服务器，如图 2 - 2 - 11 所示。

数据上传成功后，系统弹出提示界面，如图 2 - 2 - 12 所示。

2. 分供方报价审核

经过上一步操作，将分供方费用上传设置完毕，还需要商务人员对该报价进行审核，也就是进行分供方报价审核的操作。

在【商务结算管理】模块下的【复核管理】选择【分供方报价审核】，在下拉列表框中选择分供方，点击【复核通过】即可完成费用报价的审核工作，如图 2 - 2 - 13 所示。

步骤三：路运报价处理

路运报价维护、审核过程要在【商务结算】系统中完成。

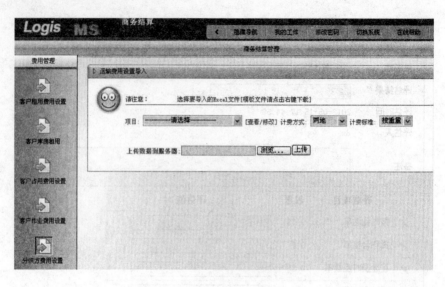

图2-2-10 分供方费用设置界面

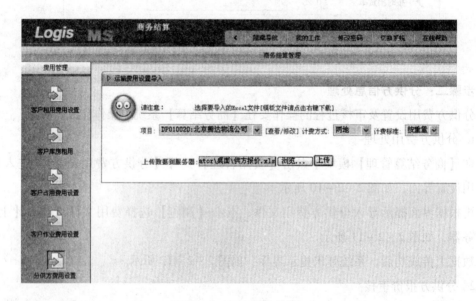

图2-2-11 报价上传

1. 路运报价维护

在【商务结算管理】模块中点击【费用管理】选择【路运报价维护】，进入路运费用设置界面，如图2-2-14所示。

提交信息
提交信息：导入了82条结算设置数据

图 2 – 2 – 12 操作提示

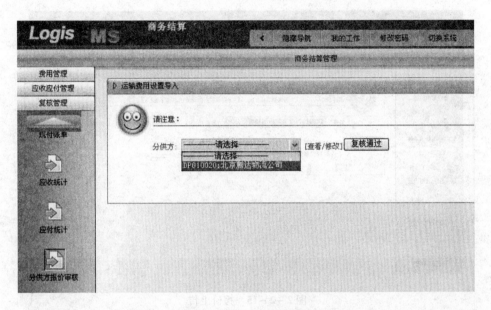

图 2 – 2 – 13 报价审核

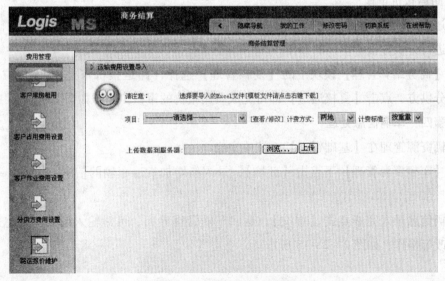

图 2 – 2 – 14 路运费用设置界面

首先从下拉列表框中选择项目名称、计费方式、计费标准。再根据界面提示导入分供方费用文件，点击【浏览】选择费用文件，点击【上传】至服务器，如图2－2－15所示。

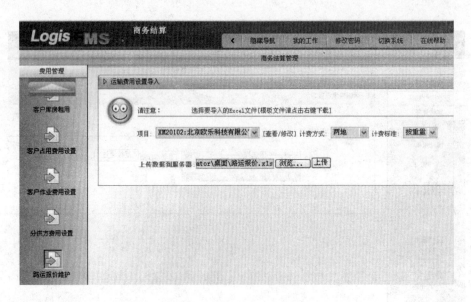

图2－2－15　报价上传

2. 路运报价审核

经过上一步操作，将分供方费用上传设置完毕，还需要商务人员对该报价进行审核，也就是进行分供方报价审核的操作。

在【商务结算管理】模块下的【复核管理】选择【路运报价审核】，在下拉列表框中选择分供方，点击【复核通过】即可完成费用报价的审核工作，如图2－2－16所示。

步骤四：车辆信息处理

车辆资源管理在【基础管理】系统中完成。

在【车辆资源管理】下点击【新增】，录入新增加货运车辆的信息。如图2－2－17所示。

车辆信息录入完毕点击【提交】，返回车辆管理界面，可对输入的车辆信息进行查询、修改等操作，如图2－2－18所示。

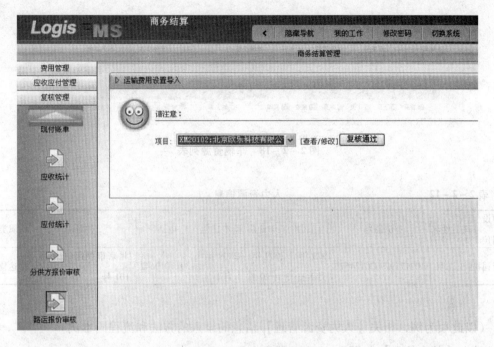

图 2 - 2 - 16 报价审核

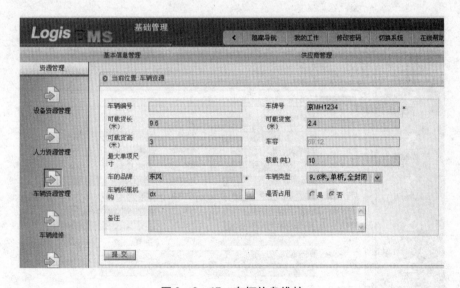

图 2 - 2 - 17 车辆信息维护

步骤五：人力资源信息处理

人力资源管理操作在【基础管理】系统下完成。

在【人力资源管理】下点击【新增】，以下表为例输入人力资源信息，如表 2 - 2 - 12 所示。

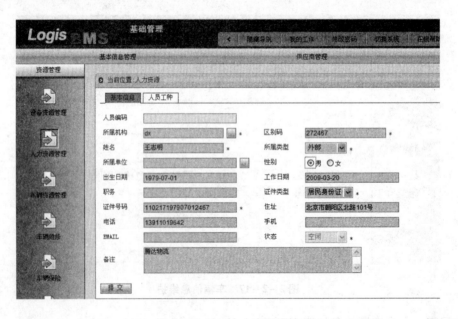

图 2 - 2 - 18　车辆资源列表

表 2 - 2 - 12　　　　　　　　　　人力资源信息

预设岗位	司机姓名	身份证号	出生日期	工作日期	验本日期	电话	住址	所属类型
取货司机	王志明	110217197907012467	1979年7月1日	2009年3月20日	2009年1月1日	13911019642	北京市朝阳区北路101号	腾达物流

（以此项为例，相关【人力资源管理】信息的录入的方法和流程同本例）

录入【基本信息】如图 2 - 2 - 19 所示。

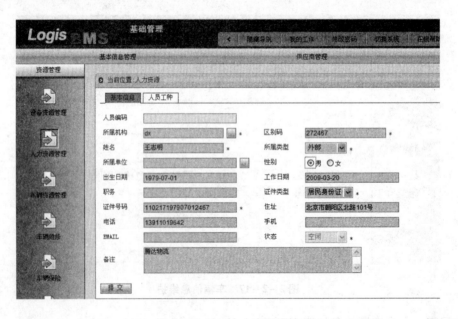

图 2 - 2 - 19　人力资源维护

基本信息录入完毕后，选择【人员工种】继续添加人员的职位信息，点击【增加】录入的信息会以表格的形式体现在下方，如图 2 - 2 - 20 所示。

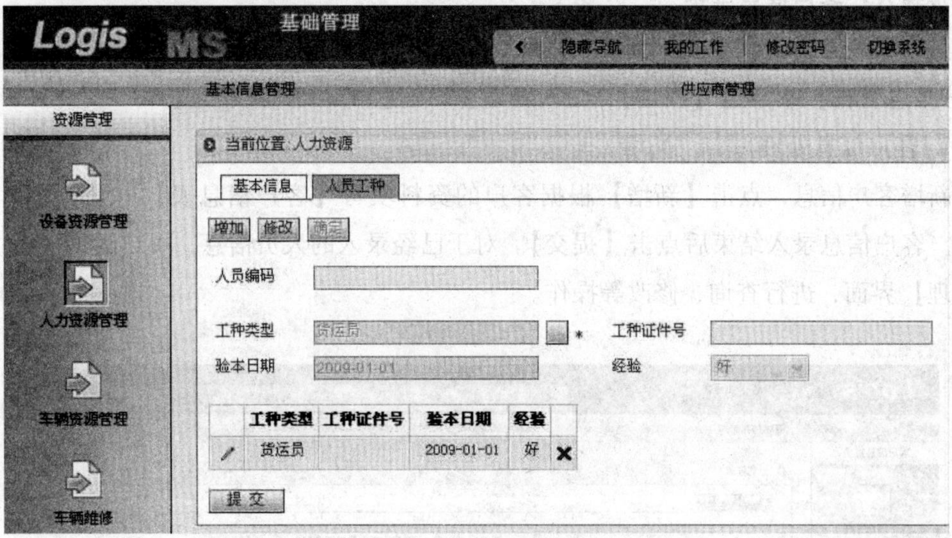

图 2-2-20　工种信息维护

　　点击【提交】录入完毕，返回主界面，可以查询、修改人员信息，如图 2-2-21所示。

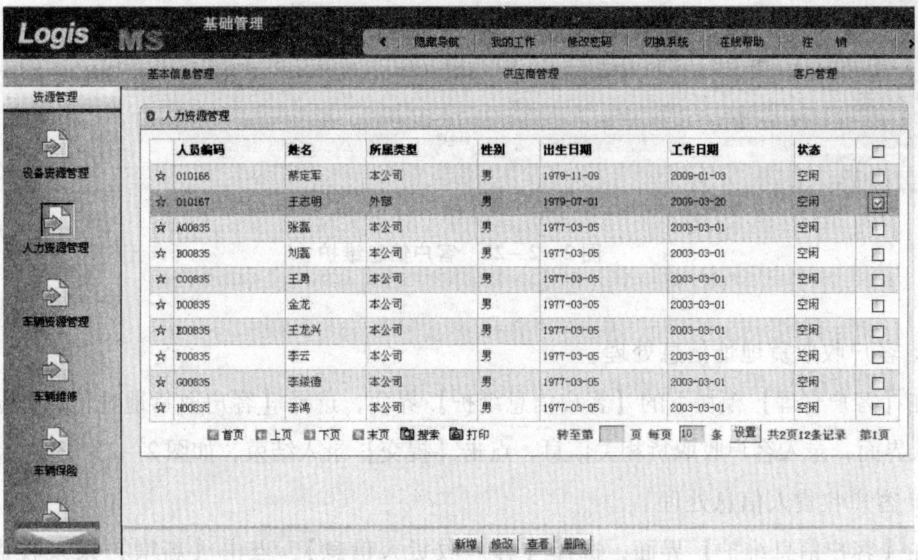

图 2-2-21　人力资源信息列表

步骤六：客户信息维护

进入第三方物流信息管理系统中的【基础管理系统】，在【客户管理】模块下的
【客户信息管理】下点击【新增】，录入新增客户信息。

1. 客户信息处理

新增客户信息，点击【新增】根据客户的资料填写【客户信息表】，如图2-2-22
所示。客户信息录入结束后点击【提交】。对于已经录入的人员信息，可以返回【人力资
源管理】界面，进行查询、修改等操作。

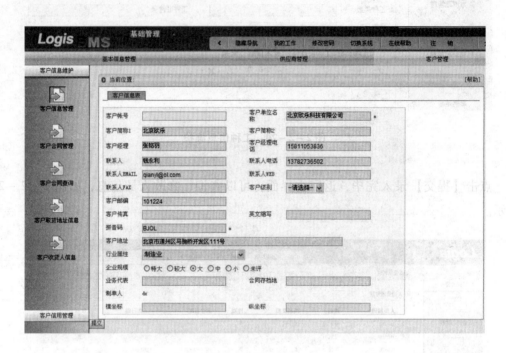

图2-2-22 客户信息维护

2. 客户收取货地址信息处理

在【客户管理】模块下的【客户信息维护】界面，选择【客户取货地址信息】进入信
息录入界面，录入客户收取货相关信息，点击【提交】录入结束，如图2-2-23所示。

3. 客户收货人信息处理

在【客户信息维护】界面，选择【客户收货人信息】，点击【新增】录入收货人信
息。客户账号的选择要从下拉列表框中选取，如图2-2-24所示。

根据信息表要求，收货人姓名、电话、收货人地址等信息录入，点击【提交】，客户
收货人信息表录入完毕，如图2-2-25所示。

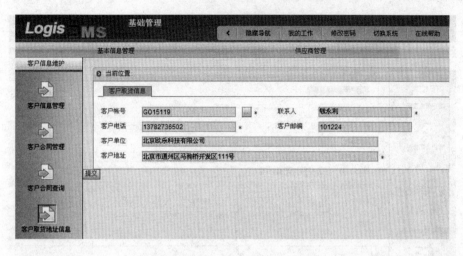

图 2 - 2 - 23　客户取货地址维护

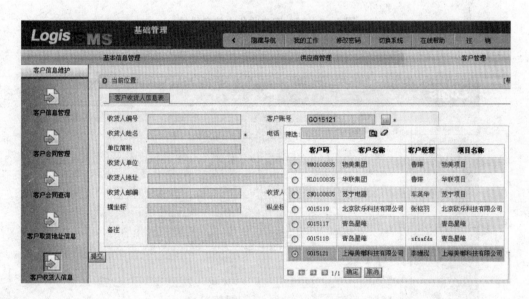

图 2 - 2 - 24　客户收货地址维护

步骤七：线路信息处理

运力、路由维护的操作在第三方物流系统的【基础管理】系统中【路由信息维护】模块操作完成。

1. 运力信息处理

在【路由信息维护】模块中选择【运力】，点击【新增】，录入运力信息，信息录入完毕后点击【提交】即可完成运力维护操作，如图 2 - 2 - 26 所示。

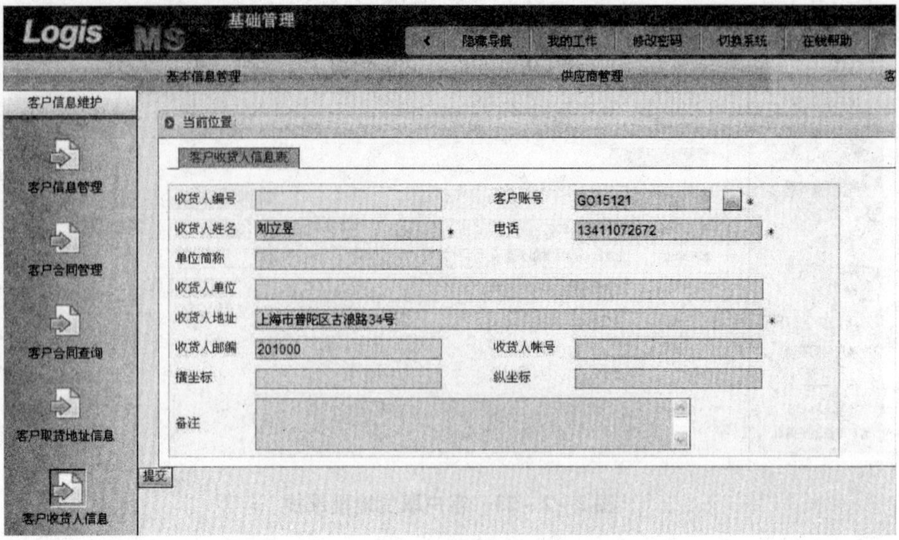

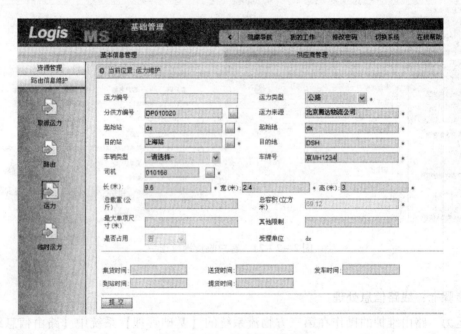

图 2 - 2 - 25　客户收货人信息维护

图 2 - 2 - 26　运力信息维护

2. 取派运力信息处理

在【基础信息管理】下的【基本信息管理】选择【路由信息维护】再在其中选择

【取派运力】，进行市内上门取送货的运力信息进行维护，点击【新增】，录入短途取货送港运力的信息。录入完毕后【提交】，如图2－2－27所示。

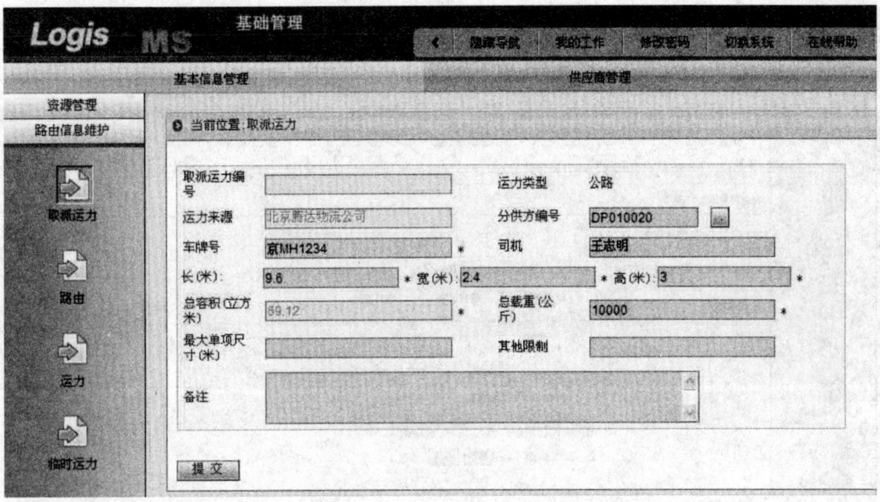

图2－2－27　取派运力维护

3. 路由信息处理

进入【路由】，点击【新增】可以增加上海站目前可运输的路线。选择始发站、目的站、运输方式，点击【增加】添加运输项目名称，如图2－2－28所示。

信息添加完毕后，点击【提交】就可以完成此次路由信息维护任务。返回路由维护界面，对路由信息进行查看、修改等操作，如图2－2－29所示。

流程二　运输订单建立

一、环境准备

1. 单据

运输订单。

2. 岗位角色及职责（如表2－2－13所示）

表2－2－13　　　　　　　　　　　　岗位角色及职责

岗位角色	职责
信息员	运输订单信息录入

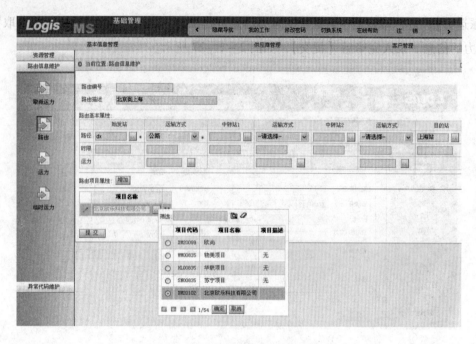

图 2 - 2 - 28　路由信息设置

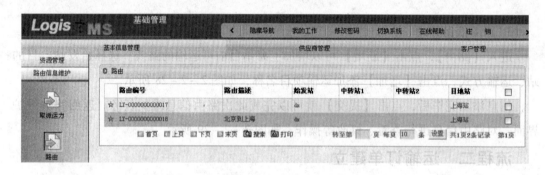

图 2 - 2 - 29　路由信息列表

二、任务发布

2012 年 5 月 10 日上午，北京万盛物流公司（简称万盛物流）运输客服部王婷婷接到一份客户签字盖章的传真，该运输指令具体内容见表 2 - 2 - 14。

表 2 - 2 - 14 　　　　　　　　　　发货通知单

TO：北京万盛物流公司

我公司有一批家电须从北京工厂发往上海，具体信息如下表所示：

序号	商品名称	数量	单位	重量（吨）	体积（立方米）	到货日期
1	冰箱	10	箱	8	40	2012 年 5 月 13 日

收货单位：	上海美嘟科技有限公司
收货地址：	上海市普陀区古浪路 34 号　邮编 201000
联系人：	刘立昱
电话：	021 - 34512678、13411072672、传真 021 - 12300089

急需发运！收到请回复！

FROM：北京欧乐科技有限公司　钱永利

08 - 50789019　　13782736502

北京市通州区马驹桥开发区 111 号

邮编 101224

传真 08 - 15552378

三、操作流程

运输订单建立流程如图 2 - 2 - 30 所示。

步骤一：系统登录

通过 IE 输入指定网址，登录络捷斯特物流教学管理平台，如图 2 - 2 - 31 所示。

点击上图的【第三方物流】，进入物流综合业务系统，如图 2 - 2 - 32 所示。

点击上图的【订单管理系统】，进入系统登录界面，如图 2 - 2 - 33 所示。

使用指定的用户名和密码登录订单管理系统。例如，使用账号和密码"1"登录该系统，如图 2 - 2 - 34 所示。

　步骤二：订单信息处理

点击上图的【订单管理】—【订单录入】，然后点击页面下方的【新增】，新增【运

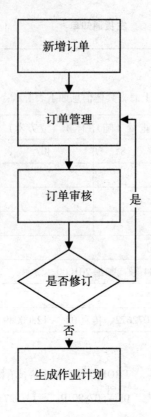

图 2 - 2 - 30　运输订单建立流程

输订单】，根据系统要求填写运输订单相关信息，如图 2 - 2 - 35 所示。

点击上图的【保存订单】，进入图 2 - 2 - 36 所示界面。

步骤三：作业计划生成

在上图中勾选对应订单后点击【生成作业计划】，进入订单确认界面，如图 2 - 2 - 37 所示。

点击上图的【确认生成】，即完成运输订单录入操作。

流程三　运输出港调度

一、环境准备

1. 单据

取派调度单。

图 2 - 2 - 31　络捷斯特物流教学管理平台

图 2 - 2 - 32　物流综合业务系统

2. 岗位角色及职责（如表 2 - 2 - 15 所示）

表 2 - 2 - 15　　　　　　　　　　　　岗位角色及职责

岗位角色	职责
调度员	安排车辆、人员调度操作

图2-2-33　系统登录界面

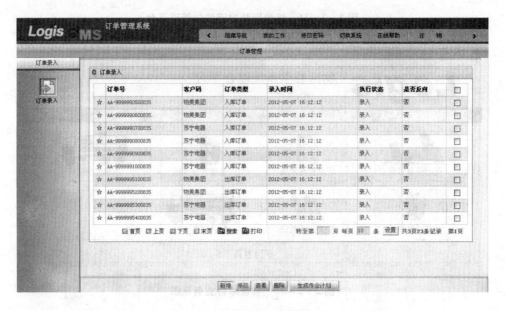

图2-2-34　登录订单管理系统

二、任务发布

2012年5月10日上午，北京万盛物流公司（简称万盛物流）运输客服部王婷婷接到

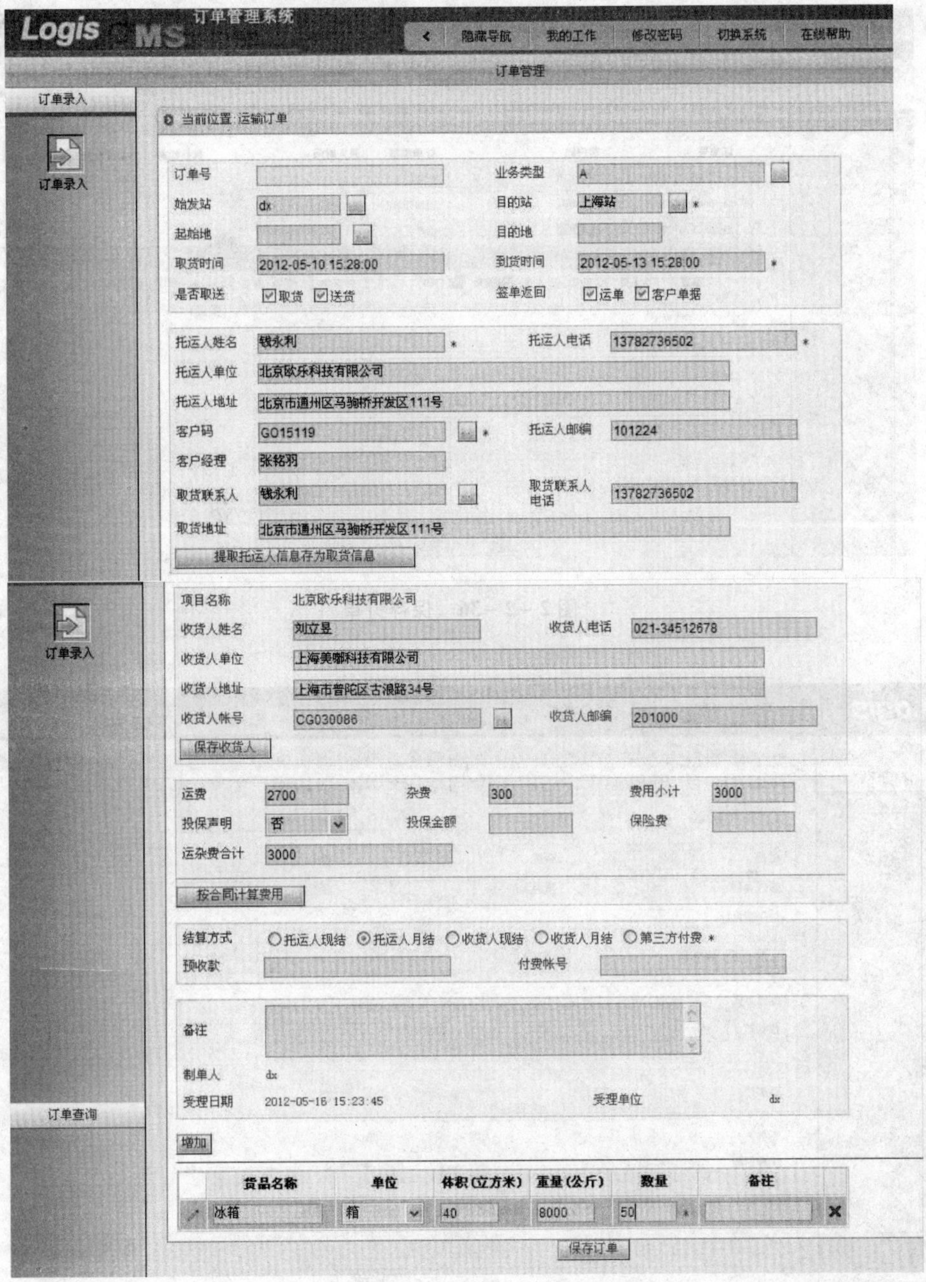

图2－2－35　运输订单相关信息

一份客户签字盖章的传真，该运输指令具体内容见表2－2－14。

　　信息员将该票运输业务录入到系统中，并生成作业计划。请模拟运输调度员完成干线调度分单和市内取派调度作业。

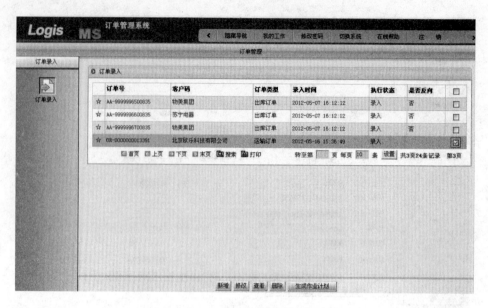

图 2 - 2 - 36　保存订单

图 2 - 2 - 37　订单确认界面

三、操作流程

运输出港调度流程如图2－2－38所示。

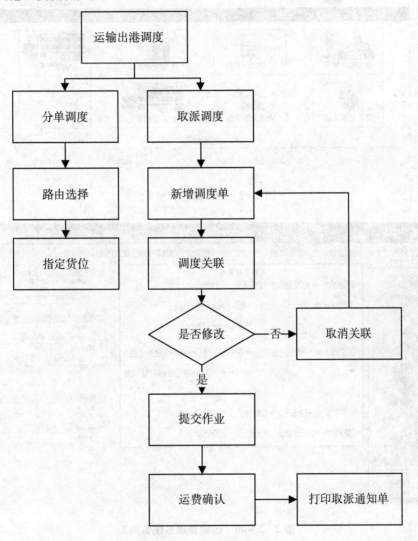

图2－2－38　运输出港调度流程

步骤一：分单作业操作

通过物流综合管理平台首界面进入【运输管理系统】，如图2－2－39所示。

点击【运输管理系统】，进入运输管理系统首界面，如图2－2－40所示。

点击【运输管理】—【调度作业】—【分单】，进入待分单订单列表，如图2－2－
41所示。

285

图 2 - 2 - 39　运输管理系统

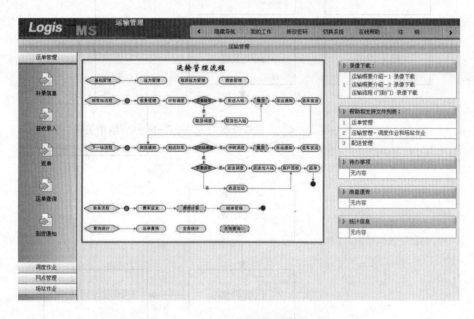

图 2 - 2 - 40　运输管理系统首界面

点击上图待处理订单后的【分单】按钮，进入该订单调度界面，选择路径、运输方式并获取运单号，如图 2 - 2 - 42 所示。

订单调度相关信息填写完毕后，点击【提交】，进入填写货位提示界面，如图 2 - 2 - 43 所示。

在上图"请指定货位"后的空格内填写货位后点击【保存】，即系统分单操作完毕。在进行取派调度之前，同样要进行订单的审核工作，参见任务一。

图 2 - 2 - 41　待分单订单列表

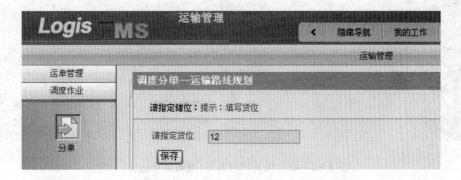

图 2 - 2 - 42　订单调度界面

图 2 - 2 - 43　填写货位提示界面

步骤二：订单待取/派

点击【运输管理】—【调度作业】—【待取/派】，进入待取/派订单列表，勾选需要进行取派的订单，如图2－2－44所示。

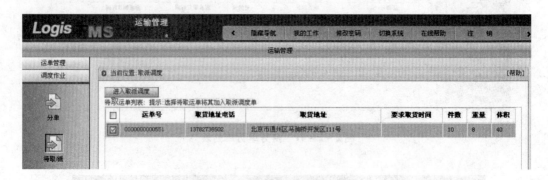

图2－2－44　待取/派订单列表

点击【进入取/派调度】，然后填写"当前取/派调度单信息"下的相关信息，如图2－2－45所示。

图2－2－45　填写"当前取/派调度单信息"

填写完毕后点击【保存】，则"取/派调度单列表"下新增一条信息，如图2－2－46所示。

进入【调度作业】—【待取/派】，勾选需要取派的订单，点击【进入取派调度】进

图 2 – 2 – 46　　"取/派调度单列表"新增信息

入取派调度订单表，选择需要调度的订单点击【加入】，如图 2 – 2 – 47 所示。

图 2 – 2 – 47　加入调度作业

点击【确定】弹出取派费用表，如图 2 – 2 – 48 所示。

点击【保存】返回取派调度订单列表，点击【提交】订单取派过程处理完毕，返回调度列表为空，如图 2 – 2 – 49 所示。

流程四　场站取派作业

一、环境准备

1. 单据

取派调度单。

图 2 - 2 - 48　取派费用设置

图 2 - 2 - 49　调度完成界面

2. 岗位角色及职责（如表 2 - 2 - 16 所示）

表 2 - 2 - 16　　　　　　　　　　　岗位角色及职责

岗位角色	职责
场站操作员	派送扫描、装车

二、任务发布

2012年5月10日上午，北京万盛物流公司（简称万盛物流）运输客服部王婷婷受理了一份运输作业任务，该运输指令具体内容见表2−2−14。

该票业务调度员已经处理完毕，交由场站司机和场站操作员进行取派作业，请模拟场站操作员完成取派作业。

三、操作流程

场站取派作业流程如图2−2−50所示。

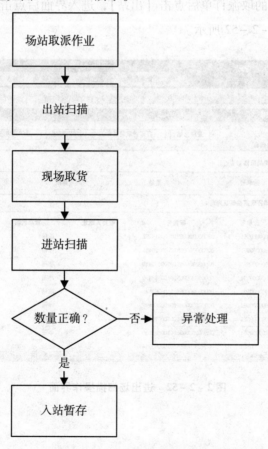

图2−2−50　场站取派作业流程

步骤一：空车出站

点击【运输管理】—【场站作业】—【取派操作】，进入取派操作订单列表，如图

2 - 2 -51 所示。

图 2 - 2 - 51　取派操作订单列表

在上图中选待操作的取派订单后点击【出站】，进入界面后点击【直接出站】即完成系统取派操作，如图 2 - 2 - 52 所示。

图 2 - 2 - 52　进出场扫描操作界面

步骤二：重车进站

重车进站意味着车辆已经从客户处取货归来，带货入站，因此车辆上必定是有负载，称之为重车。

点击【运输管理】—【场站作业】—【取派操作】，进入取派操作订单列表，如图

2 - 2 - 53 所示。

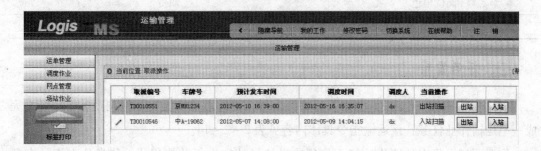

图 2 - 2 - 53　取派操作订单列表

在上图中点击【入站】，然后再点击【直接进站】，即完成系统取派操作，如图 2 - 2 - 54 所示。

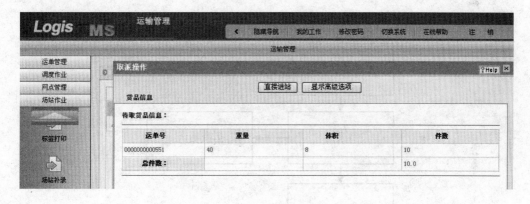

图 2 - 2 - 54　取派进站操作

至此车辆的取派作业系统操作完成。

流程五　始发站送货出站操作

一、环境准备

1. 单据

取派调度单。

2. 岗位角色及职责

始发站送货出站岗位角色及职责如表 2 - 2 - 17 所示。

表 2 – 2 – 17 始发站送货出站岗位角色及职责

岗位角色	职责
场站操作员	干线班车装车发运

二、任务发布

2012 年 5 月 10 日上午，北京万盛物流公司（简称万盛物流）运输调度员安排场站完成一笔运输作业任务，该运输指令具体内容见表 2 – 2 – 14。

取派司机已经出站取货完毕，将货物送达场站内进行分拨集货，待发往上海的车辆集货完成后，场站操作员开始进行出站发运操作。请模拟运输企业场站操作、调度部门的工作，完成货物的装车发运作业。

三、操作流程

始发站送货出站流程如图 2 – 2 – 55 所示。

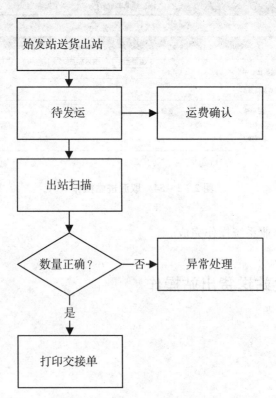

图 2 – 2 – 55 始发站送货出站流程

步骤一：货品待发运

点击【运输管理】—【调度作业】—【待发运】，进入待发运操作订单列表，如图 2 - 2 - 56 所示。

图 2 - 2 - 56 待发运操作订单列表

点击【发运】后系统自动弹出提示窗口，如图 2 - 2 - 57 所示。

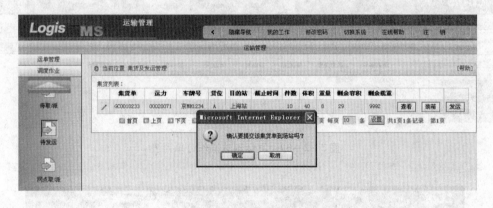

图 2 - 2 - 57 提示窗口

点击上图提示窗口内的【确定】，进入集货、发运费用设置界面，点击【保存】即完成系统待发运操作，如图 2 - 2 - 58 所示。

步骤二：货品发运到达

点击【运输管理】—【场站作业】—【发运到达】，进入发运到达操作订单列表，如图 2 - 2 - 59 所示。

在上图中选择待操作的订单后点击页面后方的【出站】，进入进出场扫描操作界面。点击【直接出站】，完成系统发运到达操作，如图 2 - 2 - 60 所示。

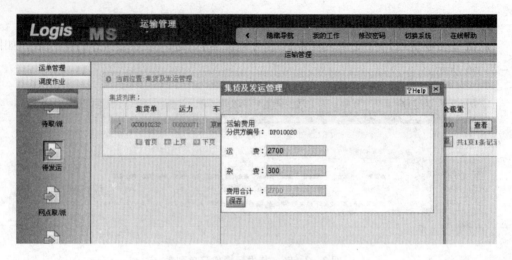

图 2 - 2 - 58　干线运费确认

图 2 - 2 - 59　发运到达操作订单列表

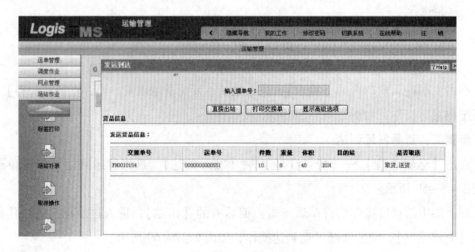

图 2 - 2 - 60　干线出站操作

流程六　运输进港的调度

一、环境准备

1. 单据

取派调度单。

2. 岗位角色及职责

运输进港调度岗位角色及职责如表 2－2－18 所示。

表 2－2－18　　　　　运输进港调度岗位角色及职责

岗位角色	职责
调度员	干线到达进站处理、调度作业

二、任务发布

2012 年 5 月 13 日上午，万盛物流公司上海分公司调度员徐乐接到北京总公司的一条到货信息，信息中称一辆北京—上海的干线班车将到达上海分公司。要求上海分公司做好到站卸车准备。

请模拟万盛物流公司上海分公司的调度员，完成该票到站业务的进港调度工作。

三、操作流程

运输进港调度流程如图 2－2－61 所示。

步骤一：货品待到达

使用指定的用户名和密码登录运输管理系统。例如，使用测试账号"SH_ ADMIN"（代表目的站：上海站）和密码"1"登录该系统。点击【运输管理】—【调度作业】—【待到达】，进入待到达操作订单列表，如图 2－2－62 所示。

在图 2－2－62 中点击【待到达运力列表】—【到货】后，系统自动弹出提示窗口，如图2－2－63所示。

在上图中点击提示窗口内的【确定】，即完成系统的待到达操作。

步骤二：货品发运到达（重车进站）

点击【运输管理】—【场站作业】—【发运到达】，进入发运到达操作订单列表，如图 2－2－64 所示。

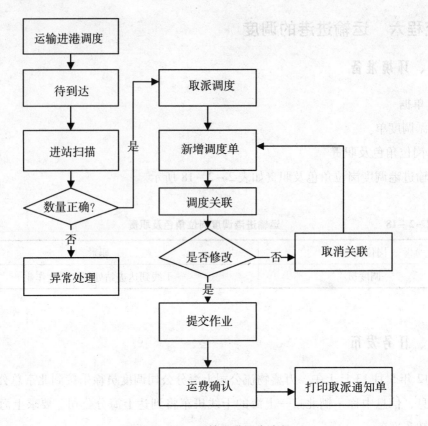

图 2 - 2 - 61　运输进港调度流程

图 2 - 2 - 62　待到达操作订单列表

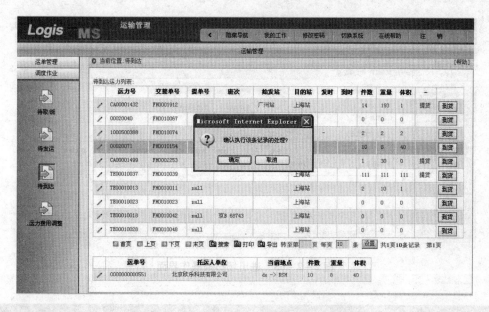

图 2 - 2 - 63　提示窗口

图 2 - 2 - 64　发运到达操作订单列表

在上图中勾选待操作的订单后点击页面下方的【入站扫描】，进入进出场扫描操作界面，如图 2 - 2 - 65 所示。

点击上图的【直接进站】后系统自动弹出提示窗口，如图 2 - 2 - 66 所示。

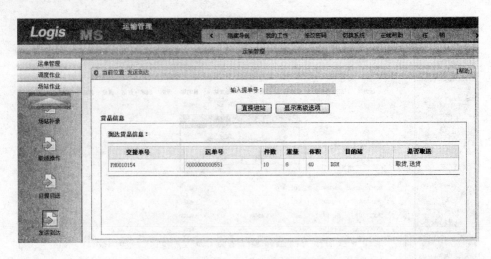

图2-2-65　进出场扫描操作界面

图2-2-66　提示窗口

步骤三：货品待取/派

点击【运输管理】—【调度作业】—【待取/派】，进入待取/派订单列表，如图2-2-67所示。

点击"取/派调度单列表"后的【新增取派调度单】，然后填写"当前取/派调度单信息"下的相关信息，如图2-2-68所示。

填写完毕后点击【保存】，则"取/派调度单列表"下新增一条信息，如图2-2-69所示。

在图2-2-69中点击"取/派调度单列表"下待处理订单后的【提交】，即调度待取/派操作完毕。

300

图2-2-67 待取/派订单列表

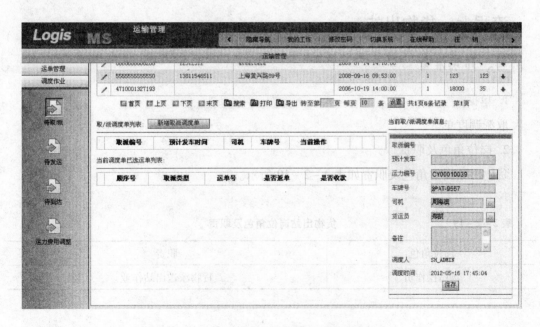

图2-2-68 填写"当前取/派调度单信息"

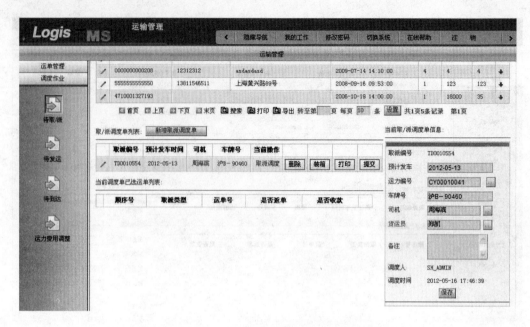

图 2-2-69 "取/派调度单列表"新增信息

流程七 货物出站

一、环境准备

1. 单据

取派调度单。

2. 岗位角色及职责

货物出站岗位角色及职责如表 2-2-19 所示。

表 2-2-19 货物出站岗位角色及职责

岗位角色	职责
场站操作员	货物派送出站作业

二、任务发布

2012 年 5 月 14 日上午,万盛物流公司上海分公司运输调度员徐乐安排了一个派送调度任务,要求场站操作员提取客户"上海美嘟科技"的 10 台电冰箱,准备出站派送到客户的指定收货地址，取派通知的具体信息如表 2 - 2 - 20 所示。

表 2 - 2 - 20　　　　　　　　　　取派通知单

序号	商品名称	数量	单位	重量（吨）	体积（立方米）	到货日期
1	冰箱	10	箱	8	40	2012 年 5 月 13 日

收货单位：	上海美嘟科技有限公司
收货地址：	上海市普陀区古浪路 34 号　邮编 201000
联系人：	刘立昱
电话：	021 - 34512678、13411072672、传真 021 - 12300089

请模拟万盛物流上海分公司的场站操作员，完成货物出站作业内容。

三、操作流程

货物出站流程如图 2 - 2 - 70 所示。

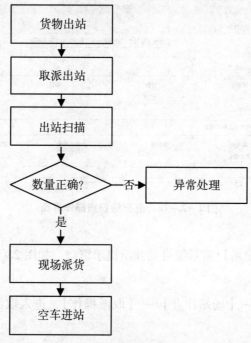

图 2 - 2 - 70　货物出站流程

步骤一：重车出站

点击【运输管理】—【场站作业】—【取派操作】，进入取派操作订单列表，如图2-2-71所示。

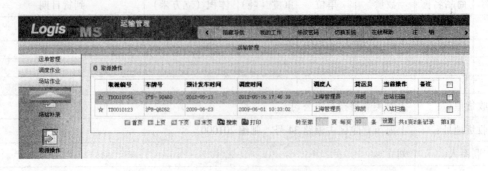

图 2 - 2 - 71 取派操作订单列表

在上图中勾选待操作的取派订单后点击页面下方的【出站扫描】，进入进出场扫描操作界面，如图 2 - 2 - 72 所示。

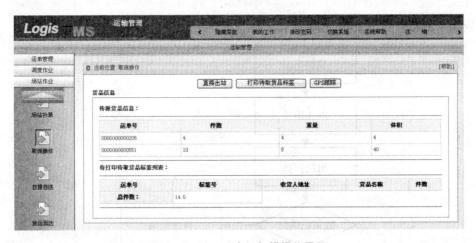

图 2 - 2 - 72 进出场扫描操作界面

点击上图的【直接出站】后系统自动弹出提示窗口，如图 2 - 2 - 73 所示。

步骤二：空车进站

点击【运输管理】—【场站作业】—【取派操作】，进入取派操作订单列表，如图2-2-74所示。

在上图中勾选待操作的取派订单后点击页面下方的【入站扫描】，进入进出场扫描操

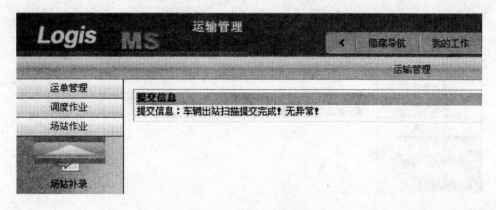

图 2 - 2 - 73　提示窗口

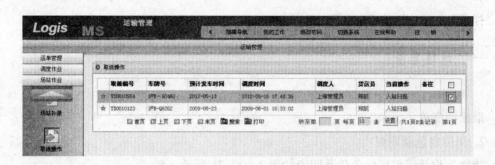

图 2 - 2 - 74　取派操作订单列表

作界面，如图 2 - 2 - 75 所示。

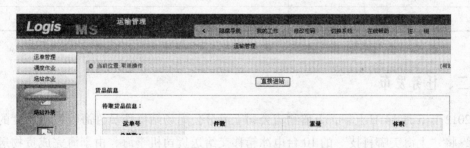

图 2 - 2 - 75　进出场扫描操作界面

点击上图的【直接进站】后系统自动弹出提示窗口，如图 2 - 2 - 76 所示。

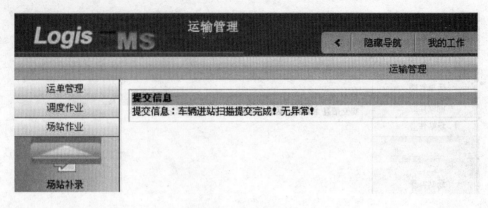

图 2 - 2 - 76　提示窗口

流程八　货物签收及回单

一、环境准备

1. 单据

取派调度单。

2. 岗位角色及职责

货物签收及回单岗位角色及职责如表 2 - 2 - 21 所示。

表 2 - 2 - 21　　　　　　　　货物签收及回单岗位角色及职责

岗位角色	职责
调度员	签收、返单操作

二、任务发布

2012 年 5 月 14 日上午，万盛物流公司上海分公司场站操作员许海峰按照调度的作业指令，将"上海美嘟科技"的 10 台电冰箱移交给送货司机李海，由李海完成货物送达客户的派送操作，并将客户的签收、返单信息和单据带回场站，交由调度员进行信息的录入和处理。

请模拟调度员的工作内容完成运单的签收和返单作业。

三、操作流程

货物签收及回单流程如图 2 - 2 - 77 所示。

货物签收回单

↓

签收核对

↓

数量、质量无误? ──否──→ 拒签、退货

│   │
是   ↓

↓   进站扫描

签字确认

↓

操作确认

↓

返单 ──────→ 返单确认

图2-2-77 货物签收及回单流程

步骤一：运单签收录入

点击【运输管理】—【运单管理】—【签收录入】，查询出未签收的运单，如图2-2-78所示。

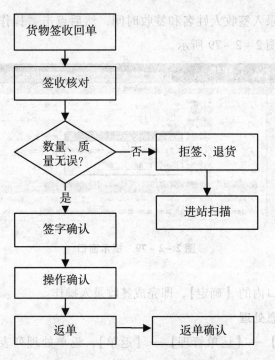

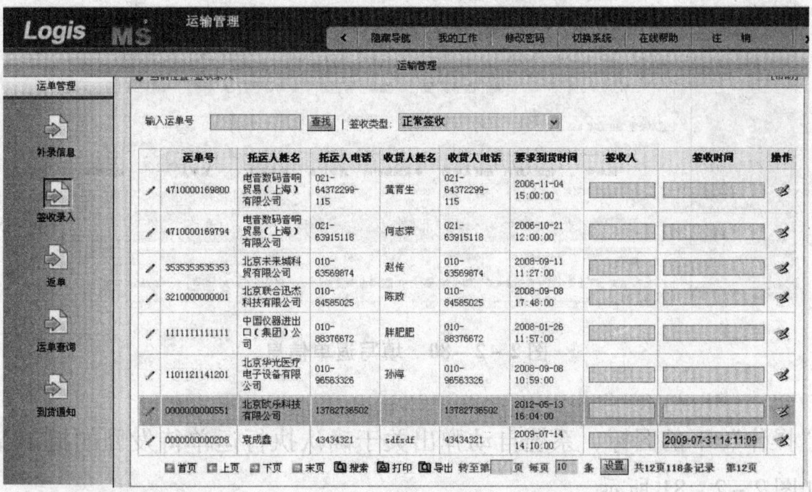

图2-2-78 查询未签收运单

选择签收类型，录入签收人姓名和签收时间，然后点击"操作"下的图标，系统自动弹出提示窗口，如图2－2－79所示。

图2－2－79　提示窗口

点击上图提示窗口内的【确定】，即完成签收录入操作。

步骤二：返单信息处理

点击【运输管理】—【运单管理】—【返单】，返单处理列表下显示已签收未返单的单据，填写返单人姓名和返单时间，如图2－2－80所示。

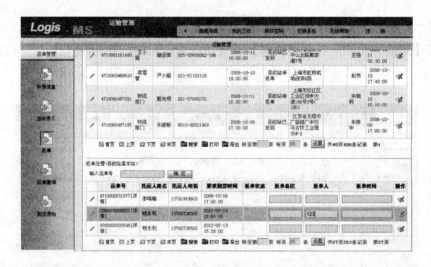

图2－2－80　填写返单信息

点击"操作"下的图标，系统自动弹出关于确认执行运单待发回的提示窗口点击上图提示，如图2－2－81所示。

然后再次点击"操作"下的图标，系统自动弹出关于确认执行运单签收发回的提示

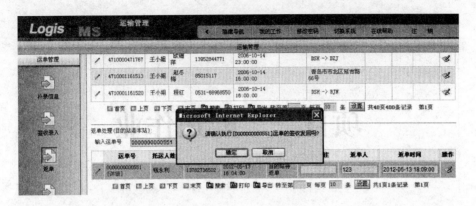

图 2 – 2 – 81   返单确认

窗口，如图 2 – 2 – 82 所示。

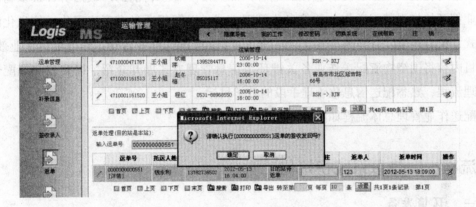

图 2 – 2 – 82   返单发回

　　点击上图提示窗口内的【确定】，即完成目的站的返单操作。

　　至此货物的返单操作已经完成，客户的返单信息将回传给始发站的调度员，由始发站调度员在返单信息中进行信息的确认即可。

项目三　配送作业

引　言

伴随着电子商务的快速发展，对物流最后一公里的配送作业要求也随之提高。配送作业的准时程度、服务态度将直接影响客户满意度。鉴于目前的严峻形势，很多物流配送企业都开始加强其配送作业的信息化管理方式，以期望通过高度流程化、信息化的管理方式，配合科学、合理的决策支持系统进一步完善配送作业管理，提高配送作业效率。本项目内容将围绕物流配送作业各关键环节信息管理方式展开介绍，以实现掌握配送作业管理流程，熟悉配送信息化管理手段的教学目标。

配送作业管理总体流程如图 2 - 3 - 1 所示。

流程一　信息系统初始化

一、环境准备

1. 场地：物流综合实训室

信息系统初始化流程是熟悉系统构成，了解系统基础数据，对配送系统信息进行基础维护的重要操作项目，该作业流程在综合实训室中进行即可。

2. 设施设备

实训所用到的设备和设施如表 2 - 3 - 1 所示。

表 2 - 3 - 1　实训所用到的设备和设施

序号	设备类别	详细信息
1	软件	配送管理系统
2	硬件	计算机

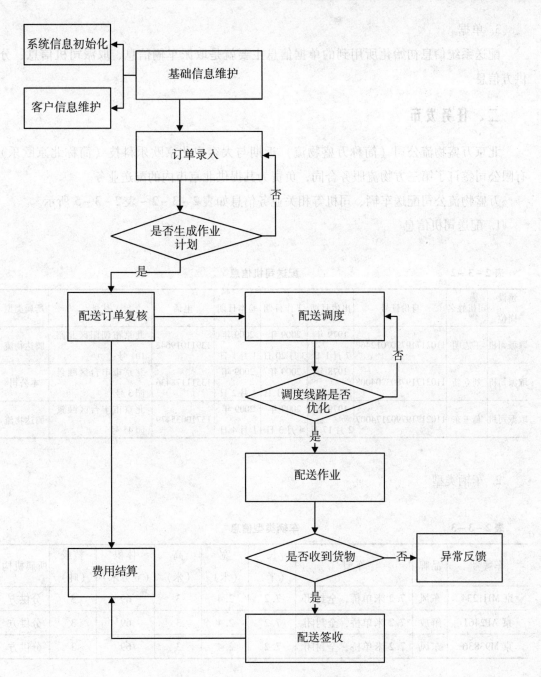

图 2 - 3 - 1　配送作业管理总体流程

3. 单据

配送系统信息初始化所用到的单据信息主要就是取派车辆信息、取派司机信息、分供方信息。

二、任务发布

北京万盛物流公司（简称万盛物流）近期与大客户北京欧乐科技（简称北京欧乐）有限公司签订了第三方物流服务合同，负责为其提供北京市内的配送业务。

万盛物流公司配送车辆、司机等相关业务信息如表2-3-2~表2-3-5所示。

1. 配送司机信息

表2-3-2　　　　　　　　　　　配送司机信息

预设岗位	司机姓名	身份证号	出生日期	工作日期	验本日期	电话	住址	所属类型
取派司机	王志明	1102171979070 12467	1979年7月1日	2009年3月20日	2009年1月1日	13911019642	北京市朝阳区北路101号	腾达物流
取派司机	刘立新	1102171978032 04008	1978年3月20日	2009年7月21日	2009年1月2日	13511178436	北京市丰台区颐景园3号	本公司
取派司机	葛玉东	1102171979021 74007	1979年2月17日	2009年4月3日	2009年1月4日	13710035479	北京市丰台区颐景园45号	腾达物流

2. 车辆类型

表2-3-3　　　　　　　　　　　车辆类型信息

车牌号	品牌	车型	长（米）	宽（米）	高（米）	体积（立方米）	核载（吨）	所属机构
京MH1234	东风	7.2米单桥，全封闭	7.2	2.4	3	69	3	分供方
京AP2461	解放	7.2米单桥，全封闭	7.2	2.4	3	69	3	分供方
京M93836	东风	7.2米单桥，全封闭	7.2	2.4	3	69	3	分供方

3. 取派运力

表 2 – 3 – 4　　　　　　　　　　　　　取派运力信息

运力来源	车牌号	司机	车辆类型
腾达物流	京 MH1234	王志明	7.2 单桥，全封闭 （长×宽×高：7.2 米×2.4 米×3 米，3 吨）
本公司	京 AP2461	葛玉东	7.2 单桥，全封闭 （长×宽×高：7.2 米×2.4 米×3 米，3 吨）
本公司	京 M93836	刘立新	7.2 单桥，全封闭 （长×宽×高：7.2 米×2.4 米×3 米，3 吨）

4. 分供方信息

表 2 – 3 – 5　　　　　　　　　　　　　分供方信息

项目	内容（始发站）
合作单位名称	北京腾达物流公司
合作单位类型	分供方
合作单位简称	腾达物流
联系人	王庆
联系人电话	13900012345
传真	08 – 62483749
邮编	101000
合作单位地址	北京市大兴区龙羽物流园 B 区 5 号

三、操 作 流 程

系统信息初始化流程如图 2 – 3 – 2 所示。

步骤一：人力资源信息处理

人力资源管理操作在【基础管理】系统下完成。

在【人力资源管理】下点击【新增】，以下表为例输入人力资源信息，如表 2 – 3 – 6 所示。

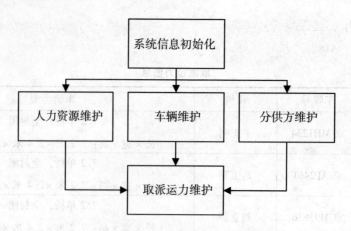

图 2 - 3 - 2　系统信息初始化流程

表 2 - 3 - 6　　　　　　　　　　　人力资源信息示例

预设岗位	司机姓名	身份证号	出生日期	工作日期	验本日期	电话	住址	所属类型
取派司机	刘立新	110217197803204008	1978年3月20日	2009年7月21日	2009年1月2日	13511178436	北京市丰台区颐景园3号	本公司

录入基本信息，如图 2 - 3 - 3 所示。

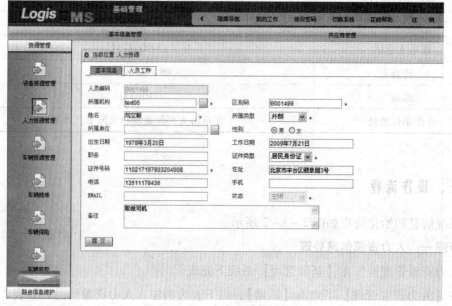

图 2 - 3 - 3　人力资源基本信息

基本信息录入完毕后，选择【人员工种】继续添加人员的职位信息，点击【增加】录入的信息会以表格的形式体现在下方，如图2-3-4所示。

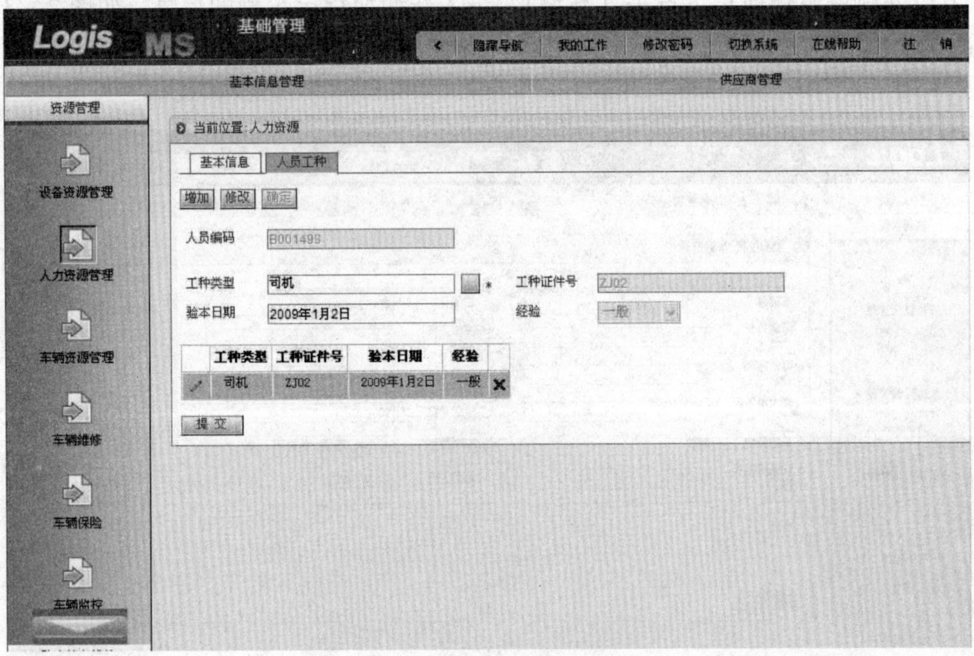

图2-3-4　人员工种信息

点击【提交】录入完毕，返回主界面，可以查询、修改人员信息，如图2-3-5所示。

图2-3-5　人力资源管理

步骤二：车辆信息处理

车辆资源管理在【基础管理】系统中完成。

在【车辆资源管理】下点击【新增】，录入新增加货运车辆的信息。如图 2 - 3 - 6 所示。

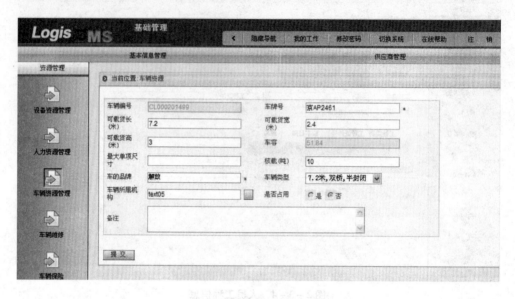

图 2 - 3 - 6　车辆资源管理

车辆信息录入完毕点击【提交】，返回车辆管理界面，可对输入的车辆信息进行查询、修改等操作，如图 2 - 3 - 7 所示。

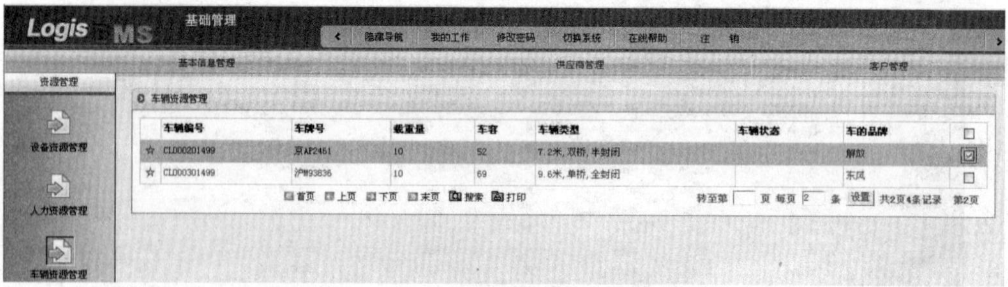

图 2 - 3 - 7　车辆资源查询

步骤三：取派运力信息处理

在【基础管理】—【基本信息管理】—【路由信息维护】—【取/派运力】中，进行市内上门取送货的运力信息进行维护，包括来自分供方的运力和自有的运力。点击【新增】，录入短途取货送港运力的信息。录入完毕后【提交】，如图 2 - 3 - 8 所示。

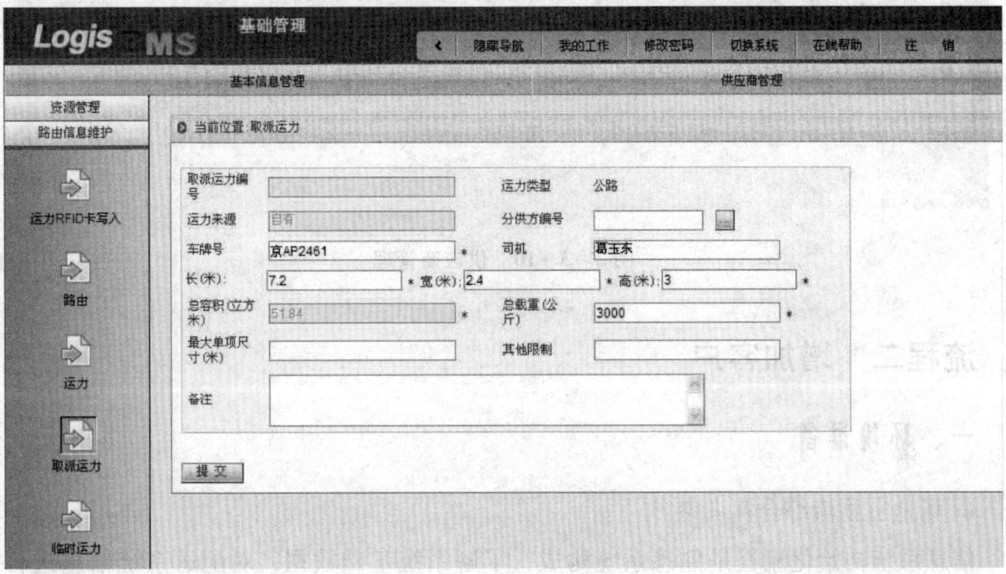

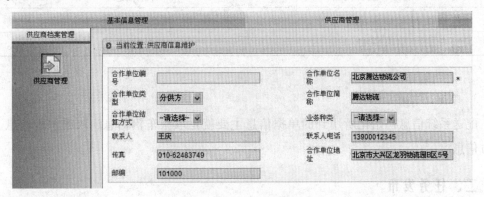

图 2 - 3 - 8　取/派运力

步骤四：分供方信息处理

在【基础管理】系统下的【供应商管理】模块下，完成下述操作。

在【供应商档案管理】界面下，点击【新增】，录入新增供应商信息如图 2 - 3 - 9 所示。

图 2 - 3 - 9　供应商信息

信息录入完毕后，点击【提交】，刚刚录入的信息就可以在【供应商管理】界面进行查询、修改，如图 2－3－10 所示。

图 2－3－10　供应商管理

流程二　增加客户

一、环境准备

1. 场地：物流综合实训室

信息系统初始化流程是熟悉系统构成，了解系统基础数据，对配送系统信息进行基础维护的重要操作项目，该作业流程在综合实训室中进行即可。

2. 设施设备

实训所用到的设备和设施如表 2－3－7 所示。

表 2－3－7　　　　　　　　实训所用到的设备和设施

序号	设备类别	详细信息
1	软件	配送管理系统
2	硬件	计算机

3. 单据

配送系统信息初始化所用到的单据信息主要就是取派车辆信息、取派司机信息、分供方信息。

二、任务发布

北京万盛物流公司（简称万盛物流）近期与大客户北京欧乐科技（简称北京欧乐）有限公司签订了第三方物流服务合同，负责为其提供北京市内的配送业务。

客户北京欧乐科技信息如表 2 - 3 - 8 所示：

表 2 - 3 - 8　　　　　　　　　　北京欧乐科技信息

项目	内容（托运人）
客户单位名称	北京欧乐科技有限公司
客户简称	北京欧乐
拼音码	BJOL
客户经理	张铭羽
客户经理电话	15811053836
联系人	钱永利
联系人电话	13782736502
联系人 E - mail	qianyl@ ol. com
客户地址（取货地址）	北京市通州区马驹桥开发区 111 号
客户邮编	101224
行业属性	制造业
企业规模	大
收货人信息	苏宁电器大钟寺店——马长虹（08 - 34512678、13411072672、传真 08 - 12300089）北京市海淀区光明西路 45 号（邮编 100036）

请模拟万盛物流信息员角色，完成新增客户信息录入操作。

三、操作流程

客户信息维护流程如图 2 - 3 - 11 所示。

步骤一：客户信息处理

进入第三方物流信息管理系统中的【基本信息管理】，在【客户信息维护】模块下的【客户信息管理】下点击【新增】，录入新增客户信息。

新增客户信息，点击【新增】根据客户的资料填写【客户信息表】，如图 2 - 3 - 12 所示。客户信息录入结束后点击【提交】。对于已经录入的人员信息，可以返回【人力资源管理】界面，进行查询、修改等操作。

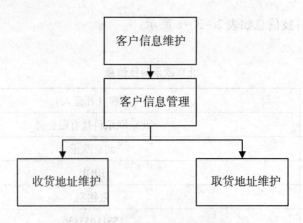

图 2 – 3 – 11　客户信息维护流程

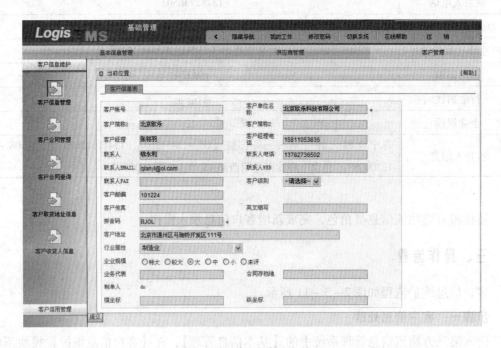

图 2 – 3 – 12　客户信息管理

步骤二：客户收取货地址处理

在【基本信息管理】模块下的【客户信息维护】界面，选择【客户取货地址信息】进入信息录入界面，录入客户收取货相关信息，点击【提交】录入结束如图 2 – 3 – 13 所示。

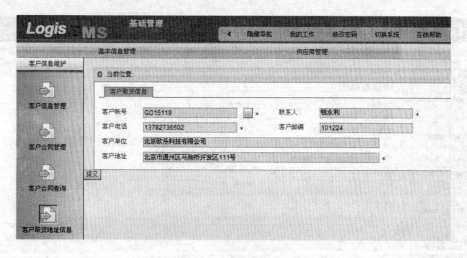

图 2 - 3 - 13   客户取货地址信息

步骤三：客户收货人信息处理

在【客户信息维护】界面，选择【客户收货人信息】，点击【新增】录入收货人信息。客户账号的选择要从下拉列表框中选取如图 2 - 3 - 14 所示。

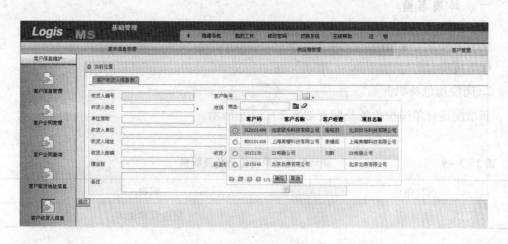

图 2 - 3 - 14   客户收货人信息

根据信息表要求，收货人姓名、电话、收货人地址等信息录入，点击【提交】，客户收货人信息表录入完毕如图 2 - 3 - 15 所示。

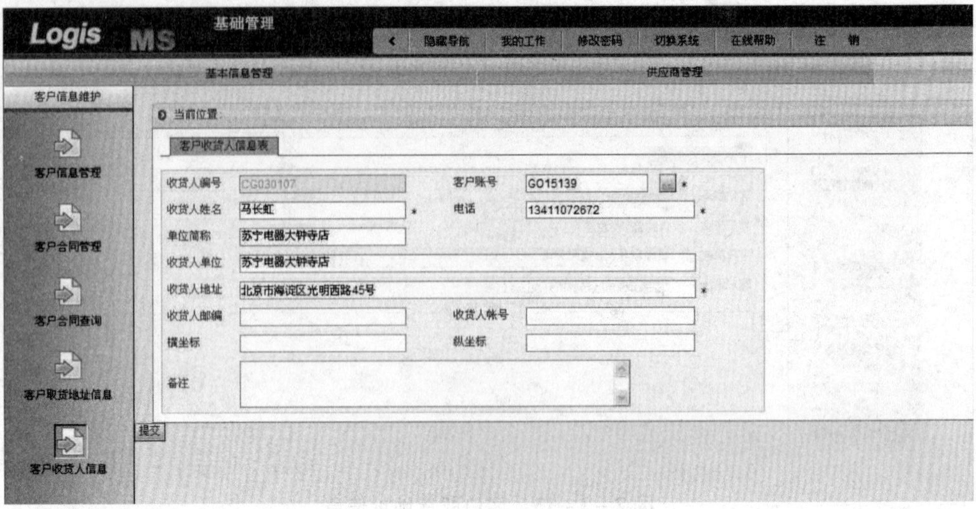

图 2 - 3 - 15　客户收货人信息表

流程三　新增配送订单

一、环境准备

1. 单据

配送订单。

2. 岗位角色及职责

新增配送订单岗位角色及职责如表 2 - 3 - 9 所示。

表 2 - 3 - 9　　　　　　　　　新增配送订单岗位角色及职责

岗位角色	职责
调度员	配送订单录入

二、任务发布

2012 年 8 月 17 日上午，北京万盛物流公司（简称万盛物流）运输客服部王婷婷接到一份客户签字盖章的传真，该配送订单具体内容如表 2 - 3 - 10 所示。

表 2 – 3 – 10　　　　　　　　发货通知单

TO：北京万盛物流公司

我公司有一批家电须从北京工厂发往苏宁电器（大钟寺店），具体信息如下表所示：

序号	商品名称	数量	单位	重量（吨）	体积（立方米）	到货日期
1	洗衣机	6	箱	0.6	9	2012 年 8 月 18 日
2	电磁炉	10	箱	0.3	5	2012 年 8 月 18 日

收货单位：	苏宁电器大钟寺店
收货地址：	北京市海淀区光明西路 45 号　邮编 100036
联系人：	马长虹
电话：	08 – 34512678、13411072672、传真 08 – 12300089

急需发运！收到请回复！

　　　　　　　　　FROM：北京欧乐科技有限公司　钱永利

　　　　　　　　　08 – 50789019　　13782736502

　　　　　　　　　北京市通州区马驹桥开发区 111 号

　　　　　　　　　邮编 100024

　　　　　　　　　传真 08 – 15552378

说明：

（1）客户要求返运单作为回单。

（2）万盛物流与客户欧乐科技的配送费用合计 600 元整，另附杂费 50 元，运输费用以托运人月结的方式来结算。

（3）万盛物流与分供方（北京腾达物流公司）商议的送货费是 400 元。

（4）北京腾达物流公司的派送运力信息为：

车牌号：A349870。

三、操作流程

新增配送订单流程如图 2 – 3 – 16 所示。

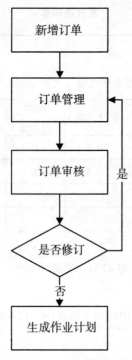

图 2 – 3 – 16　新增配送订单流程

步骤一：订单处理

通过 IE 输入指定网址，登录络捷斯特物流教学管理平台，如图 2 – 3 – 17 所示。

图 2 – 3 – 17　络捷斯特物流教学管理平台

点击上图的【第三方物流】，进入物流综合业务系统，如图 2 – 3 – 18 所示。

图 2 – 3 – 18　物流综合业务系统

点击上图的【订单管理系统】，登录界面，如图 2 – 3 – 19 所示。

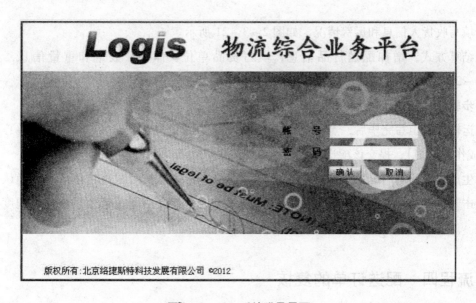

图 2 – 3 – 19　系统登录界面

使用指定的用户名和密码登录订单管理系统，【新增】一个"配送订单"，填写配送订单基本信息和托运人信息，如图 2 – 3 – 20 所示。

图 2 – 3 – 20　配送订单填写

填写收货人信息和运费情况，如图 2 – 3 – 21 所示。

结算方式，增加配送货品信息，填写货品单位、体积、数量和重量信息，如图 2 – 3 –22所示。

步骤二：作业计划生成

运输订单填写完毕后，点击【保存订单】返回到配送订单列表，勾选该订单，点击【生成作业计划】，提交该配送作业计划，如图 2 – 3 – 23 所示。

生成作业计划后，系统将显示配送订单详情，客户需核对配送订单信息，确认无误后点击【确认生成】就可以将该配送订单处理完毕，并交由配送管理系统进行调度作业处理。

流程四　配送订单的复核

一、环境准备

1. 单据

配送订单。

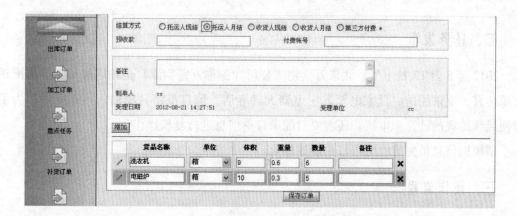

图 2 - 3 - 21　收货人和配送费用填写

图 2 - 3 - 22　结算方式和货品信息填写

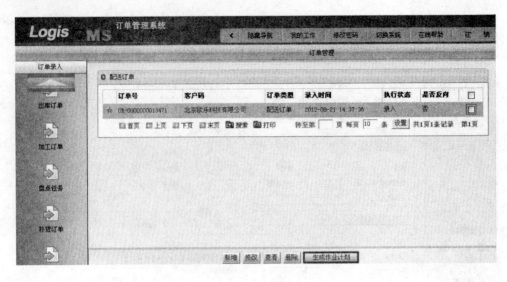

图 2 - 3 - 23 配送订单提交

2. 岗位角色及职责

配送订单岗位角色及职责如表 2 - 3 - 11 所示。

表 2 - 3 - 11   配送订单岗位角色及职责

岗位角色	职责
调度员	配送订单复核

二、任务发布

2012 年 8 月 17 日上午，北京万盛物流公司（简称万盛物流）运输客服部王婷婷配送订单传真，要求配送一批家电至苏宁电器大钟寺店，信息员将订单输入到系统中，为了方便后续运费的计算和审核，还需要对配送订单信息进行复核操作。

请模拟信息员完成此配送订单审核作业。

三、操作流程

配送订单复核流程如图 2 - 3 - 24 所示。

切换系统至【配送管理】，可以在【配送补录】中查看到刚提交过来的配送订单，如图 2 - 3 - 25 所示。

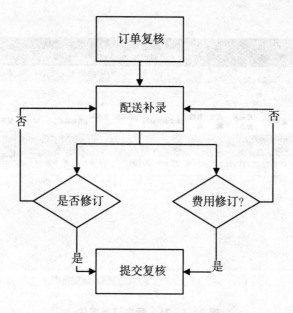

图 2 – 3 – 24　配送订单复核流程

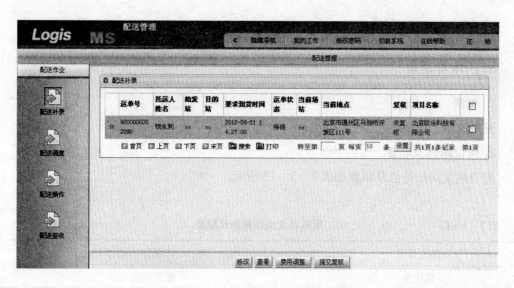

图 2 – 3 – 25　配送订单补录信息

　　证明配送系统已经接收到客服部门传递来的配送订单信息。如果需要修改配送订单内的信息，只需勾选该订单点击【修改】即可；若配送费用需要进行修改，则点击【费用调整】。如果订单无须修改则勾选订单，点击【提交符合】，等待审核配送订单信息，此时订单的符合信息将变为"待复核"，如图 2 – 3 – 26 所示。

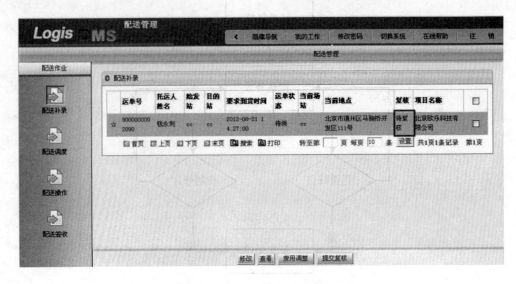

图 2 - 3 - 26   配送订单复核

流程五   配送调度

一、环境准备

1. 单据

配送订单。

2. 岗位角色及职责

配送调度岗位角色及职责如表 2 - 3 - 12 所示。

表 2 - 3 - 12   配送调度岗位角色及职责

岗位角色	职责
调度员	配送调度

二、任务发布

2012 年 8 月 17 日上午，北京万盛物流公司（简称万盛物流）调度员徐乐接到来自信息员的配送订单，经过对订单的审核，以及对场站内车辆情况的分析，确定安排司机：王志明，来完成此次配送任务。由于王志明为分供方的借调司机，因此完成此次配送任务，需要给分供方支付单笔配送费用 400 元。

请模拟调度员完成此配送订单调度作业。

三、操作流程

配送调度流程如图 2 - 3 - 27 所示。

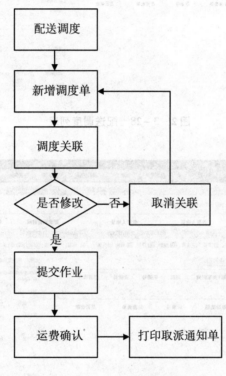

图 2 - 3 - 27　配送调度流程

在配送订单提交复核后，由配送调度人员安排配送车辆，进行货物的配送作业。点击【配送调度】进入到调度派车界面，如图 2 - 3 - 28 所示。

在待派订单列表中，可以看到刚提交过来的配送订单。点击【增加/修改】添加一个配送调度运力，此时右侧的调度单信息变为可以修改的状态，根据实训作业任务要求，填写配送调度单信息，运力编号选择 "腾达物流" 的运力，详细信息如图 2 - 3 - 29 所示。

填写好配送调度单后，点击【保存】，该配送调度信息将保存在 "取/派调度列表中"，如图 2 - 3 - 30 所示。

图 2 - 3 - 28　配送调度列表

图 2 - 3 - 29　配送调度单保存

点选待派订单列表和取派调度列表中的信息，点击右上角的⬇，将该待派订单安排到调度单上，刷新页面，可以发现待派列表为空，证明已将该配送订单交付于该取派运力上，点选取/派调度单，点击【提交】，进入到取派运力费用设置界面，如图 2 - 3 - 31 所示。

由于在选择取派运力的时候选择为分供方——腾达物流的运力作为派送运力，因此，这里需要设定与分供方的配送费用。运费信息填写完毕后，点击【保存】，返回到配送调

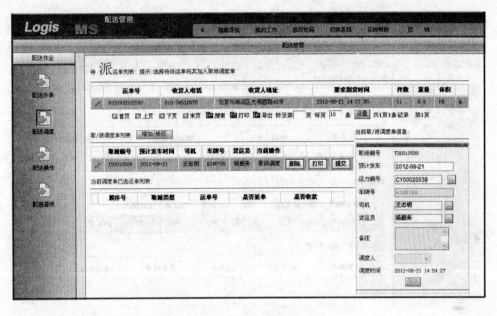

图 2－3－30 取/派调度列表

图 2－3－31 分供方派送费用设置

度界面，可以看到配送订单的状态为"出站扫描"，如图 2－3－32 所示。

流程六 配送作业

一、环境准备

1. 单据

配送订单。

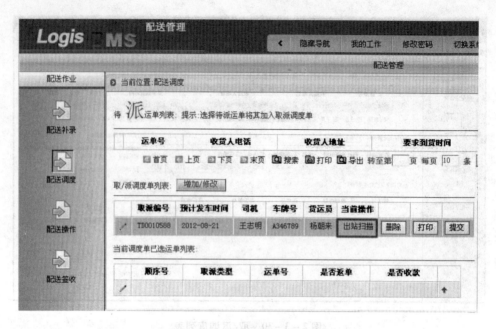

图 2 - 3 - 32　配送车辆出站扫描

2. 岗位角色及职责

配送作业岗位角色及职责如表 2 - 3 - 13 所示。

表 2 - 3 - 13　　　　　　　　　配送作业岗位角色及职责

岗位角色	职责
场站操作员	货物配送操作

二、任务发布

2012 年 8 月 17 日上午，司机王志明接到调度的配送作业指令，来到场站提取车辆，并与场站人员进行出站的交接工作后，到达客户处派送货物。待货物送达，再行返回场站，进行入站扫描操作。

请模拟场站操作员完成此配送作业任务。

三、操作流程

配送作业流程如图 2 - 3 - 33 所示。

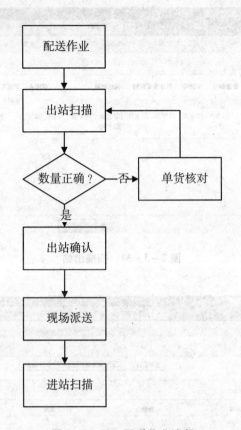

图 2 – 3 – 33 配送作业流程

步骤一：场站扫描

根据配送调度当前操作的提示，点击【配送操作】进行配送扫描出站的作业，见图 2 – 3 – 34所示。

勾选该配送订单，点击【场站扫描】进入到出站扫描操作界面，如图2 – 3 – 35所示。

在出站操作界面，可以看到运单信息，货物数量等信息，核对信息无误后点击【直接出站】完成配送车辆出站扫描操作。

步骤二：空车进站

车辆出站配送，待将货物送达收货人处后，配送车辆将返回到配送中心，进行空车进站扫描，在【配送操作】界面点击【场站扫描】进入到空车进站操作界面，如图 2 – 3 – 36所示。

此时可以看到进站车辆的货物信息为空，说明货物已经出站配送完毕，空车返回。点击【直接进站】操作即可。

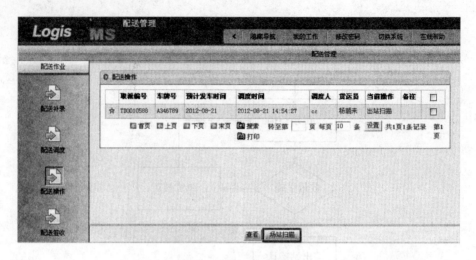

图 2 - 3 - 34　扫描出站

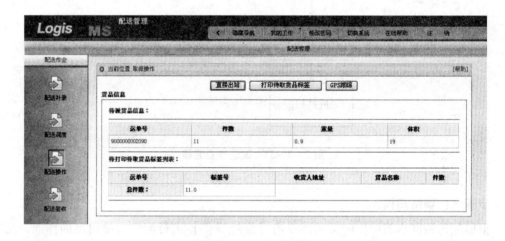

图 2 - 3 - 35　直接出站

流程七　配送作业签收

一、环境准备

1. 单据

配送订单。

2. 岗位角色及职责

配送作业签则岗位角色及职责如表 2 - 3 - 14 所示。

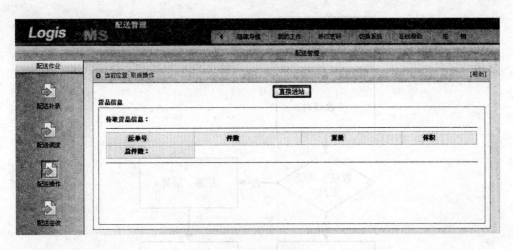

图 2 - 3 - 36 直接进站

表 2 - 3 - 14 配送作业签收岗位角色及职责

岗位角色	职责
信息员	配送签收操作

二、任务发布

2012 年 8 月 17 日上午，司机王志明按照调度指示准时的将欧乐科技的一批电器产品送达收货地址。货物由客户签收完毕后，司机王志明将客户的签收信息带回场站，交由调度员进行签收信息化处理。

请模拟信息员完成此配送签收作业。

三、操作流程

配送签收流程如图 2 - 3 - 37 所示。

配送车辆出站后将货物送达到收货人手中后，需要进行配送签收操作。点击【配送签收】，进入到签收界面，填写签收人信息和收货日期，如图 2 - 3 - 38 所示。

点击签收操作，系统将会弹出是否进行签收操作的提示信息，点击【确定】确认需要进行签收操作即可。

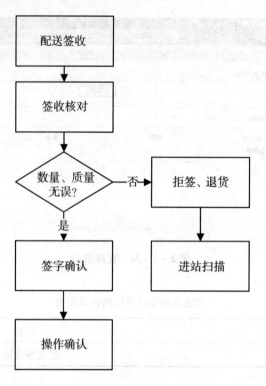

图 2 - 3 - 37　配送签收流程

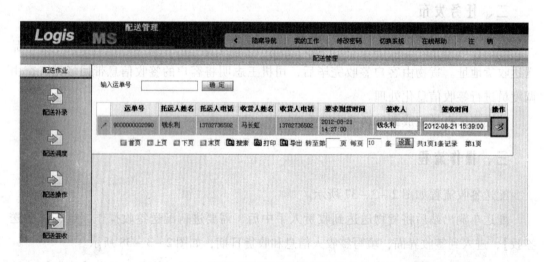

图 2 - 3 - 38　签收操作